글로벌시대에 읽는
한국여성사

글로벌시대에 읽는
한국여성사

| 통제와 '주체 되기' 사이에서 |

정현백, 김선주, 권순형, 정해은, 신영숙, 이임하 지음

사람의무늬

○

서언

통제와 '주체되기' 사이에서

I.

2014년 필자는 독일 튀빙겐대학교에서 한국여성사 강의를 했다. 튀빙겐대학교는 물론이고 현재 해외 여러 나라에서는 K팝, 한국 드라마 등의 인기와 더불어 한국학 전공자가 놀랄 만큼 증가하고 있다. 튀빙겐대학교의 경우에도 한국학 전공자가 200명을 넘어섰는데, 이 숫자는 이미 오랜 전통을 가진 이 대학의 중국학 전공자와 맞먹는 수치였기에 대학 당국도 놀라고 있었다. 주변의 베를린자유대학교나 보훔 루르대학교의 한국학과 학생 수도 이 수치를 넘어서고 있다. 한국학의 인기는 독일만이 아니라 세계적인 현상이다.

국내 학계는 지난 20여 년 동안 양적으로 엄청난 연구 성과를 거두었지만, 영어나 독일어로 된 한국학 관련 서적 출간은 대단히 제한적이었다. 독일 대학의 한국학과에서도 대부분의 교재는 영어나 한국어였지만, 그나마 '한국여성사' 분야에서는 교재라고 할 만한 책이 없었다. 국내에서 지난 20년 동안 여성사 연구가 활성화되었고, 만족할 만한 정도는 아닐지라도 일정하게 학문적 성과가 축적된 것에 비해 이런 성과의 '국제적 외현화'는 거의 이루어지지 않은 셈이다. 따라서 이 책은 이러한 필요성에서 출발했다. 집필을 위한 토론 과정에서 영어로 된 한국여성사 책을 펴내더라도, 국내에서의 출간도 함께 고려하자는 방향으로 의견이 모아져 먼저 이 책의 한국어판을 출간하게 되었다.

먼저 6명의 저자들은 너무 두껍고 판본이 큰 개설서를 지양하자는데 의견을 모았다. 너무 두껍지 않은 책을 내려다 보니, 하고 싶은 많은이야기를 생략해야 하는 아쉬움을 안고갈 수밖에 없었다. 또한 개설서일지라도 그간의 연구 성과와 문제의식을 반영하면서 가독성은 더 높은 단행본을 만들기로 결심하였다.

그간 한국여성사 분야에서도 몇몇 개설서가 출간되었으나 대부분의개설서는 시대적으로 '근대'나 '현대'에 초점이 맞추어졌다. 혹은 고대부터 현대까지 포괄하는 책이더라도 몇몇 주제로 한정하여 서술하고 있었다. 그러나 우리가 시도하는 개설서는 원시·고대에서 현대에 이르기까지 전 시대를 망라하면서 어떤 논지의 연속성과 더불어 물 흐르듯이 흘러가는 책이어야 했다. 기실 한국여성사에 익숙하지 않은 독자들에게 한국여성사 전체의 흐름과 구조를 보여주고 싶었기 때문이다.

물론 이런 시도가 얼마나 성공하였는지에 대한 평가는 전적으로 독자들의 몫이다. 그간의 연구 성과나 우리의 논의가 이런 야심을 충족시키기에는 한계가 있을 수도 있다. 그러나 더 소박하게는 1999년 전 시대를망라하는 한국여성사 개설서인 『우리 여성의 역사』(청년사)가 출간된 이래 축적된 그간의 연구 성과를 알린다는 의미도 있을 것이다.

이 책의 제목을 『글로벌시대에 읽는 한국여성사』로 정한 이유는 에릭 홉스봄에 의해 '극단의 시대'로 명명된 이 불안한 시대를 사는 우리의문제의식에서 출발하여 과거 여성의 삶을 반추해 보자는 동기에서이다.경제적 불평등의 심화, 지속적인 노동시장의 분절화와 여성을 포함한 힘

없는 보통 사람들의 노동시장으로부터의 축출이나 비정규직화, 트랜스내셔널 관계의 증대, 온라인을 통한 의사소통의 확산, '정체성의 정치'의 부상 등이 우리가 처한 현실일 것이다. 이런 시대적 도전과 부응하여 역사학계에서도 사회경제사의 중요성이 부각되기도 하지만, 이에 못지않게 미시사, 여성사, 트랜스내셔널 히스토리 그리고 신문화사의 방법론을 통한 연구 성과들이 나오고 있다. 집필자들은 이런 문제의식들을 이 책에 담으려 애썼다.

현대를 사는 역사가의 시각으로 과거를 재단하는 것은 역사가들이 범하지 말아야 하는 실책일 것이다. 오히려 이보다는 그간 우리가 간과했던 우리 여성사 속의 문제틀을 새로이 찾아보고 그 속에서 여성의 삶을 해명해보자는 의미일 것이다. 다시 말해서 이는 그간 구명해온 여성사의 새로운 '위치 지우기'(positioning)를 시도하는 것이기도 하다.

그래서 글로벌시대에 읽는 한국여성사를 쓴다는 의미에서 이 책에서는 원시·고대에서 현대에 이르기까지를 다루는 것 외에도, 1945년 이후의 한국 여성 운동사를 보론으로 첨부하였다. 이는 우리 여성사에서 여성운동이 지니는 의미를 재조명하는 것이고, '군 위안부' 운동의 성과에서도 드러나는 대로, 1980년대 말 이후의 한국 여성운동이 국제사회에서도 언급할 만한 운동적 성과를 거둔 것으로 평가되고 있고, 평가되어야 한다는 믿음에 기인하는 것이다. 또한 여기에는 1970, 1980년대에 활발하였던 여성노동자운동은 서구의 페미니즘운동과는 다른 제3세계 여성운동의 모델로서 여전히 동남아나 중남미 지역의 여성노동자운동에서 하나의 전범으로 간주되고 있다는 자긍심도 작용하였다. 이런 새로운 문제제기는 새로운 역사쓰기의 일환이다.

'글로벌시대에 읽는 한국여성사' 서술을 견지하려는 의도의 배경에는 비교사의 시각을 최대한 반영해 보려는 시도도 깔려 있다. 최근의 한국 역사학 연구 내에서는 세계사가 유럽 중심주의에 의해 설명되고 해석되는 문제를 둘러싼 토론이 활발해졌다. 근대 이후의 문명화과정에서 서구와 비서구 사회의 차이를 유럽을 준거틀로 하는 동일한 시간대의 차이로 환원하면서, 비서구 사회에는 '발전의 불균등' 담론이 씌워지고 스스로의 역사적 연속성을 훼손당하고 말았다는 지적이다. 그래서 한국여성사도 서구보다는 가부장적 억압이 더 뿌리 깊은, 중국의 전족으로 대변되는 아시아적 성차별의 역사로 동질화되는 형국이었다.

그렇다면 비서구 사회의 여성사는 어떻게 재구성되어야 할 것인가? 이런 문제제기에 대한 해답은 쉽게 찾을 수 없다. 그럼에도 불구하고 이 책은 행간 행간에서 서양 여성사와의 차이나 중국, 일본 여성사와의 차이를 드러내려고 노력하였다. 이런 맥락에서 한국을 제국주의 대 식민지/포스트식민지 국가의 구도를 넘어서는 또 다른 중간 유형으로 규정하는 피터 스턴스(Peter Stearns)의 비교사적 연구는 흥미롭다. 1900년 이전에 서구화를 시작한 나라들, 예를 들면 러시아, 일본, 한국, 이집트에서는 국제적인 비교의 관점에서 보자면 '서구화와 젠더'의 관계에서 자발적으로 '선별적 서구화(selective westernization)' 방식을 수용하였다는 분석이다. 이런 주장이 아직 일반명제로까지 논리를 발전시킬 단계는 아니지만, 이런 문제의식은 우리의 집필 작업에서 하나의 전범으로 작용할 수 있었다. 이런 맥락에서 조선시대 가정은 서구의 봉건시대나 근대의 공/사 개념으로 포착할 수 없는 활동공간이자 젠더관계의 장으로 새로이 구명해야 할 주제가 될 것이다. 마찬가지로 여성의 삶에서 유교주의나 유교가부장제가 지니는 의미도 많은 연구와 깊은 토론이 필요한 주제일 것이다. 혹은 제3세계 특유의 현상이지만, 동시에 한국적인 특수성이 내재해 있는 주제로 민족(주의)문제와 여성현실과의 상호관계도 구명되어야 할 중요한 주제로 남아 있는 셈이다.

위에서 언급한 문제의식들이 이 책에 녹아들어 있지만, 보다 역점을 둔 것은 그간 도외시된 여성의 경제활동과 일상생활의 역사를 복원하는 것이다. 1980년대까지 한국사학계에서 여성의 경제활동은 크게 주목받지 못하였다. 여성은 가사에 전념하는 수동적인 존재로 간주된 역사적 상식에 역사학자들의 상상력이 묶여 있었기 때문일 것이다. 한국사학계에서 과거 여성의 경제활동에 대한 연구는 여전히 변방에 머물고 있지만, 그래도 간간이 진행된 연구들을 통해서 여성의 경제참여를 재구성하려 하였다. 또한 여성의 일상적인 삶을 서술하려는 노력도 진행되었다. 이 책에서는 특히 여성의 의식주 생활이나 의례, 혼인, 취미나 여가활동 그리고 신앙생활 등 일상생활에서 나타나는 여러 면모를 재구성하려 하였다. 이런 시도는 1990년대 중반 이후 한국사학의 연구 지형도에서 뜨거운 관심으로 떠오른 일상사나 미시사에 대한 관심과도 궤를 같이 하는 것이다. 또한 역사 속 여성들의 일상적인 삶을 독자에게 추체험하게 하는 것을 통해서 오늘의 젠더문제에 대한 감수성을 높일 수도 있을 것이다.

앞에서 지적한 방법론으로 접근할 경우 다가오는 난해한 질문은 '열녀 되기'에서 드러나는 유교와 여성의 관계이다. 1980~1990년대의 연구들이 조선시대 여성을 유교적 가부장제의 희생자로 묘사하였다면, 2000년대에 들어와서는 여성에 의한 유교주의 질서의 내면화나 틈새에서 자율성의 공간을 찾아내는 여성의 주체성에 주목하는 연구들이 나타난 것이다. 마찬가지로 난해한 주제는 근대에 들어와 식민지 규율권력의 여성 만들기에서 출발하여 군부독재에 의한 위로부터의 근대화 과정에서 서구적 모더니티의 내면화/전유가 여성에게서 이루어지는 과정을 분석하는 것이다. 이 책에서 이런 문제의식들의 온전히 해답을 찾은 것은 아니지만, 이런 문제제기를 둘러싼 고민은 여러 곳에서 드러나고 있다.

마지막으로 이 책 전체를 통하여 관통하고 있는 핵심적인 질문이자 관심은 '주체적 행위자'로서 여성의 모습을 최대한 복원하는 것이다. 역사 속을 살았던 여성들은 절대군주에 대한 무조건적인 숭배나 유교적 가부장의 이데올로기를 내면화하기도 하였지만, 반발을 하거나 저항을 하기도 하였다. 그러나 전근대사에서 남성 중심적인 역사서술을 통해 여성들의 주체적인 행위는 거의 은폐되어 있었다. 근대에 와서는 여성들은 식민지근대성의 행위자나 저항자로서 살아갔을 것이고, 이런 역사적 과정을 거쳐 '젠더화된 주체'로 스스로를 형성해갔다. 크게 보아 젠더화된 여성주체는 스스로의 모습을 생산활동 안에서, 가족 속에서, 문화활동 속에서 그리고 저항주체로서 보여주었다.

이 책에서는 이런 여성주체의 모습을 최대한 복원하려 노력하였다. 여성의 행위성과 주체성은 역사적 맥락에 의해 규정받고, 여성들은 내적으로 분할되어 있고, 복수적이고 때로는 모순적이다. 이런 '여성 정체성의 다중적인 복합성'을 읽어내는 것도 여성사의 몫이다. 뒤에서 다루게 될 각각의 시대를 맡은 집필자들은 지배문화 속에서 여성이 만들어내었던 다중적인 복합성을 읽어내려 노력할 것이다.

II.

이 책은 크게 여섯 부분으로 나뉘어져 있다. 시대사별로 정리하여 원시·고대 사회의 여성, 고려 사회의 여성, 조선 사회의 여성, 근대의 여성 그리고 현대 여성사로 구성되어 있다. 책의 마지막 부분에서는 한국 여성운

동의 역사를 보론으로 달았고, 전체 흐름의 손쉬운 이해를 위하여 한국여
성사의 주요 연표를 실었다.

　　원시 · 고대 사회의 여성을 다루는 1장에서는 원시문화와 여성의 역
할을 서술하고, 뒤이어 고대 여성들의 삶을 여러 각도에서 조명하였다.
특히 고대 여성사에서 주목할 점은 정치에서 종교적인 권위가 중요한 의
미를 갖고, 그러다 보니 제정에서 여신이나 여사제의 역할을 토대로 여성
의 정치적 비중이나 역할이 컸다는 사실이다. 건국신화에서 나타난 시조
모의 존재 등을 통해서 여성의 정치적 영향력이 컸음을 확인할 수 있을
것이다. 또한 우리 역사에서 유일하게 여왕이 배출되었던 시대의 의미를
추적하려 하였다.

　　이 책에서는 여성의 일상적인 삶을 밝히는 작업의 하나로 전쟁과 여
성 현실의 상호성을 분석하려 하였다. 인류 역사가 있는 곳 어디에서나
전쟁은 일어났고, 여기에서 전사로 동원되어 희생되는 것은 주로 남성이
었다. 그러나 이에 못지않게 여성의 희생도 적지 않았다. 여성은 성폭력
의 무력한 희생자이거나 공녀로 차출되어 끌려갔다. 그러나 동시에 여성
은 적극적으로 전투에 참여하거나 보조하는 역할도 했다. 이처럼 여성의
일상 역시 전쟁과 직면하고 있었다. 국가 권력이 안정적으로 정착하지 않
았던 원시 · 고대 사회에서는 전쟁이 일상화되었고, 여기에서 여성이 전
사로서, 혼인동맹의 수동적인 대상으로 그리고 포로로서의 삶을 살아야
했던 스토리를 보여줄 것이다.

　　원시 · 고대 사회에서 여성은 생산활동에서도 중요한 역할을 담당
하였다. 농사일 외에도 길쌈을 통해서 경제활동에 크게 기여하였다. 생산
된 직조 제품은 국가에 세금으로 납부하거나 교환수단으로 활용하였다.
그 외에도 여성은 공적으로 역역을 부담하였다. 고대국가가 정비되는 시

기에 불교를 받아들여 공인하였는데, 불교가 전통신앙과 습합되는 과정에서 여성이 중요한 역할을 담당하였음을 알 수 있다. 왕비나 귀족여성이 비구니로 출가하기도 하였고, 재산이 있는 여성들은 불사의 후원자로서 사찰을 건립하는 등의 비중 있는 활동을 한 것도 구명할 것이다.

이 책은 수많은 나라의 흥망성쇠가 되풀이되었던 고대 사회에서 다양하게 나타나는 가족제도나 혼인풍습을 보여주려 한다. 남자가 여자의 집에서 아이가 태어날 때까지 거주하는 고구려의 서옥제나 형이 사망하면 그 동생이 형수와 혼인을 하는 취수혼 등이 그것이다. 후대에 비해 고대 사회에서는 개방적인 성관계가 있었지만, 신분제 안에서 이루어지는 여러 통제와 가부장권의 행사도 나타났다. 그렇더라도 신라에서는 여성을 매개로 가계 계승이 이루어지기도 하였고, 그래서 등장하는 여왕의 존재들을 통해서 고대 사회에서의 가부장제는 상대적으로 탄력적인 기제임을 보여줄 것이다.

2장에서는 고려 사회 여성의 모습을 다룬다. 고려시대에 이르면 최초의 통일왕조가 실현되었다. 혈통에 의해 개인의 위상이 결정되던 골품제도는 더 이상 유지되지 않았고, 대신 시험을 통해 관리를 선발하는 과거제도가 시행되는 귀족사회가 시작되었다. 사회 전체에서 신화적인 성격이 약화되고 중국식 정치나 사회제도가 정비되면서, 공적 영역으로부터의 여성의 배제가 강화되어 갔다.

그렇더라도 처가와 밀접한 혼인 및 가족제도 탓에 후대와는 달리 가정 내 여성의 지위는 그리 나쁘지 않았다. 혼인풍속은 당시 중국에 비해 훨씬 여성 친화적이었다. 상속도 아들과 딸에게 똑같이 배분되었다. 고려 여성들은 자신의 재산을 기초로 하여 상업과 무역활동에 종사하여 재산을 축적하기도 하였다. 그 외에도 여성은 가사노동에서 생산노동까지를 담당하였다. 여성들은 집안의 관리자나 경영자로서, 그리고 길쌈노동과 농업노동을 통해서 경제활동을 감당하였다. 고려시대에 딸은 상속뿐 아니라 제사에 대한 권리 역시 아들과 동등하게 누렸다.

그러나 고려 사회는 전쟁으로 큰 시련과 변화를 겪게 된다. 1231년 세계 최강의 군대인 몽골군의 침입으로 전란을 겪은 후, 고려는 원제국의 지배하에 들어갔다. 수많은 공물과 공녀·환관 차출이 강요되었고, 전쟁은 여성의 삶에 큰 질곡으로 다가왔다. 또한 제도와 풍습은 물론 학문 분야에서 교류가 활발해지면서, 원나라의 성리학이 도입되어 신진사대부를 중심으로 활발히 연구되면서 사회이념으로 정착되어 갔다. 이런 움직임을 통해서 고려 말에는 부계 중심 가족제도가 강화되고 여성의 지위도 달라져갔다.

3장 조선 사회의 여성에 이르면, 여성의 삶을 압박하는 유교적인 가부장제가 한층 강화되었다. 조선의 가족제도는 일부일처제 속에서 신유학인 성리학을 근간으로 하여 부계 혈통을 중시하는 방향으로 경직되었다. 조선 전기에는 가족 내에서 딸이 지닌 권리가 크게 낮지 않았기 때문에 혼인 후에도 남자형제와 동일하게 재산 분배를 받았다. 그러나 1700년대 중반 이후 여성에게 분배하는 재산의 몫은 점점 축소되었다. 또한 혼인제도의 측면에서는 처가살이의 전통이 사라지면서 여성은 '시집살이'라는 새로운 제도와 더불어 친정으로부터 멀어졌다. 흔히 우리에게 '전통'으로 알려진 가부장적 제도나 습속은 이 시기에 만들어진 것이었다.

조선시대 여성은 가부장적 통제의 강화에도 불구하고, 한 가정의 운영자로서 중심적인 지위를 확보하였다. 딸로서의 지위는 위축되었으나, 가족 안에서 부인으로서의 위치가 튼실해졌다. 여성은 가정 경제를 운영하는 책임자로서 각종 노동과 경제활동을 담당하였다. 임진왜란과 병자호란 동안 전쟁에서 활약한 여성들도 나타났다.

또 다른 주목할 점은 한글의 등장이 여성의 삶과 문화에 큰 변화를 가져온 것이다. 배우고 쓰기 쉬운 한글은 여성을 문맹에서 벗어나게 하였다. 국가 통제를 강화하고 효녀나 열녀를 독려하기 위해 보급된 여성교훈서에서 시작된 책 읽기는 자연스럽게 여성의 글쓰기로 발전했다. 18세기 이후로 여성이 쓴 저술서가 현저히 늘어났다. 마찬가지로 성차별과 신분제로 억압을 받던 여성들이 새로운 종교를 받아들이고 천주교 신자가 되면서 근대로 이행하는 한 계기가 마련되었다.

4장 근대 여성의 삶은 조선왕조 말에서 일제 강점기까지를 말한다. 이 시기 한국 사회는 세계사적인 격동기 안에서 내부적으로는 조선왕조의 적폐를 일소하고, 외부적으로는 강대국의 침략에 맞서기 위한 개혁을 시도하였다. 1910년 조선이 일제의 식민지가 되자, 여성들은 각종 단체를 조직하여 치열해진 반제 · 반식민지운동에 참여하였다. 또한 여성 교육이 확대되고 사회진출이 늘어나면서, 민족독립이나 사회문제 해결 그리고 여성 지위에 대해 여성들이 스스로 목소리를 내기 시작하였다. 식민지 정부가 강요하는 근대화정치가 여성의 삶과 연루되는 과정이 여기에서도 드러난다.

이 시기 특히 농어촌 여성들은 가혹한 제국주의적 착취 아래에서 가족의 생계를 위해 혹독하게 일해야 했다. 또한 전문직 여성이나 서비스직 여성이 이 시기에 처음 나타났다. 여성 교육이 확장되면서, 여교사 · 간호부 · 조산부 · 여기자 등의 전문직, 그리고 전화교환수, 점원, 가사사용인이 새로운 서비스 직업으로 등장하였다.

여성에게 부여된 새로운 직업의 기회에서 특히 주목할 부분은 전체

공장노동자의 30퍼센트를 차지한 여성노동자, 즉 여공의 존재이다. 저임금과 장시간 노동에 시달리던 여성노동자의 비참한 현실은 식민지 자본주의 착취의 젠더화를 확인하게 한다. 이런 현실 속에서 여성들은 노동운동의 새로운 저항주체로 등장하였다. 1931년 이후 15년간이나 계속된 일제의 아시아태평양전쟁을 통해 우리 민족은 전시체제의 물질적 궁핍과 징집·징용의 엄청난 고통과 피해를 감내해야 하였다. 특히 여성들은 근로정신대나 군대 성노예로 차출되어 인권을 처참하게 훼손당하였다.

5장에서 다룰 현대의 여성들에서는 해방과 분단, 한국전쟁과 여성, 경제개발과 여성노동, 가족전략과 근대성을 집중적으로 서술할 것이다. 1945년 식민지로부터의 해방 이후 여성은 참정권을 가진 국민국가의 구성원으로서 등장하게 되었다. 미군정의 여성정책에서 시작된 새 국민국가의 여성정책으로 여성들은 근대화의 조력자가 되었다. 또한 해방공간에서 조직된 여성운동은 분단사회의 극단적인 이념 대립 속에서 과도한 정치화의 과정을 겪었다.

정상적인 일상생활이 파괴된 총력전 체제의 한국전쟁에서 여성들은 생계부양자로서 후방에서 남성의 자리를 대신하였고, 기지촌 여성들은 성매매를 통해서 외화를 벌기도 했다. 전시에 확장되는 여성의 공간 그리고 혹간 통제되지 않은 행동으로 인해 야기된 사회적 불안 심리는 여성의 성을 정상적인 성과 비정상으로 나누는 사회 담론을 광범하게 유포시켰다.

현대 여성에서 주목할 점은 여성이 경제성장의 주역으로 등장한 것이다. 1950, 1960년대 여성의 직업은 식모와 버스안내원, 행상여성, 여성농민으로 나타나서 본격적인 공업화 이전 단계의 경제활동을 담당하였다. 그러나 1960년대 본격적인 공업화의 시작과 함께 '공순이'로 불린 여성 공장노동자가 대거 등장하였다. 단순가공 무역형 공업구조에 기반을 둔 경제정책은 장시간·저임금 노동으로 어린 여성들을 불러냈고, 이들의 희생을 토대로 하여 한국 자본주의 발전의 본원적 축적이 가능했다. 한국의 근대 경제사에서 여성노동자들이 경제발전에 기여한 바는 보다 강조되어야 할 것이다. 여기에 1980년대 이후 등장한 탈숙련화된 사무직 여성노동자가 더해지면서 여성들은 경제활동의 주체일 뿐 아니라 치열하게 노동운동을 전개하는 저항주체로 성장하였다.

여성노동자의 투쟁을 토대로 하여, 1987년 등장한 민주화체제하에서 여성운동은 역동적으로 발전하여 여성 인권 증진을 위한 법과 제도의 개선을 성취하였다. 또한 이런 여성의식의 고양은 한국 사회에서 근대 가족의 탄생을 가져왔다. 그러나 1990년대 이후의 신자유주의적 지구화와 더불어 여성의 노동권은 취약해지고, 여성 내부의 경제적 불평등은 심화되었다. 이제 한국 사회와 한국여성은 근대성의 획득과 경제적 불평등이라는 양날의 칼 위에서 위험한 곡예를 하게 되었다.

한국여성사에 대한 여기까지의 서술이 지금의 시대를 사는 여성과 남성에게 '성찰적 근대성'을 다시 생각하는 계기가 될 수 있기를 기대해 본다.

2016년
필자들을 대표하여
정현백

 4장

근대의 여성
반(反)식민지 해방 전선에 나서다

5장 현대의 여성
함께 사는 세상 만들기

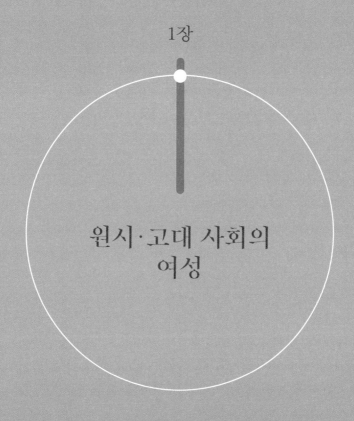

1장

원시·고대 사회의
여성

숭배와 통제의 이중주

시대개관

한반도와 만주지역에서는 강가나 동굴을 중심으로 다양한 구석기 유적지와 화석 인골이 발견되어 구석기시대부터 사람들이 살았음을 알 수 있다. 기원전 약 1만 년부터 시작된 신석기시대에는 간석기와 함께 토기를 제작해 사용하였는데, 빗살무늬토기로 대표되는 독자적인 신석기 문화를 형성하였다. 신석기 유적지에서 발견되는 주거지는 정착생활을 했음을 보여주며, 출토된 유물을 통해 수렵과 채집, 어로 활동을 하면서 가락바퀴나 뼈바늘을 이용하여 옷을 만들었음을 알 수 있다. 또한 원시적인 형태의 농경과 목축이 시작되었음을 보여주는 유적도 있다.

기원전 1,500년경부터는 청동기시대가 시작되는데 한반도와 만주에서는 고인돌과 석관묘 같은 무덤과 장방형의 주거지 등이 발굴·조사되었다. 청동기시대에는 농업생산력이 커지고 잉여 생산물이 증가하면서 빈부격차와 계급이 분화되었다. 이 과정에서 강력한 군장이 등장하였으며, 이들은 정치와 제사를 주관하면서 청동으로 만든 검이나 거울, 방울 등으로 자신의 권위를 내세웠다. 만주와 한반도 지역에는 비파형 동검과 거친무늬거울로 상징되는 독자적인 청동기 문화가 형성되었다.

금속의 사용은 사회 분화를 가속시켜 만주와 한반도 지역에는 크고 작은 다양한 국가가 나타났다. 청동기 문화를 배경으로 가장 먼저 역사의 무대에 등장한 국가는 고조선이었다. 기원전 4세기 무렵에는 중국에서 철기 문화가 유입되어 정치세력 사이에 통합과 복속이 활발히 이루어지게 되었다. 부여, 고구려, 옥저, 동예를 비롯하여 삼한의 크고 작은 정치체들이 성장하였으며 이러한 나라들이 최종적으로 고구려, 백제, 신라로 통합되면서 삼국시대가 시작되었다.

삼국은 만주와 한반도의 주도권을 장악하기 위해 서로 치열하게 다툼을 벌이다가 신라에 의해 통일되었다. 외세와 손을 잡고 무력으로 이루어진 통합은 한계가 있었다. 통일 뒤 신라는 고구려, 백제가 차지했던 영토를 전부 차지하지 못하고 대동강과 원산 이남에서 만족해야 했다. 대동강 이북 지역은 신라와 손을 잡았던 당나라가 차지했는데, 후에 고구려 유민 출신에 의해 발해가 건국되었다. 대동강 이남 지역에서 통치력을 가지게 된 신라는 하대에 이르러 왕권이 약화되자, 고구려와 백제 계승을 외치는 세력에 의해 다시 후삼국으로 분열되었다. 최종적으로 고려에 의해 재통합되면서 후삼국의 분열은 마무리되었다.

이 시기는 선사시대에서 고대국가가 성장·발전했다가 하나의 국가로 통합해 가는 오랜 시간을 배경으로 하고 있어 시기적인 변화상이 보인다. 또한 후대 고려나 조선과는 차이가 있는 고대의 특징이 나타나는 시기이기도 하다. 고대는 정치에서 종교적인 권위가 중요한 의미를 가지고 있는데, 제정에서 여성의 활약이 돋보여 여신과 여사제 등이 보인다. 우리 역사상 유일하게 여왕이 배출되었던 시기이다. 또한 여러 국가가 통합·흡수되는 과정에서 약탈과 전쟁이 일상화되던 시대이기도 하다. 만주와 한반도를 무대로 여러 나라가 동시에 난립하기도 하였는데, 지역적인 차이가 보이기도 하였다.

한반도의 원시문화와
여성

한반도 최초의 여성 화석 인골

우리 민족이 주로 활동했던 한반도에서는 약 70만 년 전 구석기시대부터 사람이 살았던 것으로 추정된다. 구석기시대는 돌을 깨뜨리거나 떼어 만든 뗀석기를 사용했던 시기로 연천 전곡리, 공주 석장리, 제천 점말 동굴, 상원군 검은 모루 등에서 구석기 유적이 발견되었다. 주변에는 나무나 동물의 뼈, 돌을 이용하여 만든 다양한 도구가 함께 출토되었으며, 불을 피운 흔적이 발견되기도 하였다.

한반도 구석기 유적에서는 인류의 진화과정을 보여주는 사람 뼈 화석이 발견되기도 하였다. 그 중에는 여성의 뼈 화석도 있었다. 1977년 평양 역포 구역 대현동 유적에서는 뗀석기와 함께 사람의 머리뼈 화석이 출토되었다. 이 화석인류는 발견지역의 이름을 따서 '역포인'이라 불렸는데, 한반도의 고인류 화석 가운데 가장 오래된 것으로 6~8세 가량의 여자아이로 밝혀졌다.

역포인이 발견된 곳은 대동강변에 위치한 자연 동굴이었다. 동굴 안에는 역포인 외에도 다양한 동물 뼈와 식물들의 흔적이 있었다. 이들은 역포인들이 먹다 남은 것들로 당시 역포인은 동굴생활을 하면서 열매채집이나 사냥을 통해 먹잇감을 획득하였음을 알 수 있다. 구석기시대 채집과 사냥은 성별에 따라 분업을 하였던 것으로 추정하고 있다. 역포인 역시 남성들은 주로 수렵을 하고 여성들은 채집활동을 담당했을 것이다.

인류 최초의 자연분업이라고 할 수 있는 성별 분업은 생물학적인 성차에 근거한 것이었다. 구석기시대 뼈 화석들을 분석한 결과 남성이 신장이나 근력, 기동력 등에서 여성보다 우세한 것으로 나타났다. 남성들이 사냥을 주로 담당한 것은 신장, 체중, 그리고 근력의 우세함이 그 일을 수행하는 데 더 효율적이었기 때문일 것이다. 더구나 여성들은 임신과 수유활동으로 바깥 행동에 제약을 받을 수밖에 없었다.

현재 남아 있는 원시 사회 민족지 사례에서도 남성 우위 노동은 원격지로 떠날 필요가 있거나 체력이 요구되는 것, 그것에 부수되는 가공업과 도구류의 제작이며, 여성 우위의 노동은 조리를 중심으로 하는 노동이나 나무열매, 조개류 채집 등 체력을 강하게 요구하지 않고 근거리에서 행할 수 있는 것으로 나타나고 있다. 신체적인 차이나 임신과 양육과 같은 생물학적 기능이 구석기시대 성별 분업의 기반이 되었음을 알 수 있다.

그렇지만 구석기시대 성별 분업이 성별 불평등을 의미하는 것은 아니었다. 역포인이 살았던 자연 동굴에서는 코끼리와 코뿔소같이 큰 동물 뼈 화석도 발견되었다. 이는 당시 큰 짐승 사냥도 많이 했던 것을 보여 준다. 큰짐승 사냥은 여러 사람이 달라붙어 짐승을 몰아넣는 몰이사냥을 해야 하는 것이었다. 이러한 상황에서 여성이라고 해서 사냥에 완전히 배제되기는 어려웠을 것이다.

또한 당시는 인류가 먹잇감이 되기도 했던 시기로 생존에 위협이 컸다. 아프리카 동굴에서는 사람의 두개골이 다량 출토되었는데, 이 두개골에는 표범의 이빨 자국이 있었다. 당시 맹수에게 잡아먹히기도 했던 사람의 모습을 알 수 있다. 또한 이 시기 지구상에 빙하기와 간빙기가 번갈아 찾아오는 등 자연 변화가 극심했다. 이러한 극한 환경에서는 여럿이 무리를 지어 공동으로 대처해야 했다. 끊임없이 밀어닥치는 생존의 위협 속에서 성별 분업이 엄격할 수만은 없었을 것이다.

뿐만 아니라 여성의 임신과 출산이라고 하는 생물학적 기능은 구석기 사회를 유지하는 데 무척 중요했다. 당시는 유아사망률이 높았고 평균 수명도 길지 않았다. 인구를 유지하기 위해서는 여성이 많은 아이를 낳는 방법밖에 없었다. 구석기시대 여성들은 가임기 내내 임신과 출산을 되풀이하였던 것으로 보인다. 구석기시대에는 여성의 평균 수명이 남성보다 낮게 나타나고 있는데, 이는 임신과 출산이라고 하는 여성의 생물학적 기능과 무관하지 않은 것으로 이해하고 있다.

역포인과 같은 구석기시대 여성들은 임신과 출산으로 종종 생명의 위협을 당하면서도 아이를 낳고 기르는 생물학적 기능을 수행하였고, 또한 채집활동 등 남성과 함께 생업에 종사했다. 더구나 여성들이 담당했던 채집이 사냥에 비해 오히려 보다 안정적인 식량을 제공했던 것으로 보인다. 이처럼 구석기 사회를 유지하는 데 있어 여성이 사회적, 생물학적으로 중요한 역할을 하고 있는 상황에서 성별에 따른 불평등이 있었다고 보기는 어려울 것이다.

한반도의 비너스들

마지막 빙하기가 끝나고 기후가 따뜻해지면서 신석기시대가 시작되었다.

한반도와 그 주변지역에서는 기원전 8,000년경부터 신석기시대가 시작된 것으로 추정하고 있다. 신석기시대는 돌을 작게 갈아서 만든 간석기가 사용되던 시기로, 쓰임에 따라 다양한 형태와 용도를 가진 정교한 석기가 만들어졌다.

신석기시대는 석기의 변화뿐 아니라 농경과 목축이 시작되면서 식량 채집 단계에서 식량 생산단계로 전환되는 질적인 변화가 일어났다. 또한 토기를 만들어 곡물을 저장하고 조리하게 되었다. 한반도에서는 기원전 6,000년경부터 토기가 제작된 것으로 보이는데, 토기 표면에 빗처럼 생긴 무늬새기개로 누르거나 새겨서 생긴 선과 점들이 기하학적 형태를 이루고 있는 '빗살무늬토기'라고 하는 특징적인 토기가 만들어졌다.

또한 신석기시대의 특징으로 들 수 있는 것이 여성상이 전 세계적으로 출토된다는 점이다. '빌렌도르프의 비너스'로 대표되는 선사시대 여성상은 구석기 후기부터 일부 지역에서 나타나기 시작했다. 그런데 신석기시대에 이르면 유럽이나 메소포타미아 지역 · 인더스 강 유역 · 중국 · 일본 등 상당히 넓은 지역에서 나타나고 있다. 이들 여성상은 볼륨 있는 몸매에 가슴과 엉덩이, 배 등 여성의 성적 특징이 강조되어 있는데, 당시의 이상적인 여성상을 나타낸 것으로 여겨져 비너스라 불리고 있다.

선사시대의 비너스는 우리나라 신석기 유적에서도 다양하게 발견되었다. 함북 청진 농포동 유적에서는 흙으로 빚은 4센티미터 정도의 작은 인물상이 발견되었다. 두 다리를 벌리고 가슴 앞에 X자형으로 팔짱을 낀 듯한 모습의 입상인데, 머리는 결실되었지만 허리가 잘록하고 가슴과 엉덩이 부분이 크게 표현되어 있어 여성상으로 추정하고 있다. 웅기 서포항 신석기 후기 유적에서는 6센티미터 정도의 흙으로 만든 인형이 발견되었는데, 가슴에 유방 표시로 여겨지는 돌기가 있고 허리가 곡선을 이루고 있

어 여성의 모습을 나타낸 것으로 보고
있다.

울산 신암리 유적에서 발견된 여
성상은 보다 사실적이면서 아름다운 모
습을 보여주고 있다. 3.6센티미터의 작
은 크기인 흙으로 빚은 이 여성상은 얼
굴과 다리 부분은 파손되었지만 잘록한
허리에 적당히 발달한 젖가슴과 엉덩이
가 선명하게 표현되어 있다. '신암리 비
너스'라는 애칭으로 불리는 이 여성상은

그림 1-1
울산 신암리에서 출토된
신석기시대 여성상
(출처 : 국립중앙박물관)

4,500년 전 신석기시대 중기에 만들어졌던 것으로 추측되고 있다.

신석기시대에 전 세계적으로 여성상이 유행했던 이유는 무엇일까?
유방과 배를 강조하는 등 여성의 성적 특징이 강조되어 있는 선사시대
여성상은 단순한 미술품이나 장난감이 아니라 생식과 출산을 상징 · 기
원하기 위해 만들어졌던 것으로 보고 있다. 구체적으로 모계 사회 단계에
서 씨족이나 종족의 시조로 그들을 수호하는 족조모(族祖母)라는 견해에
서부터, 샤머니즘의 원시 종교와 관련하여 사제로서의 무녀상(巫女像), 풍
요와 생산을 주관하는 대지모신(Mother goddess) 등 다양하게 해석되고 있
다. 어떤 의미이든 간에 신석기시대 여성에 대한 추앙과 숭상이 있었음을
보여 준다.

우리 민족의 주요 활동무대였던 만주지역에서 발견된 여성상은 당
시 여성이 신적인 존재로 숭배의 대상이었음을 보여 준다. 중국 요령성
우하량(牛河梁) 신석기 유적에서는 5천 년 전에 만들어진 건축물과 여성상
이 발견되었다. 건축물에서는 일상용구가 전혀 발견되지 않은 반면, 대형

향로 뚜껑을 비롯하여 다양한 종류의 제사용기가 출토되었다. 또한 벽면에는 주술적인 것으로 여겨지는 문양이 그려져 있어 제사 유구로 추정하고 있다.

이 건축물의 주실 중심부에서 22.5센티미터 크기의 진흙으로 빚은 얼굴과 어깨·손·유방 부분 등의 파편이 출토되었다. 유방이나 어깨 부분으로 보아 여성상으로 추정하고 있는데 귀는 뚫은 흔적이 있고 입술엔 붉은 칠이 있으며 두 눈은 푸른색 구슬을 박아 넣어 신비스러운 느낌을 주고 있다. 또한 두 뺨은 근육이 도드라지게 돌출되어 있고 입 역시 역동적인 모습을 지니고 있어 신격화했음을 알 수 있다. 이에 건축물은 이 여신을 제사지내던 여신묘(女神廟)이며, 여성상은 신앙의 대상이었던 여신으로 추정하고 있다.

그렇다면 이처럼 신석기시대에 신적인 대상으로 여성을 숭배했던 이유는 무엇일까? 여성과 남성이라는 성별을 나누는 가장 큰 차이는 여성은 임신을 하고 아이를 낳을 수 있는 능력을 가지고 있다는 점이다. 신석기시대 여성상 대부분이 여성의 성적 특징을 강조하고 있다는 점에서 당시 여성의 성적인 힘과 생식 능력을 빌어 어떤 축원을 담은 것으로 여겨진다. 신석기시대는 농경이 시작된 시기로 신석기인들은 기후와 같은 자연의 섭리에 더 민감해지고, 생명의 문제를 더 깊이 생각하게 되었을 것이다. 그러므로 임신과 출산이라는 기능을 가진 여성이 생산과 번식의 신비한 능력을 가진 상징적 존재로 부각되어 숭배되었을 가능성이 크다.

신석기시대에는 여신 숭배와 함께 여사제의 존재도 보이고 있다. 신석기시대 무덤에서는 무기 부장은 보이지 않는 반면, 특수한 조개 팔찌 등 장신구를 장착한 경우가 발견되고 있다. 가덕도 장항 유적에서는 48기(基)의 신석기시대 무덤이 발굴조사되었는데, 조개 팔찌를 착용한 완전한 형태의 인골 2구가 발견되었다. 그 중 1호 무덤에서 출토된 인골은 40대 후반 여성으로 밝혀졌는데, 가슴에 9개의 미완성 조개 팔찌를 덮고 있었고, 양팔에 피조개로 만든 팔찌를 각각 한 개씩 착용하고 있었다.

조개 팔찌는 일본의 신석기 문화인 죠몬 문화 사례와 착장자의 성별, 조개의 상징성 등으로 보아 신석기 사회에서 특정한 역할을 담당했던 사람이 주로 착용했던 것으로 여겨지고 있다. 신석기시대는 평등사회이지만 집단 내의 통솔자나 사제의 존재를 상정하고 있는데, 인골 분석에서 남성보다 성인 여성이 많은 것으로 나타나고 있다. 가덕도에서 출토된 조개 팔찌를 했던 여성도 이러한 사회적 역할과 관련된 것으로 추정하고 있다. 신석기시대에 여성은 신으로 숭배되기도 하였으며, 신을 대신하는 사제로서 역할을 담당하기도 했음을 알 수 있다.

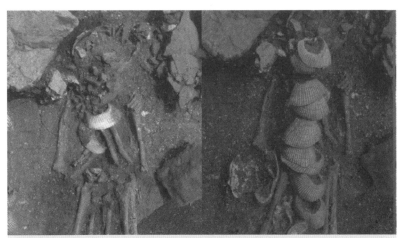

∘ 그림1-2 부산 가덕도에서 출토된 조개팔찌를 한 여성인골(출처 : 한국문물연구원) ∘

고인돌 사회와 여성

신석기시대 전 세계적으로 나타나는 여성상 출토와 여성숭배는 청동기시대가 오면서 변화를 보인다. 신석기 유적에서는 주로 여성상이 출토된 반면, 청동기 유적지에서는 남성을 형상화한 조각이나 그림이 주로 출토되고 있다. 신석기 문화층에서 여성상이 출토되었던 웅기 서포항의 경우에도 청동기 문화층에서는 흙으로 만든 남성상이 출토되었다. 또한 생산의 풍요를 기원했던 장소로 추정하고 있는 울주 반구대 암각화에서는 남근을 드러낸 채 춤을 추고 있는 듯한 다양한 군상의 남성 모습이 나타난다.

그렇다면 청동기시대 들어 여성상 대신 남성상이나 남성 그림이 증가한 이유는 무엇일까? 청동기시대는 잉여생산과 사유재산이 발생하면서 빈부 격차가 발생하고 계급이 분화되던 시대이다. 만주와 한반도 전역에서 분포하고 있는 고인돌은 청동기시대의 사회 변화를 잘 보여 준다. 고인돌은 거대한 뚜껑을 몇개의 돌로 괴어 놓은 형태로, 한반도와 만주에는 전 세계 고인돌의 50퍼센트 이상을 차지할 정도로 많은 고인돌이 집중적으로 분포하고 있다. 그중에는 돌의 무게가 수십 톤에 달하는 것도 있다. 이러한 거대한 돌의 채취와 운반을 위해서는 적어도 수백 명이 동원되었을 것이며, 당시 이러한 인력을 동원할 만한 지배자와 조직력이 갖추어졌음을 의미한다. 또한 피장자 중에는 청동거울, 청동양날칼 등의 청동무기와 구슬류 등을 대량으로 부장한 경우가 있어 빈부 격차와 계급의 분화가 일어났음을 보여 준다.

청동기시대에 사회 변화가 급속하게 진행되었던 원인은 생산력의 발전이었다. 농경의 흔적은 신석기시대부터 나타나지만, 보편적으로 자리잡은 것은 청동기시대였다. 농경이 전국적으로 확대되었으며, 벼농사가 시작되어 쌀이 본격적으로 생산되기 시작하였다. 신석기 후기부터 생산 농구가 괭이에서 보습으로 바뀌는데, 이는 보습에 의한 갈이농사가 진행되었음을 보여 준다.

갈이농사는 일정하게 넓은 면적의 밭을 다루는데, 이러한 경작지를 만들기 위해서는 우거진 나무 수풀을 찍어내고 넓은 밭을 갈아야만 한다. 또한 청동기시대 유적지에서 길이 20센티미터 이상의 대형 돌도끼가 발견되는데, 이는 산림 벌채용인듯 하다. 이를 통해 당시 농경지 개간이 활발하게 이루어졌음을 추정할 수 있다.

그림1-3
대전에서 출토되었다고 전해지고 있는 농경하는 남성의 모습이 새겨져 있는 청동기
(출처 : 국립중앙박물관)

대전에서 출토된 것으로 전해지고 있는 '농경문 청동기'는 농경에서 남성의 비중이 높아졌음을 보여 준다. 정사각형의 농토 위에 남근을 드러낸 채 따비질을 하고 있는 남성의 모습이 새겨져 있다. 이는 당시 농경이 본격적으로 행해졌으며 따비나 괭이를 사용해 밭을 가는 단계에 이르렀음을 보여 준다. 또한 하단에 규칙적인 평행선을 가로로 새긴 밭고랑이 표시되어 있는데 당시 경작에 상당한 노동력이 투입되었음을 알 수 있다.

또한 가축의 사육화가 진행되고, 어로활동에서 배와 같은 수단이 이용되면서 생산활동에서 남성의 비중은 더 커졌다. 청동기 제작 역시 금속을 제련하고 두드리거나 부어 만드는 과정에서 강도 높은 노동력을 요구하는 것이었다. 이처럼 청동기시대에는 생산활동에서 근력이 중요한 가치를 가지게 되면서 남성들이 주도하게 되었고, 여성들은 점차 남성을 보좌하는 주변적인 위치가 되었다.

특히 약탈과 전쟁이 치열해지면서 기동력이나 무력에 대한 가치는 더욱 부각되었다. 청동기 유적지인 부여 송국리에서는 나무로 울타리를 만든 목책(木柵)시설이 발견되었다. 울산 검단리 유적에서는 마을 주변으로 도랑을 판 환호(環濠)시설이 발견되었다. 이들은 외부의 침략을 방어하기 위한 시설로, 청동기시대에 주변의 다른 취락과 잦은 분쟁을 벌이고 있었음을 보여 준다.

약탈에서 출발한 전쟁은 집단의 규모를 증대시키고 우두머리의 권력을 강화하였다. 이들은 군대를 조직하고 인접 지역을 침공하여 식량뿐 아니라 이를 생산할 인간을 노획하기 시작하였다. 격렬하게 전쟁을 치르는 사회에서는 대부분 여성의 삶이 더 열악해졌다. 아마조네스 전설(왕이나 전사 등이 여성으로 구성되어 있는 그리스 신화에 나오는 전설의 여성 부족)이 있긴 하지만 전쟁은 대부분 남성의 일이었다.

약탈과 전쟁이 시작되면서 남자들이 전사로 선택된 것은 동물 사냥에 유리한 해부학적, 생리학적 특성이 전쟁에도 유리하게 작용하기 때문이었다. 남자가 여자보다 달리기나 힘에서 더 우세한 점은 무기를 손에 들고 근력으로 싸우는 전투를 치를 때는 생사가 걸린 중요한 문제가 된다. 더구나 임신으로 인해 생기는 여자의 신체적 제약은 사냥보다 전쟁에서 더 커다란 장애로 부각될 수밖에 없다.

생산 분야에서 노동력이 요구되면서 남성의 참여 비중이 높아지고, 금속무기를 사용한 전쟁 등을 통해 무력에 대한 가치가 부각될수록 여성은 불리해졌다. 힘과 기동력이 가치를 가진 시대에 여성의 임신과 출산은 경쟁력을 저하시키는 한계일 뿐이었다. 또한 기존에는 노동력 공급을 여성의 출산에만 의존해야 했으나, 이제는 약탈과 전쟁을 통해 얻을 수 있기 때문에 구석기, 신석기시대에 비해 임신과 출산에 대한 절대적 가치가 줄어들었다. 임신과 출산이라고 하는 여성의 생물학적 기능이 이제 사회적 불평등의 원인으로 작용하게 된 것이다.

고대국가의 성장과
여성의 제정(祭政)활동

신화 속의 여신들

금속의 사용은 사회 분화를 가속시켜 만주와 한반도 지역에는 크고 작은
다양한 국가가 나타났다. 청동기 문화를 배경으로 가장 먼저 역사의 무
대에 등장한 나라는 고조선이었다. 기원전 4~3세기 무렵에는 철기 문화
가 시작되면서 정치세력 사이에 통합과 복속이 활발히 이루어졌다. 부여,
고구려, 옥저, 동예를 비롯하여 삼한의 크고 작은 정치체들이 성장하였으
며, 최종적으로 고구려, 백제, 신라로 통합되면서 삼국시대가 시작되었다.

국가라는 공적인 기구의 성립은 공사(公私) 영역의 분리를 가져왔다.
경제적이나 군사적으로 불리한 입장에 있던 여성들은 점차 공적인 영역
에서 배제되어 갔다. 여성들이 독자적인 정치 사회적 지위를 가지고 활동
하기보다는 남편이나 자식에 부속된 존재로 여겨졌다. 여성의 활동은 가
사와 육아라고 하는 사적인 영역의 범주로 한정되어졌으며 사회적으로
그 가치를 인정받지 못했다.

그렇지만 고대국가가 성립하고 발전하는 과정에서 여성의 존재와
활동이 다양하게 나타난다. 고대국가의 성립 과정을 배경으로 하는 건국

신화를 살펴보면 건국시조뿐 아니라 시조를 낳고 길렀던 시조모의 존재가 중요하게 나타난다. 단군신화의 웅녀, 고구려의 유화, 백제의 소서노, 신라의 선도성모, 대가야의 정견모주가 그들이다. 이들은 단순히 건국시조를 낳고 기른 어머니가 아니라 신적인 속성을 지닌 비상한 존재로 숭배의 대상이었다.

고구려의 건국신화에서 시조모인 유화는 시조인 주몽을 낳고 기를 뿐 아니라 남쪽으로 가서 새로운 나라를 세울 것을 일깨워 주는 등 고구려 건국에 큰 영향을 미쳤다. 또한 주몽에게 천마를 골라주고 비둘기를 보내 오곡의 종자를 전해주기도 하였다. 유화가 죽자 나라에서는 신묘를 세웠다고 한다. 시조모인 유화가 신묘에 봉안된 신적인 존재로 국가적 차원에서 숭배되었음을 알 수 있다.

백제에서도 시조모에 대한 숭배가 보인다. 『삼국사기』에는 온조왕 13년에 왕의 어머니가 세상을 떠났다고 하였으며, 온조왕 17년에는 "사당을 세우고 국모(國母)를 제사지냈다"고 하였다. 시조의 어머니를 국모로 여기고 국가적인 차원에서 제사를 지냈음을 알 수 있다. 백제의 지배층은 부여와 고구려 계통으로 알려져 있다는 점에서 백제의 국모는 고구려 유화와 비슷한 의미를 가진 존재가 아니었을까 추측된다.

신라의 건국신화는 혁거세가 하늘에서 내려왔다고 하는 천강담이 잘 알려져 있지만 그 외에도 혁거세와 알영을 선도성모가 낳았다고 하는 다른 계통도 전승되고 있다. 선도성모는 건국시조를 낳은 시조모가 되는 것이다. 신라인들은 선도성모가 선도산에 살면서 신라를 지켜주고 도와준다고 여겨 나라가 건립된 이래 항상 제사를 지냈다고 한다. 신라에도 성모(聖母)로 칭했던 국가적 제사의 대상이었던 여성 신격이 있었음을 알 수 있다.

가야에서도 신격을 가진 시조모의 모습이 전해지고 있다. 가야에서는 〈구지가〉와 함께 하늘에서 내려온 알에서 시조가 탄생했다는 건국신화가 유명하지만, 시조모가 시조를 낳았다는 다른 계통의 전승도 있다. 이에 따르면 가야 산신 정견모주(正見母主)가 천신 이비가지에 감응되어 대가야왕 뇌질주일과 금관가야 왕 뇌질청예를 낳았다고 한다. 금관가야와 대가야는 가야연맹을 이끈 두 축으로 정견모주는 가야연맹의 시조모로 인식되었던 것이다. 산신이라는 직접적인 표현에서 시조모 정견모주는 신적인 존재로 인식되었음을 알 수 있다.

건국신화 외에도 여성 신격의 모습은 다양하게 확인된다. 영일현 서쪽에 있는 운제산 성모는 신라 2대 왕비인 운제부인과 관련이 있다고 하는데, '가물 때 기도하면 감응이 있다'고 하였다. 또한 내물왕대 충신인 박제상의 아내는 남편을 기다리다가 죽은 뒤 치술신모가 되었다고 한다. 경주에서 울산으로 넘어가는 지역에 치술령이 위치하고 있는데, 치술신모는 바로 이 치술령의 산신으로 숭상되었음을 알 수 있다.

여성 신격에 대한 숭배는 삼국통일 무렵에도 보인다. 삼국통일의 명장인 김유신은 고구려 첩자의 꼬임으로 위기에 빠졌는데, 세 명의 여인이 나타나 구해주었다고 한다. 이들은 자신을 나림, 혈례, 골화의 호국신으로 소개하였는데, 이 세 곳은 신라에서 국가 제사로 가장 중요시되었던 대사(大祀)의 대상으로 성스럽게 여겨졌던 산이다. 김유신 앞에 나타났다고 하는 세 명의 여성이 산신이었음을 알 수 있다. 김유신이 활동하던 통일 무렵에도 여성 신격에 대한 숭배가 있었음을 확인할 수 있다.

고대 건국신화나 산신으로 숭상되었던 이들 여성 신격들은 주로 지모신, 농경신의 성격을 보이고 있다. 유화와 알영은 농경에 중요한 물과 친연성을 가지고 있을 뿐 아니라 직접적으로 농경과 관련된 모습을 가지고 있다. 운제산 성모는 비를 내리는 능력을 가진 것으로 여겨졌다는 점에서 산신이면서 농경신, 지모신의 성격을 가지고 있음을 알 수 있다. 신석기시대 여성을 지모신으로 숭상하던 모습이 청동기시대 이후 약화되기는 하였지만 고대사회에도 계승되어 남아 있음을 알 수 있다.

신을 대리하는 여사제들

여성이 신적인 존재로 숭배되었던 고대 사회에서 여성은 종교적 권위를 가진 사제로 제사를 주관하기도 하였다. 신라에서는 2대 남해왕대 처음 시조묘를 세우고 왕의 누이인 아로로 하여금 제사를 주관하게 했다고 한다. 아로의 사례는 신라 초기에 국가 제사를 담당하는 여사제가 있었음을 보여 준다.

아로와 같은 여사제의 존재는 이후에도 지속되었을 것으로 여겨진다. 신라에서는 시조비인 알영을 시작으로 왕비의 이름에서 아로와 같은 알[ar-]계 이름이 공통적으로 나타나고 있다. 2대 남해왕의 왕비는 아루(阿婁)였으며, 그 뒤에 아효(阿孝), 아니(阿尼), 아류(阿留), 아이혜(阿爾兮) 등 알계 이름이 계속 나타난다. 이에 알계 왕비의 이름들은 각 왕비의 고유명사가 아니라, 왕실 여성들이 담당했던 직능과 관련된 명칭으로 해석하고 있다. 구체적으로 시조묘 제사를 담당했던 아로와 같은 명칭은 종교적인 직능과 관련된 것으로 보고 있다.

여사제의 존재는 고구려와 백제에서도 유추할 수 있다. 고구려 대무신왕이 부여를 치러 갈 때 비류수가에서 솥을 들고 춤을 추고 있는 여인을 만났다. 그런데 여인이 들고 있었던 솥은 불을 지피지도 않았는데 저절로 밥이 되는 신기한 물건이었다.

고대에 청동이나 철제로 만든 솥은 정치적 권위를 상징하는 물건으로 주로 제기로 사용되었다. 대무신왕이 비류수에서 발견했다는 솥 역시 밥을 짓기 위한 취사용기보다는 제의와 관련된 제사용기로 이해할 수 있다. 당시 갑자기 한 남자가 나타나 솥은 본래 자기 집안의 것인데 누이가 잃어버린 것으로, 왕이 발견했으니 짊어다 주겠다고 하였다. 이에 대무신왕은 그에게 솥을 짊어졌다는 뜻의 '부정(釜鼎)'이라는 성씨를 내렸다고 한다. 고대 사회에서 솥을 옮긴다는 것은 곧 나라를 잃는다는 상징적인 의미를 지니기도 하였다. 이 솥을 대무신왕이 얻게 되었다는 것은 비류수 가에 사는 부정씨 부족이 대무신왕에 복속되었다는 상징적인 의미였다. 제기를 들고 춤을 추었다는 이야기 역시 제의와 연결시킬 수 있다.

제기를 들고 춤을 추는 여성의 모습은 제의를 주관하는 여사제의 모습으로 읽을 수 있다. 솥은 본래 부정씨 부족의 제의에 사용된 제기이며, 부정씨 부족의 제의를 여사제가 주관했던 것으로 이해할 수 있다. 여기에서 솥을 들고 춤을 추었던 여성을 '누이'로 칭하고 있는데, 신라에서 시조묘를 세우고 누이로 하여금 제사를 주관하게 했다는 내용이 겹쳐진다.

금관가야의 시조비로 기록된 허황후의 모습에서도 여사제의 모습을 읽을 수 있다. 허황후는 아유타국에서 배를 타고 왔는데, 육지로 오르면서 입었던 비단 바지를 벗어 산신령에게 제사를 드렸다고 한다. 비단 바지는 산신령에게 드리는 제물로 이해할 수 있을 것이다. 허황후가 직접 제사를 드리고 있는 모습에서 제사를 주관하는 여사제의 모습을 찾을 수 있다.

고대 사회 여사제의 모습과 관련하여 고고자료가 주목된다. 신라의 마립간기 묘제인 돌무지덧널무덤에서는 화려함의 극치를 보여주는 금관이 출토되었다. 금관의 경우 종래는 왕관에 대입시켜 남성이 썼던 것으로 이해했다. 그런데 '부인대'라는 명문이 새겨진 허리띠가 출토되면서 피장자가 여성으로 밝혀진 황남대총 북분에서도 금관이 출토되었다. 당시는 여왕이 즉위하기 전이므로 피장자를 왕으로 볼 수는 없다. 여성 무덤인 황남대총 북분에서 금관이 출토되었다는 것은 금관이 곧 왕관은 아니라는 것과 함께 여성도 금관을 쓸 수 있었던 것을 보여 준다.

그런데 신라에서 금관은 왕경인 경주지역에서만 출토되었고, 출토 수량도 6개로 한정적이다. 또한 금관이 출토된 고분은 대체로 대형이며 동반 유물도 최상급에 속한다. 이는 금관을 부장했던 고분의 피장자가 정치사회적으로 특별한 위상을 가진 최상층에 속하는 존재였음을 알려준다. 나뭇가지를 형상화한 금관에 대해 샤머니즘과 관련된 것이라는 해석을 참고한다면, 금관이 출토된 최상급 고분의 여성 주인공은 왕은 아니지만 종교적인 위상을 가진 최고위층 여성으로 해석할 수 있다.

신라의 세 여왕

고대국가가 성장하고 관료체제가 정비되면서 공적인 질서에서 여성이 점차 배제되었다는 것은 상식적이다. 국왕을 정점으로 하는 중앙집권체제는 남성 위주의 지배질서로 고착화되었다. 관등과 관직은 대부분 남성에 의해 독점되었다.

이러한 상황에서 신라에 있었던 여왕의 존재는 흥미로울 수밖에 없다. 신라에는 제27대 선덕여왕(善德女王: 재위 632~647)에서 28대 진덕여왕(眞德女王: 재위 647~654), 51대 진성여왕(眞聖女王: 재위 887~897)까지 세 명의 여왕이 있었다. 여왕은 이후 고려나 조선에도 없었으며 동시대인 고구려와 백제에도 없었다. 신라에서는 어떻게 여왕이 즉위할 수 있었을까?

우리 역사상 첫 여왕인 선덕여왕은 아들이 없는 진평왕의 뒤를 이어 즉위하였다. 그런데 역사상 직계 아들이 없는 상황이 진평왕에게만 해당되는 것은 아니었다. 또한 신라에는 사위도 왕위를 계승할 수 있었다. 진평왕에게는 용춘이라는 사위도 있었다. 『삼국유사』에서는 선덕여왕의 즉위를 설명하면서 '성골 남자가 없다'고 설명했다. 그러므로 지금까지 선덕여왕의 즉위배경으로 신라의 신분제도인 골품제를 들었다. 폐쇄적인 신분제 사회에서 왕위 계승의 최우선권을 가진 성골 남자가 없을 경우, 진골인 남성보다 여성이지만 성골이라고 하는 혈통이 사회적 합의를 도출하는 데 더 설득력을 가졌기 때문에 성골인 선덕여왕이 즉위하게 된 것으로 본 것이다.

선덕여왕은 개인적인 자질 역시 뛰어났던 것으로 전해지고 있다. 『삼국사기』 저자 김부식은 여성이 왕이 된 사실 자체를 못마땅하게 여겨 혹평을 남겼지만, 선덕여왕 개인에 대해서는 '어질고 똑똑했다'고 설명했다. 『삼국유사』에는 구체적으로 선덕여왕이 앞을 내다볼 정도로 뛰어난 예지력을 가졌음을 보여주는 세 가지 사례를 전하고 있다. 모란꽃 그림에 벌이 없는 것을 보고 향기가 없음을 지적하여 중국 황제를 제압한 것, 개구리 울음소리를 듣고 백제군이 잠입한 것을 미리 알아채고 전쟁을 승리로 이끈 것, 자신이 죽을 날을 미리 알고 장지를 정해준 것이다.

그림1-5
경주 낭산에 있는
선덕여왕릉(출처 : 필자)

뿐만 아니라 이웃 나라인 일본에서 이미 여왕 즉위가 이루어졌다는 것 역시 참고가 되었을 것이다. 진평왕 15년(593년)에 일본에서 최초의 여왕인 스이코(推古)가 즉위하였다. 진평왕대는 유달리 일본과 외교 관계가 빈번했다. 양국 사신들이 오고 갔으며, 신라에서 까치와 불상을 선물로 보냈다는 기록도 있다. 이처럼 활발한 교류를 통해 일본 여왕의 존재가 신라에 알려졌을 것이다.

선덕여왕에서 시작된 여왕 즉위는 다음 진덕여왕으로 이어졌다. 선덕여왕이 즉위하게 되었던 성골 남성이 없는 혈통적인 조건이 선덕여왕 사후에도 여전히 남아 있었기 때문이다. 진덕여왕에게는 '풍만하고 아름다웠다'고 하는 여성적인 아름다움과 함께 '신장이 7척이고 손을 내리면 무릎 아래까지 내려왔다'고 하는 신체적 특징이 내세워졌다. 이러한 모습은 부처의 특징적인 모습으로 부처와 같은 초인적 면모를 지닌 골상을 강조하면서 진덕여왕의 왕위 계승에 정당성을 부여하려 했던 것을 알 수 있다.

그러나 진덕여왕 즉위 과정은 순조롭지 않았다. 귀족회의 최고 의장이라고 할 수 있는 상대등 비담이 여러 귀족들과 함께 여왕은 나라를 잘 다스릴 수 없다며 반란을 일으켰다. 비담의 난에 호응하는 사람들이 많아 그 기세가 하늘을 찌를 듯했다고 한다. 그만큼 비담이 내세운 명분이 설득력을 얻고 있었음을 보여 준다. 결국 10여 일간의 공방 끝에 김유신에 의해 비담의 난이 진압되면서 진덕여왕은 즉위할 수 있었다.

이후 신라의 왕위 계승은 남성으로만 이어졌다. 그러다가 250년이나 지난 9세기에 진성여왕이 세 번째 여왕으로 즉위하였다. 진성여왕의 즉위는 오빠인 정강왕의 유언에 의해 이루어졌다. 정강왕은 여동생인 진성여왕을 후계자로 지목하면서 선덕, 진덕의 고사를 들었다. 선덕여왕과 진덕여왕의 선례가 진성여왕의 즉위에 큰 영향을 미쳤음을 알 수 있다.

또한 정강왕은 여동생이 '천성이 명민하다'는 것과 '남성과 같은 골상'을 이유로 들었다. 성별은 여성이지만 생긴 것은 남자와 같다는 뜻이다. 이러한 발언의 이면에는 당시 여왕 즉위에 대해 부정적인 인식이 팽배했음을 보여 준다. 이에 여성이지만 외모가 남성과 비슷하다고 하면서 왕위 계승에 정당성을 부여했던 것으로 보인다.

그러나 신라에서도 통일 이후 여성의 정치 참여에 대해서는 부정적이었다. 여왕 즉위에 대한 부정적인 인식은 이들의 외할아버지인 헌안왕의 발언에서도 찾을 수 있다. 딸만 둔 헌안왕은 '선덕여왕과 진덕여왕의 사례가 있지만, 이는 암탉이 새벽을 알리는 것과 비슷하다'며 사위에게 왕위를 잇게 하였다. 이렇게 해서 왕이 된 헌안왕의 사위가 진덕여왕의 아버지가 되는 경문왕이다.

여왕 즉위에 대한 부정적인 인식이 팽배했음에도 불구하고 진성여왕이 즉위할 수밖에 없었던 것은 신라의 폐쇄적인 혈통의식 때문이었다. 정강왕이 사망할 당시 경문왕의 자손으로는 딸인 진성여왕과 헌강왕의 서자만이 남아 있었다. 그때까지 혼외관계에서 낳은 서자가 왕이 된 사례는 없었을 뿐만 아니라 나이도 어렸다. 이러한 상황에서 다른 가계의 남성에게 왕위를 넘기기보다는 비록 딸이지만 경문왕의 직계인 진성여왕으로 하여금 왕위를 잇게 한 것이다.

이와 같이 신라에서 세 명의 여왕이 즉위할 수 있었던 것은 신라의 독특한 신분제인 골품제나 특수한 가계 계승 의식, 개인적 자질 등이 복합적으로 작용했던 것을 알 수 있다. 그렇지만 신라의 왕위 계승에서 여성이 아예 배제되어 있었다면 여왕 출현은 있을 수 없었을 것이다. 여왕 즉위가 비상의 정치적 상황에서 특수하게 발생하였다고 하더라도, 신라에서 세 차례나 여왕이 즉위할 수 있었던 것은 왕위 계승 자격이 여성에게 완전히 차단되지 않았기 때문에 가능했다고 볼 수 있다.

신라는 여성에 대한 인식이 동시대인 고구려나 백제와도 차이가 있었다. 그 차이는 건국신화에서부터 엿보인다. 신라 건국신화에는 시조인 혁거세뿐 아니라 시조비 알영도 비중있게 나타난다. 독자적인 탄생담이 실려 있을 뿐 아니라 혁거세와 함께 이성(二聖)으로 불리고 있다. 뿐만 아니라 신라의 역대 왕들은 대부분 왕비의 존재와 이름, 가계를 기록하고 있다. 반면 고구려와 백제에는 예외적으로 왕비의 존재를 기록하고 있어 차이를 보이고 있다.

나아가 신라에서는 제도적으로 여성이 임명된 관직도 설치되어 있었다. 진흥왕대 승관직을 정비하여 승려들의 일체 규범을 통괄하게 하였

그림1-6
신라의 시조비 알영이 태어난 곳으로 전해
지고 있는 알영정(출처 : 필자)

는데, 국통(國統) 아래 최고 책임자로 승려들을 이끌었던 도유나랑에는 여성이 임명되었다. 종교 직책이지만 신라에서는 중앙정부에서 부여한 관직체계에 여성이 포함되었음을 보여 준다. 화랑의 전신이었던 원화는 인재를 뽑아 등용하기 위한 목적으로 만들어졌는데 담당자가 여성이었다. 이러한 사례들은 신라에서 여성의 정치 참여가 제도적으로 이루어졌음을 보여 준다.

신라의 독특한 묘제인 돌무지덧널무덤을 살펴보면 부장 유물에서 성별에 따른 차이가 뚜렷하게 발견되지 않는다. 신분이 높은 여성의 무덤에는 큰 칼을 비롯하여 무기류와 마구류가 부장된 반면, 신분이 낮은 남성의 무덤에서는 이런 유물들이 아예 출토되지 않는 경우도 있다. 성별보다는 신분에 따른 차이가 오히려 더 부각되어 있음을 알 수 있다.

그런데 신라의 돌무지덧널무덤과 비슷한 시기에 만들어진 백제 무령왕릉을 보면 왕의 경우 큰 칼이 출토된 반면 왕비는 팔찌와 같은 장신구류가 주로 출토되었다. 즉 남성은 무기류, 여성은 장신구류와 같이 성별에 따른 부장 차이를 확연히 보이고 있다. 뿐만 아니라 무덤의 주인공을 알 수 있었던 지석에는 왕의 경우 이름에서부터 관직이나 이력 등이 상세하게 나와 있는 반면, 왕비의 경우 이름도 언급되어 있지 않았다.

고구려에서도 묘주 부부도가 그려진 벽화를 살펴보면 대부분 남성이 주인공으로, 여성은 남성에게 종속된 존재로 그려져 있다. 고구려 고분벽화의 경우 인물의 중요도에 따라 크기가 달리 묘사되는데 남성에 비해 여성들이 작게 그려져 있다. 이를 통해 여왕 즉위가 이루어지지 않았던 고구려와 백제의 성별 관념이 신라와 차이가 있음을 알 수 있다. 고고 자료에서 확인되는 이러한 성별 관념의 차이 역시 삼국 가운데 신라에서만 여왕이 있었던 배경을 설명해 줄 수 있다.

전쟁의 일상화와
여성의 경제활동

전쟁의 일상화와 여성 동원

청동기시대 약탈에서 시작된 전쟁은 고조선과 삼국을 거치면서 한층 격화되었다. 정복 전쟁을 통해 고대국가로 성장한 삼국은 한반도의 패권을 둘러싸고 치열하게 전쟁을 전개하였다. 특히 진흥왕대 신라가 한강 유역을 차지한 후, 삼국 간 전쟁은 한층 격화되어 신라의 경우 진평왕대에는 2년에 한 번 꼴로 전쟁을 치를 정도였다.

설씨녀 설화는 오랜 전쟁 속에 고통을 겪어야 했던 민중들의 애환을 잘 보여 준다. 진평왕 시절 설씨녀의 아버지는 장성한 딸을 둘 정도로 나이가 들었지만 변방 군인으로 차출되었다. 마침 설씨녀를 흠모했던 동네 청년 가실이 대신 군역을 청하여 가게 되었는데, 가실은 기한인 3년이 지나 6년이 되어도 돌아오지 않았고 살아 있는지 그 여부조차 알 수 없었다고 한다. 더 이상 기다리는 것을 포기하고 설씨녀가 다른 남자와 혼인을 하려는 순간, 가실이 돌아왔는데 옷차림이 남루하여 다른 사람들은 알아보지 못할 정도였다고 한다.

이는 대다수의 남성들이 전쟁이 격화된 상황에서 오랫동안 군역 의

그림1-7 주검 앞에서 슬퍼하는 여성 토우의 모습(출처 : 국립중앙박물관)

무에 시달렸으며 군역의 의무가 얼마나 고달프고 힘들었는지를 잘 보여 준다. 또한 전쟁 속에 목숨을 잃는 경우도 많았음을 알 수 있다. 전쟁이 일상화되는 상황에서 군역 동원이 확대되고 동원 기간이 늘어나면서 생산활동에서 여성의 비중이 높아졌다. 남편이나 아들을 대신하여 후방에서 생활을 꾸려야 하는 것은 여성들이었다. 고구려 연개소문이 천리장성을 쌓는 공사를 벌였을 때 남자는 부역에 나가고 여자들은 농사를 지었다는 기록은 당시 상황을 잘 보여 준다.

전쟁이 일상화되는 상황에서 전쟁터에서의 사망소식도 다반사였다. 여성들은 때로는 남편이나 아들의 사망 소식을 견디며 생활을 꾸려나가야 했다.

전쟁에서 전사로 활동했던 것은 대부분 남성이지만 직접 전투에 참가한 여성도 있었다. 약탈과 전쟁이 시작되던 청동기시대부터 여전사의 모습을 확인할 수 있다. 북경 교외인 창평현 백부촌에서는 투구와 갑옷을 입고 청동단추로 장식된 가죽장화를 신고 청동검을 부장한 여성 인골이 발견되었다. 일본에서도 유사한 사례가 있어 흥미롭다. 야요이 유적인 장기현 평호시 근사자 유적에서도 청동양날칼의 앞날 부분이 두골에 박힌 성인 여성의 인골이 발견되어 여성 전사로 추측하고 있다.

또한 금관가야 유적인 대성동 1호분에서는 무덤 주인과 함께 묻힌

그림1-8
대성동 고분군에서
여성 인골과 함께
출토된 판갑(출처 :
경성대학교박물관)

세 명의 여성 인골이 출토되었다. 이들은 아이를 낳았던 경험이 있는 20대에서 30대 초반의 여성들로, 머리 주변에서는 철제 투구와 갑옷조각이 함께 나왔다. 이들 여성에게는 말을 자주 타는 사람에게 나타나는 다리 근육의 발달이 확인되었다. 이를 통해 가야에는 군사훈련을 받은 여전사들이 있었을 가능성이 제기되었다.

여전사의 존재 가능성은 김해 예안리 57호분에서도 확인되었다. 예안리 57호분에서는 인골이 출토되었는데, 분석 결과 무덤의 주인공이 여성으로 나타났다. 그런데 이 무덤에서는 큰 칼과 함께 22점의 철촉, 철창 등의 무구류가 출토되었다. 또한 말 재갈과 같은 기마병 말갖춤새가 출토되어 무덤의 주인공을 여전사, 그것도 지휘관급의 위치에 있었을 것으로 추정하고 있다.

고고자료 외에도 고대 여전사에 대한 전설이 적지 않게 남아 있다. 발해의 옛 지역에는 여성 무사에 대한 다양한 이야기가 전해지고 있다. 그중에 흰명주 저고리에 붉은 치마를 입어 홍라녀(紅羅女)라고 불린 여성은 어부의 딸 혹은 공주 등 그 출신은 다양하게 나타나지만, 절세의 미인으로 거란과 맞서 싸운 여성 무사로 그려진다. 고구려와 백제에도 수영과 수진, 개선 공주 등 여전사에 대한 이야기가 전해지고 있다.

전쟁은 지배층 여성들에게도 영향을 미쳤다. 전쟁이 격화되는 과정에 외교정책의 일환으로 여성이 이용되기도 하였다. 국가 간에 동맹의 일환으로 혼인이 추진되기도 하였는데 백제 동성왕대 신라와 체결되었던 나제 동맹이 대표적이다. 고구려의 남진에 공동으로 대응하기 위해 백제 동성왕은 신라에 혼인을 요청했다. 이에 이벌찬 비지의 딸이 백제로 가서 동성왕비가 되었다. 그 뒤 고구려의 남진을 막을 수 있었던 점에서 이 혼인동맹은 성공적이었던 것으로 평가되고 있다.

그러나 비지의 딸이 낯선 이국 땅 백제에서 어떠한 삶을 살았는지는 알 수 없다. 다만 남편인 동성왕은 신하에 의해 피살되었다. 그 뒤 왕이 된 무령왕은 동성왕의 이복형제라 보기도 하고, 서로 다른 혈통으로 보기도 한다. 어쨌든 동성왕의 후손은 아니었음을 알 수 있다. 이후에도 동성왕의 후손은 더 이상 백제 왕계에 나타나지 않는다. 비록 왕비가 되었다고 하더라도 신라에서 시집온 비지의 딸 처지가 그리 환영받지 못했을 것이라 여겨진다.

반대의 경우로 백제에서 신라로 시집간 여성도 있었다. 백제 성왕은 신라 공격을 준비하면서 자신의 딸을 신라 진흥왕에게 소비(小妃)로 보냈다. 이름도 남아 있지 않은 성왕의 딸은 폐쇄적인 신라에서의 생활이 쉽지 않았을 것이다. 뿐만 아니라 신라 진흥왕의 소비가 된 이듬해 아버지 성왕은 나라의 총력을 들어 신라를 공격했다. 결과적으로 관산성 전투에서 성왕이 전사하였고 백제는 신라에 크게 패하였다. 신라를 공격했다가 오히려 패전당한 적국에서 시집온 백제 공주의 처지가 편안할 수는 없었을 것이다.

국가의 정치적 이해관계에 의해 정략적으로 추진되었던 이 혼인동맹에 의해 여성들은 희생될 수밖에 없었다. 이런 혼인은 정략적이기 때문에 그 효용적 가치가 떨어지면 관계도 끝이 나는 것이었다. 고구려 호동왕자와 낙랑공주의 비극은 상대국을 멸망시키고자 하는 정치적 계산에서 일어난 것이었다. 낙랑 멸망이라고 하는 국가적인 과제를 안고 혼인을 하였던 호동왕자는 낙랑공주에게 사람을 보내어 자신과 인연을 이어가려면 자명고를 찢을 것을 요구하였다. 낙랑공주가 호동왕자의 요구를 받아들이면서 고구려는 낙랑을 멸망시킬 수 있었다. 그렇지만 모국을 배신한 대가로 낙랑공주는 아버지에 의해 죽임을 당해야 했다.

정식 혼인관계 외에도 헌녀(獻女, 여자를 바침)의 존재도 있었다. 신라 진평왕대에 당나라에 미녀 두 사람을 바쳤다는 기록이 있으며, 통일 후 성덕왕대에도 당나라에 미녀 두 사람을 바쳤다는 기록이 있다. 성덕왕대 바쳐진 여성은 이름과 가계가 남아 있는데, 한 명은 포정(抱貞)으로 아버지는 나마 천승이고, 또 한 명은 정완(貞菀)으로 아버지는 대나마 충훈이었다고 한다. 아버지가 관등을 가지고 있었던 점에서 비천한 집안의 여성이 아니었음을 알 수 있다.

그런데 약소국에서 강대국으로 바쳐진 이들 여성의 처지가 좋은 편은 아니었다. 옥저에서도 고구려에 미녀를 바쳤다는 기록이 있다. 그런데 고구려에서 이들을 비첩으로 삼았는데 노복처럼 취급했다고 한다. 약소국에서 강대국의 환심을 사기 위해 바쳐진 여성이 노비처럼 취급되었음을 알 수 있다.

전쟁에서 패전할 경우 여성의 삶은 한층 더 비참했다. 선비족인 모용황은 연나라를 건국한 뒤 고구려로 쳐들어왔다. 당시 고국원왕은 피신했지만 고국원왕의 어머니와 부인이 포로로 끌려갔다. 13년 만에 고국원왕의 어머니는 귀국했다고 하는데 왕비에 대한 기록은 보이지 않는다. 백제가 멸망하면서 의자왕과 함께 왕비 은고가 끌려갔다는 기록도 남아 있다. 의자왕의 삼천 궁녀로 이야기되는 낙화암 전설은 패전국 여성들의 신세를 보여 준다. 계백장군은 결사대를 이끌고 전쟁터로 가기 전에 처자식을 먼저 죽이고 떠났다고 하는데, 패전국의 여성이 겪어야 할 비참한 삶을 예상했기 때문이었을 것이다.

여성의 생산활동과 역역(力役)

청동기시대 이후 농경에서 남성이 차지하는 비중이 높아졌지만 파종에서 수확까지 여성이 감당해야 하는 일도 적지 않았다. 건국신화에 등장하는 여성 신격이나 고대 산신으로 나타나는 여성들이 대부분 지모신, 농경신의 모습으로 나타난다는 점에서도 여성이 농경과 무관하지 않았음을 알 수 있다. 특히 6세기 신라가 한강 유역을 차지하고 삼국 간 전쟁이 한층 치열해지면서 농사에서 여성이 부담하는 비중은 높아졌다.

여성의 생산활동에서 가장 중요했던 것은 길쌈이었다. 가족의 의복은 오로지 여성의 직조 노동에 달렸다. 고구려 덕흥리 고분 벽화에서는 소를 끌고 농사를 짓는 남성의 일과 대등하게 여성의 직분으로 직녀가 표현되어 있다. 대안리 1호분 벽화에는 직접 베를 짜고 있는 여성의 모습이 보이는데 벽화에 보이는 베틀은 조선시대와 비슷한 모습이었다. 이를 통해 당시 직조기술 수준이 매우 높았음을 짐작할 수 있다.

그림1-9 고구려 고분벽화에 그려진 천 짜는 여인 모사도(출처 : 국립문화재연구소)

또한 직조는 국가적인 차원에서도 장려되었다. 신라의 시조비 알영은 혁거세와 함께 육부(六部)를 두루 돌아다니면서 농사와 누에치기를 권장하고 독려하였다고 한다. 신라에서는 7월 보름부터 한 달간 두 패로 나누어 길쌈을 해서 승패를 갈랐다고 한다. 오늘날 추석의 기원으로 전해지고 있는 이 설화는 여성들이 한 달 동안 동원되어 직조 노동을 집단적으로 했던 것을 보여 준다.

길쌈은 궁중이나 관영 수공업에서도 중요하게 취급되었다. 신라에서는 수공업 관청에 여성 기술자를 채용하였다. 내성 산하에 여러 수공업 관청을 두었는데, 직물 생산은 원료부터 완제품에 이르기까지 여성 기술자가 배정되어 있었다. 직조 기술을 가진 여성이 궁중과 같은 공적 영역에서 장인으로 일했음을 알 수 있다.

직조는 여성의 제사활동과 관련해서도 중요했다. 신라의 시조모 선도성모는 '일찌기 하늘의 선녀들에게 비단을 짜게 하고 붉은 물감을 들여 관복을 만들어 남편에게 주었다. 나라 사람들이 이로 말미암아 처음으로 그의 영험을 알게 되었다'고 한다. 연오랑과 세오녀 설화에서도 해와 달이 광채를 잃어 사신을 보내자 세오녀는 자신이 짠 베를 보내 천신에게 제사를 지내게 하였다.

길쌈은 경제활동에서도 중요한 몫을 차지하였다. 국가에 납부하는 세금도 포로 거두어들였다. 고구려에서는 인두세로 포 5필, 곡식 5석을 거두었다고 한다. 백제에서도 부세로 베와 비단, 실, 삼, 쌀 등을 받았다고 한다. 여성들에 의해 생산된 직물이 국가의 중요한 과세 대상이었음을 알 수 있다.

화폐가 따로 통용되지 않던 고대에 베는 쌀과 함께 주요 교환 수단이었다. 신라의 도성에서는 베 1필 값이 벼 30섬 또는 50섬이나 되었다고 하여 직조가 중요한 재원으로 활용될 수 있었음을 보여 준다. 이는 삼국유사에 나오는 이야기를 통해서도 유추할 수 있는데, 승려 선율은 지옥에 가는 도중에 한 여자를 만났는데, 그는 울면서 자신이 짠 포를 가져다 팔아서 공덕을 쌓아 주기를 부탁했다. 이는 여성들이 직조한 포를 시장에 내다 팔아서 재산을 형성할 수도 있었음을 보여 준다.

직조는 무역의 주요 품목이기도 하였다. 일본 정창원에서는 자초랑댁자칭모일(紫草娘紫稱毛一)이라는 마포 꼬리표가 붙은 모전이 발견되었다. 자초랑은 귀족 여성의 이름으로, '자초랑댁'이라는 귀족 공방에서 생산된 모전을 말하는 것으로 보인다. 일본에서도 귀족 여성의 집에서 대량으로 길쌈을 하거나 직접 경제활동에 종사했을 가능성을 보여주고 있다. 신라에서는 '시장에서 모든 부녀가 사고팔았다'고 전하고 있는데, 활발하게 상거래를 하고 무역에 종사하는 여성도 있었음을 보여 준다.

고대국가에서 성년 남자들은 1년에 1~2개월 정도 신역이 부과되었던 것으로 추정하고 있다. 그런데 고대에는 여성도 신역의 부담이 있었던 것으로 보인다. 고구려에서는 봉상왕 9년에 15세 이상 남녀를 징집하여 궁실을 수리하게 하였다고 한다. 왕궁을 수리하는 국가의 부역에 여성도 함께 동원되었음을 알 수 있다. 신라 선덕여왕대 영묘사에 장육존상을 만들 때 온 성안의 남자와 여자들이 앞다투어 진흙을 운반했다고 한다. 불교가 공인된 이후 삼국에서는 사찰이나 불상, 탑 등을 조성하는 대규모 불사를 국가에서 자주 벌였는데, 이때 백성들이 부역으로 동원되었다. 영묘사 불상 조성 기사는 불사에 여성과 남성 모두가 부역에 동원되었던 것으로 이해할 수 있다.

신라에서는 인구를 체계적으로 관리하였다. 진흥왕대 작성된 단양 적성비에는 여자, 소녀 등의 단어들도 보인다. 통일신라 시기에 작성된 것으로 추정되는 촌락문서에는 남녀를 각각 6등급으로 나누었다. 인구를 체계적으로 관리한 것은 역역의 부과를 위한 것으로, 여성 역시 남성과 동일하게 나이별로 분류하여 파악했다는 것은 역역 부과의 대상이었기 때문이다. 여성은 노모, 제녀, 정녀, 조녀자, 추녀자, 소녀자 등으로 구분하고 있다. '정'은 대략 20세에서 60세의 성인으로 역역의 주요 대상이었을 것으로 파악되는데, '정녀' 역시 역역 부과의 주요 대상이 되었을 것이다. 통일신라기에 효녀 지은은 어머니를 효성으로 봉양해 그 보상으로 부역을 면제받았다고 하여, 이러한 추측을 뒷받침해 주고 있다. 육부의 여자들을 둘로 나누어 베를 짜서 승패를 겨루었다는 이야기는 왕실이나 관청에 필요한 베를 짜는 신역이었던 것으로 볼 수 있다.

불사의 후원

삼국시대 여성들은 경제활동을 활발하게 하였을 뿐 아니라 개인적인 재산을 소유하고 사용하기도 하였다. 불교가 공인된 이후 삼국에서는 사찰이나 불상, 탑 등을 조성하는 대규모의 불사를 벌였다. 문헌자료나 금석문에서는 사찰을 건립하거나, 탑이나 종을 만드는 등의 불사에 시주자로서 여성의 모습을 확인할 수 있다.

신라의 동종은 세계적으로도 유명한데, 동종 주조에 여성들이 중요한 역할을 담당하였다. 현재 남아 있는 가장 오래된 종인 상원사 동종은 유휴대사댁 부인 휴도리가 단월로 나타나고 있다. '단월'은 절이나 스님에게 물건 따위를 봉양하는 등의 보시를 행한 사람이라는 의미로, 시주라고 번역하기도 한다. 휴도리라는 여성이 상원사 종을 만드는 데 경제적인 후원을 하였음을 알 수 있다.

현재 남아 있지는 않지만 성덕대왕 신종의 4배 크기였다고 하는 황룡사 동종은 경덕왕대에 출궁되었던 왕비 삼모부인이 시주자로 등장한다. 삼모부인은 경덕왕의 첫 왕비였는데 아들을 낳지 못해 출궁된 인물이다. 경덕왕 즉위 2년에 이미 만월부인을 맞아들여 왕비로 삼았다고 하여 삼모부인은 그 이전에 출궁되었다고 보아야 할 것이다. 황룡사 종은 경덕왕 13년에 만들어졌으므로 삼모부인의 후원은 출궁 뒤에 이루어졌음을 알 수 있다. 출궁 뒤에 황룡사라고 하는 국가적 사찰에 시주자로 활동을 하고 있는 모습도 주목되지만, 삼모부인이 황룡사 종 주조 비용을 후원할 정도로 재산을 소유하고 있었다는 점도 주목된다.

불탑과 불상 조성에도 여성 시주자의 모습이 보인다. 김천 갈항사지 탑은 원성왕의 어머니인 조문황태후가 다른 남매들과 함께 비용을 담당했다. 조문황태후는 원성왕의 어머니인데, 친청쪽 혈연을 가진 사람들과 함께 탑을 건립하는 데 지원을 한 것이다. 전남 담양사의 개선사 석등을 세운 데는 경문왕비가 시주자로 나타난다.

해인사 건물을 지을 때는 소성왕의 어머니인 성목왕태후가 좋은 음식과 함께 예물을 내려주었다고 한다. 성목왕태후는 원성왕의 아들인 인겸태자의 부인으로 인겸태자가 왕이 되기도 전에 사망하면서 왕비가 되지는 못했다. 그러나 아들인 소성왕에 의해 성목태후로 책봉되었다.

법광사 탑을 건립하는 데 원적이라고 하는 비구니가 재물을 희사하고 있다. 탑을 만드는 데 소용되는 비용을 부담했던 것으로 보이는데, 원적이라는 개인의 이름이 등장하는 것으로 미루어 희사했다는 재물은 비구니 원적의 개인 재산이었던 것으로 이해할 수 있다.

한편 무장사 불상과 신장을 만드는 데에는 소성왕비인 계화왕후가 재물을 후원하였다. 계화왕후는 애장왕의 모후로 왕실 여성이었음을 알 수 있다. 남편인 소성왕은 즉위한지 1년 7개월 만에 세상을 떠나고 아들인 애장왕이 어린 나이에 즉위하여 숙부인 언승의 섭정을 받다가 피살되는 불행을 겪었다. 당시 불상 건립이 절박한 상황에서 이루어졌음을 알 수 있는데, '9부에 쌓아두었던 재물'을 다 내었다는 표현에서 상당한 비용이 소요되었음을 알 수 있다.

충북 충주 지역에서는 건흥 5년이라는 글자가 새겨진 금동광배가 발견되었는데, 아엄이라는 여성이 부처를 만나기를 기원하는 마음에서 만들었다고 기록되어 있다. 아엄은 고구려의 귀족 여성으로 개인적인 재산을 들여 불상을 만들었던 것을 알 수 있다.

불사를 도운 여성의 사례는 발해에서도 보인다. 834년에 세운 아미타불비상 명문에는 기도위 벼슬에 있던 조문휴의 어머니 이씨가 아미타불과 관음, 세지 등의 보살존상을 조성한 것으로 나타난다. 조문휴의 어머니 이씨가 불상 조성의 주체로 그 비용을 시주한 것이다.

위에서 언급한 사례들을 통해 종을 주조하거나 탑을 건립하고 불상이나 신장을 만드는 데 여성들이 개인적으로 후원을 했음을 알 수 있다. 불사 건립을 추진하는 데는 경제적 부담이 만만치 않았을 텐데 여성 개인 이름으로 시주를 했다는 것은 당시 여성들이 개인적으로 재산을 소유하고 있었음을 보여 준다. 또한 여성들이 불사를 일으킬 수 있었던 것은 여성이 소유 재산에 대해 양도나 매매 등을 임의로 할 수 있는 처분 권리도 함께 가지고 있었기 때문일 것이다.

다양한 혼인 풍습과
여성 규제

다양한 혼인 풍습

한반도와 만주 지역에는 고조선에서부터 고구려, 백제, 신라 등 수많은 나라의 흥망성쇠가 되풀이되었다. 이 상황에서 지역별로, 시대별로 다양한 혼인 풍속이 전해지고 있다. 고구려에는 '서옥제'라고 하는 혼인 풍습이 있었다.

그 풍속에 혼인을 할 때 구두로 이미 정하면 여자의 집에서는 대옥(大屋) 뒤에 소옥(小屋)을 만드는 데 이를 서옥이라 이름한다. 저녁에 사위가 여자의 집에 이르러 문밖에서 자신의 이름을 말하고 꿇어앉아 절하면서 여자와 동숙하게 해 줄 것을 애걸한다. 이렇게 두세 차례 하면 여자의 부모가 듣고는 소옥에 나아가 자게 한다. 옆에는 돈과 폐백을 놓아둔다. 아이를 낳아 장성하게 되면, 이에 비로소 여자를 데리고 집으로 돌아간다. (『삼국지』「위지」동이전)

서옥제는 혼인 약속이 정해지면 여자 집에서 사위가 머물 서옥을 짓고 약속한 날 남자가 여자의 집으로 찾아와 서옥에서 동침을 하고, 아이가 태어나 장성한 뒤에 여자가 남자의 집으로 아이와 함께 가는 혼인 형태이다.

서옥제 같은 혼인형태가 백제와 신라에서도 행해졌는지는 정확하지 않지만 백제지역에서 보이는 야래자 설화를 서옥제와 비슷한 것으로 볼 수 있다. 야래자 혼인 풍습은 견훤 탄생설화에 나온다. 백제가 있었던 광주 지역에는 밤마다 남자로 변한 지렁이가 여자를 찾아와서 자고 갔으며, 그 사이에서 견훤이 태어났다고 한다. 남자가 여자의 집을 방문하여 자고 갔으며 그 사이에 아이가 태어났다고 하는 점에서 서옥제와 비슷한 측면이 보인다.

서옥제 혼인형태는 혼인 상대에 대한 구속력이 강하지 않고 가변성을 가진다는 점에서 고대적인 혼인 형태를 보여주는 것으로 이해할 수 있다. 여자는 남자와의 결합 후에도 자신의 집에 남아 생활하다가 아이가 태어나 장성한 뒤에 남자의 집으로 들어가게 된다. 그렇다면 아이가 생기지 않는다면 어떻게 될까? 상황에 따라서는 아이가 없더라도 남자의 집으로 들어가는 경우도 있었겠지만, 사실 남자의 집으로 갈 계기를 마련하지 못할 가능성이 크다.

후대이지만 고려 태조 왕건의 첫 부인인 유씨는 왕건과 동침을 한 뒤 쭉 친정집에서 생활하다가 왕건이 자신을 찾지 않자 출가를 했다. 나중에야 소식을 들은 왕건이 달려와 정식 부인으로 삼았다고 한다. 그런데 유씨 부인에게는 끝내 소생이 없었던 점으로 미루어 왕건이 유씨를 정식 부인으로 삼는 것이 늦어진 이유는 자녀가 없었기 때문에 계기가 마련되지 못했던 것이 아닐까 한다. 서옥제와 같은 혼인형태에서는 아이가 없을 경우 관계가 해소될 수도 있음을 보여 준다. 서옥제라는 혼인형태에서 중요한 것은 아이의 존재였던 것이다.

한편 부여와 고구려에는 형이 죽으면 동생이 형수와 혼인을 하는 취수혼(娶嫂婚)이 있었다. 실제 고구려 고국천왕의 왕비 우씨는 고국천왕이 세상을 떠난 뒤 시동생인 산상왕의 왕비가 되었다. 취수혼은 여성의 입장에서 보면 남편이 죽은 뒤 남편의 형제나 친척과 결혼을 하는 것이었다. 여기에서 태어난 아이는 죽은 남편의 아들로 여겨졌다. 취수혼은 남편이 없는 여성을 보호한다는 의미도 있지만, 남편이 죽은 뒤에라도 남편의 아이를 낳게 한다는 의미도 있다.

서옥제나 취수혼 같은 혼속은 혼인에 있어서 무엇보다 출산이 중요한 의미를 가지고 있음을 보여 준다. 노동력이 경제기반이었던 고대에는 출산이 무엇보다 중요할 수밖에 없었다. 고대에는 출산이 곧 최선의 노동력 확보 방법이었다. 의료가 발달하지 않아 죽음이 흔하고 평균수명이 짧고 전쟁이 많은 시대에 출산력은 국가의 경쟁력과도 관련이 있었다.

옥저에는 신부가 될 여자아이를 신랑 집에서 데려다가 성인이 될 때까지 키운 다음, 신부 집에 예물을 주고 정식으로 혼인하는 민며느리제 풍습이 있었다. 민며느리제는 어린 여자를 신부로 들이고 장성한 후에 신부값을 치르는 것으로 노동력이 귀했던 시절 혼인으로 인해 발생하는 노동력 손실을 신랑 측에서 보상해 준다는 측면을 가지고 있다.

동예에는 '같은 성끼리 결혼하지 않는다'고 하여 족외혼 풍습이 있었던 것으로 전해지고 있다. 그러나 신라 왕실에서는 오히려 근친혼 풍습이 있었다. 진흥왕의 부모인 입종갈문왕 지소태후는 삼촌과 조카였다. 뿐만 아니라 진흥왕의 아들인 동륜태자는 진흥왕의 여동생인 만호부인과 혼인하였다. 이 외에도 신라 왕실에서 근친혼 사례는 적지 않게 보이는데 폐쇄적인 혈통의식의 산물로 이해할 수 있다.

한편 발해에는 여러 명의 여성이 의자매를 맺어 번갈아 서로 남편들을 감시했고 남편이 첩을 들이려 하면 다 같이 이를 꾸짖었다고 한다. 이 처럼 고대에는 시대별 지역별로 특이하고 다양한 혼속이 있었음을 알 수 있다.

개방적인 성과 혼인의 폐쇄성

고대 문헌 기록에는 남녀의 만남이나 사귐이 개방적으로 나타나고 있다. 고구려에서는 혼례가 이루어지는 과정에서 '혼사는 남녀가 서로 좋아하면 바로 혼례를 치르는데 남자의 집에서 돼지고기와 술을 보낼 뿐 재물을 보내는 이는 없었다. 만약 재물을 받는 자가 있으면 사람들이 이를 부끄럽게 여겼다'고 하였다. 혼인이 의례적인 측면보다 실질적인 남녀의 결합에 중점을 두었음을 알 수 있다.

　　신라에서도 혼인 과정에서 남녀의 교제가 비교적 자유로운 것을 확인할 수 있다. 김유신의 아버지 서현은 왕족인 숙흘종의 딸 만명을 길에서 보고 한눈에 반해 부모의 허락을 기다리지 않고 관계를 가졌다. 이들 사이에서 태어난 딸 문희 역시 정식 혼인 전에 김춘추와 관계를 하여 임신을 하였다. 문장가로 유명한 신라의 유학자 강수(強首)는 대장장이 딸과 야합을 했다가 뒷날 부모로부터 다른 여성과 혼인할 것을 종용받기도 하였다.

　　고대에는 재가에 대해서도 개방적이었다. 신라 25대 왕인 진지왕이 아름답기로 소문나서 도화랑으로 불리는 여성을 궁으로 불러들여 관계를 요구했다. 처음에 도화랑은 남편이 있다는 이유로 거부하였는데 '남편이 없으면 되겠느냐'는 진지왕의 물음에는 그러면 상관없다고 대답하였다. 도화랑의 남편이 죽은 뒤 혼령이 된 진지왕이 찾아오자 그때는 관계를 가졌으며 그 사이에 아이까지 두게 되었다.

신라 문무왕 때 승려 광덕의 처는 남편이 죽고 장례를 치르자마자 남편의 친구와 동거하는 모습을 보이고 있다. 통일신라시대 문장가였던 설총 역시 원효와 요석궁에 혼자가 되어 살고 있던 공주와의 사이에서 태어났다. 이런 사례를 통해 신라사회에서 재가 금기 등에 대한 강제가 없었음을 알 수 있다. 자유로운 연애는 성을 동반한 것이었는데, 이에 대한 금기가 보이지 않는다.

문희는 오빠인 김유신의 주선으로 김춘추를 사귀게 되었고 임신까지 하였다. 원성왕 때 김현은 탑돌이에서 만난 처녀와 서로 감정이 통하자 바로 정을 통하였다고 한다. 서동요 설화에서도 선화공주는 귀양가는 길에 나타나 호위를 자처한 남성과 몰래 정을 통하였다고 한다. 고대 사회에서 혼전 순결에 대한 강제가 없었음을 보여 준다.

이러한 사례는 고대 사회에서는 비교적 자유롭게 연애를 하거나 혼인을 했던 것처럼 보인다. 그렇지만 이는 혼전 순결에 대한 강박이 없어서 남녀의 교제가 비교적 자유로웠다는 것이지, 혼인이 개인의 의사에 따라 자유롭게 이루어졌다는 의미는 아니었다. 김유신 집안의 혼인 설화는 고대 혼인의 단면을 보여 준다. 서현과 만명은 두 사람이 좋아 연애를 했지만, 혼인 과정에서는 여자 집안의 반대가 있었다. 김유신만 해도 젊은 화랑 시절 천관이라고 하는 여성과 만났다가 어머니의 반대로 헤어져야 했다. 김유신의 여동생 문희는 김춘추와 만나 교제하고 아이까지 가지게 되지만 김춘추가 데려가려 하지 않아 김유신이 계략을 써야 했다.

그림 1-10
김유신 일가가 살았던 것으로
전해지는 재매정터
(출처 : 문화재청)

　이러한 이야기는 당시 남녀의 만남이 비교적 자유롭고 관대하지만, 혼인에 있어서는 신분제 안에서 엄격한 통제가 있었음을 알 수 있다. 혼인 결정에 있어서는 가부장권이 중요하였다. 특히 여성은 혼인에 있어서 결정권이 없었고, 가부장의 의사에 따라야 하는 경우가 대부분이었다. 혼인에 있어서 아버지의 뜻을 거스를 경우 그에 따른 응징이 가해지기도 했다. 설화적인 형태이지만 고구려 시조인 주몽의 어머니 유화는 아버지인 하백 몰래 해모수와 야합했다고 하여 쫓겨났다. 평강공주 역시 부왕이 정해준 고씨와의 혼사를 거부했다고 하여 쫓겨났다.

　신라 역시 마찬가지였다. 부모 몰래 서현과 야합을 한 만명은 이후 아버지에 의해 별실에 갇혀야 했다. 설씨녀 설화에서 군역을 대신하겠다고 나선 가실과의 혼인을 주도한 것은 아버지였다. 또한 가실이 기한이 지나서도 돌아오지 않자 다른 남자와의 혼인을 종용한 것도 아버지였다. 과부였던 요석공주 역시 태종무열왕이 원효와의 만남을 주도했다. 신라 47대 헌안왕의 딸들 역시 아버지가 뒷날 48대 경문왕이 되는 응렴과의 혼인을 주선했다. 혼인에 있어서 가부장의 선택과 허락이 가장 중요했던 것이다.

　가부장들은 자신의 이해관계를 위해 여성들을 이용하기도 했으며,

때로는 여성에게 희생을 강조하기도 했다. 신라 22대 소지왕이 날이군에 행차하였을 때 파로라는 사람은 자신의 딸 벽화를 치장하여 수레에 넣고 비단으로 덮어 왕에게 바쳤다. 파로가 왜 자신의 딸을 소지왕에게 바치려 했는지 자세한 내막은 알 수 없지만, 자신의 이해관계를 위해 어린 딸을 바친 것은 분명하다. 아버지에 의해 얼굴도 모르는 임금 앞에 바쳐졌던 벽화의 나이는 당시 고작 16세였다.

때로는 남편에 의해 타인의 잠자리 시중을 요구받기도 하였다. 문무왕대 왕의 동생으로 재상이 된 거득공은 지방에 시찰을 나갔다가 무진주에서 안길이라는 사람의 집에서 묵게 되었다. 거득공이 예사 사람이 아니라는 것을 눈치챈 안길은 자신의 처첩들을 불렀다. 그리고는 손님의 잠자리 시중을 들어주는 사람과 백년해로를 하겠다고 선언했다. 두 명은 거절했지만 한 명이 '죽을 때까지 함께 살겠다'는 단서로 손님의 잠자리 시중을 들었다. 고대에는 아내가 손님의 잠자리 시중을 남편에게 요구받기도 했다는 것과 함께 혼인의 존속 여부가 남편의 의지에 따라 좌우되었음을 보여 준다.

문명왕후가 된 문희의 사례는 가부장들이 여성들의 생사여탈권을 가지고 있었음을 보여 준다. 문희는 오빠 김유신의 정략에 의해 훗날 태종무열왕이 되는 김춘추와 인연을 맺게 되었다. 김춘추를 눈여겨본 김유신은 김춘추를 자신의 집으로 유인해서 누이를 소개시켰던 것이다. 김유신의 의도를 안 김춘추는 문희와 관계를 하였고 자주 왕래를 하였고, 그 후 문희는 임신을 하였다. 이 상황에서 김유신은 이 사실을 부모님께 고하지 않고 임신을 했다며 누이를 태워 죽이겠다고 했다. 물론 김춘추와 문희를 연결시키기 위한 비상적인 계책이긴 했지만, 당시 가부장의 뜻에 벗어날 경우 여성이 죽임을 당할 수도 있었음을 보여 준다.

혼인 윤리와 여성 규제

사회 분화와 함께 점차 남성을 중심으로 한 가부장 질서가 확립되면서, 여성은 가부장적 가족 질서에 통제되기 시작되었다. 가부장적 가족 질서를 어지럽히는 여성에 대해서는 사회적인 제재가 가해졌다.

고조선에는 8조 법금이 있었다고 전해지는데 그중에서 살인, 상해, 절도에 관한 3조목만 전하고 있다. 그런데 그와 함께 '도둑이 없고 부인들은 정숙하였다'라는 기록이 덧붙여져 있어 간음에 대한 규제도 있었던 것으로 추정하고 있다. 백제에서는 부인이 간음하면 그 신분을 노비로 낮추고 남편 집의 노비로 삼았다. 간음에 대한 규제는 부여에도 있었다. 특히 부여에서는 간음보다 투기에 대한 벌이 한층 더 엄혹하게 나타난다는 점이 주목된다.

> 법률이 엄격하고 급박하여 살인한 자는 죽으며 그 식구는 몰입하여 노비로 삼고, 절도는 12배를 물어야 하며, 남녀가 음란하거나 부인이 투기하면 모두 죽였다. 특히 투기를 미워하여 이미 죽이면 시체를 서울 남쪽 산 위에 버려서 썩기에 이르게 하는데, 여자 집에서 시체를 얻고자 하여 소와 말을 내면 이를 주었다. (『삼국지』「위지」동이전 부여조)

부여에서는 간음하거나 부인이 투기하면 살인한 자와 마찬가지로 죽일 정도로 중죄로 취급하였음을 알 수 있다. 투기의 경우는 사형에 처할 뿐 아니라 매장을 허락하지 않는 중형을 내렸다. 고대인들은 죽는 것보다 죽은 후에 땅에 묻히지 못하는 것을 더 두려워했다. 매장되지 않는다는 것은 영원한 안식을 얻지 못한다는 의미였기 때문이다. 그런데 투기에 이러한 중형이 가해진 것이다.

　고구려에는 투기를 한 여성을 처형했던 직접적인 사례가 보인다. 고구려 중천왕은 얼굴이 아름답고 머리가 긴 관나부인을 총애하여 소후로 삼으려 하였다. 이에 왕비와 관나부인 사이에 투기 싸움이 벌어졌다. 결국 중천왕은 관나부인을 가죽부대에 담아 바다에 던지게 했다. 이러한 사례는 투기를 하면 매장을 허락하지 않는다는 기록과 같은 맥락으로, 고구려도 부여와 비슷한 규제가 있었음을 보여 준다.

　투기죄가 가혹한 처벌의 대상이 되었다는 사실을 통해 부여와 고구려에서 남성들이 여러 명의 처나 첩을 두고 있었음을 유추할 수 있다. 고구려 문헌기록에는 다처와 함께 투기에 대한 구체적인 사례가 보인다. 2대 유리왕은 화희와 치희라는 두 명의 처를 두었는데, 두 사람 사이에 다툼이 일어나 치희가 출궁하는 사태가 발생했다. 낙랑 멸망의 공을 세운 호동은 3대 대무신왕의 차비 소생이라고 하였으며 호동을 참소하는 원비의 존재가 보인다. 대무신왕이 원비, 차비로 표현되는 복수의 왕비를 두었던 것을 알 수 있다.

　고구려의 다처제 모습은 고분 벽화에서도 확인된다. 고구려 고분의 초기 벽화에는 묘주 부부도가 그려진 경우가 많은데, 매산리 사신총에는 한 명의 남성과 세 명의 여성이 평상에 나란히 앉아 있는 모습이 그려져 있다. 여기에서 독립적인 평상에 앉아 있는 남성이 가장 크게 부각되어 있으며, 그 옆에 보다 작은 크기로 부인들이 그려져 있다. 또한 각저총에도 한 명의 남성과 두 명의 여성과 함께 앉아 있는 모습이 그려져 있다.

　이러한 사례는 고구려에서 실제 다처가 시행되었음을 보여 준다. 이와 같이 다처제가 행해졌을 경우에는 가부장을 중심으로 한 가족의 질서를 유지하기 위해서 처들 사이의 투기가 억제되어야 했다. 그러므로 부여

와 고구려에서는 여성에게 가혹한 통제를 가했던 것이다.

　신라에서는 여성의 투기에 대한 규제는 보이지 않는 대신, 혼인관계에 있어서는 부부 간 신의를 중요시 여기는 모습을 확인할 수 있다. 아름답기로 소문난 도화랑은 진지왕의 잠자리 요구 앞에, '여자는 지킬 바가 두 남편을 섬기지 않는 것이니 남편을 두고 다른 데로 가는 것은 비록 대왕의 위엄으로도 빼앗지 못할 것'이라며 거부했다. 남편이 있기 때문에 안 된다고 하는 도화녀의 말은 혼인 관계 속에서는 신의를 지켜야 하는 것으로 여겼음을 알 수 있다. 다만 남편이 없으면 어떻겠냐는 왕의 물음에는 그러면 될 수 있다고 하는 데에서 정절은 생전에 한했음을 알 수 있다. 백제에서도 왕의 요구를 거부하고 남편에게 신의를 지킨 도미부인 이야기가 전해오고 있다.

　고대 사회에서 신의는 혼약만 이루어진 상태에서도 지켜야 하는 것으로 여겨졌다. 늙은 아버지를 대신하여 군역에 나가 기한이 지나도 돌아오지 못한 가실과의 혼약을 지킨 설씨녀의 이야기는 신의의 중요성을 보여 준다. 또한 진평왕대 백운과 제후는 어려서 부모에 의해 혼약을 한 사이였으나 백운이 장님이 되자 제후의 부모는 혼약을 깨려 하였다. 그러나 제후는 백운을 따라 도망쳐 나왔고, 이들의 미담이 알려져 국가로부터 포상을 받게 되었다.

그런데 통일을 전후한 시기에 이르면 여성에게 삼종지도와 부덕을 강조한 모습을 볼 수 있다. 김유신의 부인 지소부인은 아버지에게 쫓겨났던 아들 원술이 아버지가 죽은 뒤 찾아오자 삼종지도를 언급하면서 받아들이지 않았다. 지소부인이 말한 여자가 따라야 할 대상인 세 가지인 삼종(三從)은 아버지, 남편, 아들이었다. 여성을 개별적인 주체로 보기보다는 태어나서는 아버지, 결혼 후에는 남편, 남편이 죽은 후에는 아들에 종속된 존재로 인식했음을 알 수 있다.

삼종지도로 대표되는 이러한 여성관은 가부장 가족사회에서는 덕목으로 여겨졌다. 고구려의 옛 땅에 건국된 발해에서도 여성의 부덕과 함께 삼종이 강조되었다. 발해 3대 문왕의 둘째 딸 정혜공주와 넷째 딸 정효공주의 묘비가 발견되었는데, 여기에서도 여자는 어려서 부모를 따르고 결혼해서는 남편을 따르고 늙어서는 자식을 따라야 한다는 삼종에 대해서 언급하고 있다.

가부장적 가족 질서가 확립되면서 여성에게는 가계 계승자를 낳아야 하는, 특히 아들을 낳아야 한다고 강제되기 시작했다. 아들에 대한 선호는 삼국시대 이전 기록에서도 찾을 수 있다. 동부여의 왕 해부루는 늙도록 아들

그림1-12
여성이 따라야
할 '삼종'을
언급한 발해
정혜공주묘비
탁본

이 없자 산과 강에 제사를 지냈다고 한다. 부여는 고구려와 함께 북방민족에 속하는데, 가부장권이 일찍부터 발달했던 것으로 여겨지고 있다. 선덕여왕대 황룡사 구층탑 건립을 제안했던 승려 자장은 아버지 무렵이 대를 이을 사내자식을 간절히 기원한 끝에 태어났다고 한다.

남아에 대한 존중은 다음과 같은 포상기록에도 잘 나타나 있다. 문무왕 10년에 한 여자가 3남 1녀를 낳자 국가에서는 200석의 곡식을 지급했다고 한다. 이후 문성왕대 두 번, 헌덕왕대 두 번, 헌강왕대 한 번 다태산모에 대한 출산과 포상이 기록되어 있다. 그런데 이들 기록은 대부분 남아의 수효가 더 많거나 동수인 경우였다. 다태아에서 여아가 더 많았던 경우도 있었을 텐데 이들만 기록된 것은 국가적으로 남아를 선호했음을 보여 준다.

이러한 상황에서 아들을 낳지 못한 여성들은 불이익을 당할 수밖에 없었다. 삼국 통일 이후에는 왕비라도 아이를 낳지 못하면 폐출되었다. 신문왕대 왕비는 소판 흠돌의 딸이었다. 왕이 태자로 있을 때 혼인하였는데, 오래도록 아들이 없다가 나중에 그 아버지의 반란에 연루되어 궁중에서 쫓겨났다. 정치적인 이유도 있었겠지만 왕비의 폐출에는 아들이 없었다는 것도 작용했다. 후대 만월부인에게서 아들을 얻는 경덕왕 역시 첫 왕비인 삼모부인이 아들을 낳지 못하자 왕비를 폐하여 사량부인으로 봉하였다.

경덕왕대를 배경으로 하는 〈안심가〉라는 향가에는 '임금은 아버지요, 신하는 자비로운 어머니요, 백성은 아들이다'라는 구절이 나온다. 이는 당시 아버지를 정점으로 하는 수직적 가부장적 질서가 자리잡고 있음을 보여 준다. 가부장적 질서에서는 아버지는 임금과 같은 위치에, 어머니는 그 아래 신하의 위치로 수직적인 관계로 설명되고 있는 것이다. 이

가부장적 질서에서는 특히 아들이 중요한 의미를 가졌다.

그렇지만 신라에서는 아들만 가계를 계승한 것은 아니었다. 신라에서는 여성을 매개로 가계 계승이 이루어지기도 하였다. 신라의 첫 여왕인 선덕여왕이 즉위할 수 있었던 이유 중에 하나를 신라에서는 딸도 아들과 같은 계승 자격을 가지고 있었던 것으로 보기도 한다. 경주 호장 거천은 어머니가 아지녀이며, 그 어머니는 명주녀이며, 그 어머니는 적리녀라고 하여 여성을 매개로 가계를 설명하고 있다.

또한 신라에서는 딸을 매개로 사위, 혹은 딸의 자식 즉 외손으로 가계 계승을 할 수 있었다. 이 때문에 신라에서는 왕위 계승에서 성이 다른 사위나 외손이 즉위할 수 있었다. 첫 석씨왕인 탈해왕이나 첫 김 씨 왕인 미추왕은 전 왕의 사위였다. 7세의 어린 나이로 즉위했던 진흥왕은 법흥왕의 조카이기도 하지만 외손이었다. 사위나 외손 계승은 통일기에서도 보인다. 혜공왕의 뒤를 이어 즉위했던 선덕왕은 성덕왕의 외손이었다. 선덕왕은 오묘를 세우면서 자신의 직계를 내세우는데 아버지의 위에는 친할아버지가 아닌 외할아버지인 성덕왕으로 계산하는 모습을 보이고 있어, 계보가 부계적으로만 계산된 것이 아니었음을 보여 준다.

2장

고려 사회의
여성

가정 내 남녀동등을 이루다

○

시대개관

고려는 918년 개성의 토호 출신 태조 왕건에 의해 건국되었다. 개성은 신라의 왕성인 경주와 멀리 떨어진 지역이었으며, 왕건의 선조들은 예성강과 서해를 무대로 상업에 종사해 부를 축적한 사람들이었다. 즉 고려의 건국은 '경주'와 '진골귀족'을 중심으로 하는 신라와는 전혀 다른 새 시대를 예고하는 사건이었다.

　고려는 우리 역사상 다른 왕조들과 다른 몇 가지 특징을 가지고 있다. 첫째 최초의 통일왕조라는 점이다. 신라가 백제와 고구려를 멸망시키고 한반도 통일을 달성했다고 하나 고구려 유민들이 만주에 발해를 세웠다는 점에서 진정한 통일이라 부르기 어려운 점이 있다. 그러나 고려는 신라와 후백제를 아우르고, 926년 거란에 의해 발해가 멸망하자 적극적으로 그 유민을 받아들였다는 점에서 명실상부한 통일왕조라 부를 수 있다. 고려라는 국호는 고구려를 계승한다는 의미이며, 고려의 왕들은 고구려의 고토를 회복하기 위한 북진 정책을 추진하였다.

　둘째는 다원외교와 대외 개방성이다. 역대 왕조들은 대부분 한 나라에 치중된 외교관계를 맺어왔다. 예컨대 신라와 당, 조선과 명의 관계가 그것이다. 그러나 고려는 그렇지 않았으며, 이는 고려를 둘러싼 국제환경과도 밀접한 관련이 있다. 즉 고려가 건국된 시기 중국은 5대 10국의 혼란기였고, 그 뒤 960년 송나라가 건국되었다. 한편 북방의 유목민 거란과 여진은 점차 강성해져 916년 거란이 먼저 나라(뒤에 국호를 요로 변경)를 세웠으며, 여진족은 1115년 금나라를 건국하였다. 고려는 송과 요, 금과 폭넓게 외교 관계를 맺으며 발전을 도모해 나갔다. 또 중국과 발해, 거란 등의 유이민이 고려로 들어오자 이들을 적극적으로 수용하는 개방적인 정책을 펴나갔다. 또한 상인의 후예답게 상업과 무역을 장려하여 '고려'라는 나라 이름이 'Corea[korea]'로 서방 세계까지 알려지게 되었다.

셋째로 귀족적인 사회 성격을 말할 수 있다. 태조 왕건부터 신라의 구 귀족 출신이 아니었기에 고려시대에는 오직 혈통에 의해 개인의 위상이 결정되던 골품제도가 더 이상 유지되지 않았다. 대신 시험을 통해 관리를 선발하는 과거제도가 시행되었다. 그러나 이와 더불어 고위 관료의 자식들이 시험 없이 관직에 나갈 수 있는 음서제도 역시 실시되었다. 때문에 고려시대는 신라보다는 나아졌지만, 여전히 능력보다 혈통이 우선시되던 귀족적인 사회였다.

넷째, 사상적인 면에서는 복합성을 특징으로 한다. 국가를 다스리는 데는 유교가 중요한 이념이었으나 개인 신앙은 불교였다. 고려시대 불교는 하층민까지 넓게 아우르고 있었으며, 불교 외에도 도교, 풍수지리, 무속 등 다양한 종교가 있었다. 즉 고려는 사상적인 측면에서도 조선의 성리학처럼 하나의 사상이 절대적인 우위를 점하는 경직된 사회가 아니었다.

그렇다면 고려시대 여성의 삶은 어떠하였을까? 신화적인 성격이 약화되고, 중국식 정치 사회 제도가 정비되면서 공적 영역에서 여성은 더욱 배제되어 갔다. 이제 여성들은 고대와 같이 여왕이나 사제로서의 활동이 불가능해지고, 왕의 어머니 자격으로 섭정을 하거나 가정 내에서 내조와 양육에 전념하게 되었다. 불교에서도 여성들이 출가하여 성불하는 것보다는 가정 내에서 어머니와 아내, 며느리로서의 역할에 충실할 것을 강조하였다. 이에 여성들은 염불이나 시주 등 신앙행위를 통해 가족의 안녕과

정토왕생을 꿈꾸었다. 그러나 가정 내 여성의 지위는 그리 나쁘지 않았다. 처가와 밀접한 혼인 및 가족제도 탓에 후대와 달리 여자는 시집가면 남이라는 생각이 없었다. 또 상속도 아들과 딸에게 균분되었다. 여성들은 자신의 재산을 바탕으로 상업과 무역 활동을 통하여 부를 축적하기도 하였다.

13세기에 들어와 고려는 큰 시련에 직면하게 된다. 1231년 세계 최강 몽골군이 고려를 침범한 것이다. 고려는 몽골과 무려 30여 년에 걸친 전쟁을 겪었고, 마침내 1270년 원과 강화를 맺게 된다. 그 결과 고려는 원의 간섭을 받아 원나라 공주를 왕비로 맞고, 고려 영토의 일부가 원의 수중에 들어갔으며, 일본 원정을 위한 군량미와 군사를 제공해야 했다. 또한 왕실의 모든 칭호와 관제가 개편되고, 수많은 공물과 공녀 · 환관 차출이 강요되었다. 특히 이 시기 공녀 징발은 여성들에게 큰 수난이었다.

그러나 한편 양국 간의 관계가 진행됨에 따라 제도와 풍습, 언어는 물론 학문에서의 교류가 활발해졌다. 원에 갔던 관리들을 통해 성리학이 도입되었고 신진사대부들을 중심으로 활발히 연구되었다. 이들은 중국과 같은 부계중심 가족제도의 실현을 이상으로 여기며, 기존의 처가살이 혼속에 대한 비판 및 여성 재가 금지 등 여성의 정절에 대한 한층 강화된 관념을 드러낸다. 이러한 움직임은 이후 조선에 들어와 본격화되며, 여성들의 생활과 지위도 크게 달라졌다.

국가의 여성정책과
불교의 여성관

여성에 대한 상과 벌

고려시대에는 주로 유교적 이념에 입각해 법과 제도를 정비하고 운영하였다. 부모에게 효도를 했다거나 남편에게 정절을 지킨 여성, 남편에게 내조를 잘한 여성, 자식을 잘 기른 여성에 대해서는 상을 주고 장려하였다.

예컨대 성종(재위: 981~997) 때 경주 연일현에 사는 백성 정강준의 딸자이와 서울 송흥방 최씨의 딸은 일찍 과부가 되었으나 재혼하지 않고 효성을 다하여 시부모를 섬기고 아이들을 길러 상을 받았다. 즉 이들은 부모에 대한 효도와 남편에 대한 정절로 표창된 것이다. 또 관리 김태현의 처는 아들 셋이 모두 과거에 급제했으므로 국가로부터 군대부인(郡大夫人)이라는 벼슬과 함께 매년 곡식을 상으로 받았다. 양규의 처는 남편이 거란과의 전쟁에서 공을 세우고 전사했으므로 곡식을 상으로 받았다. 이들은 각각 자식을 잘 기르고 남편에게 내조를 한 공으로 표창되었다. 한편 한꺼번에 여러 명의 아들을 낳았을 때도 국가에서 곡식을 주었다. 이는 농경사회에서 다산 장려 및 구휼의 의미가 있는 것으로 보인다.

이와는 반대로 국가에서는 처벌을 통해 유교 윤리를 세워 나가기도 했다. 예컨대 불효는 엄히 처벌되었고, 특히 결혼한 여성이 시부모에게 불효하는 것은 이혼 사유가 되었다. 또 아내가 남편을 두고 다른 남성과 간통을 했다면 처벌되었다. 물론 남편도 다른 여성과 바람을 피우면 처벌되었으나 실제로는 여성이 더 무겁게 처벌되었다. 고려시대에는 자녀안(恣女案)이라는 것이 있었는데, 이는 간통을 범한 여성들의 명부였다. 여기에 이름이 오른 여성들은 이혼을 당하고 바느질하는 노비로 삼았으며, 그녀가 낳은 자식은 벼슬을 못하게 하였다. 간통을 한 남성에게는 이런 벌이 없었다는 점에서 여성의 간통이 더 엄히 규제되었음을 알 수 있다.

이처럼 고려시대에는 법과 제도를 통해 여성들로 하여금 부모에게 효도하고 남편에게 정절을 지키며 자식을 잘 기르는, 아내·며느리·어머니로서의 임무를 다하도록 유도하였다.

불교의 여성관

고려시대 여성들은 대부분 불교를 믿었다. 불교에서는 여성에 대해 어떤 가르침을 내리고 있었을까? 원시불교 경전에서는 여성들이 성을 잘 내고 질투가 심하고 물건을 아끼고 어리석어 직업에 종사할 수 없다고 하였다. 따라서 불교 역시 여성들이 사회생활을 하는 것보다는 가정 내에서 부덕(婦德)을 발휘하기를 요구했다.

이를 잘 보여주는 사례가 관리 김제학이 죽은 아내를 기리며 쓴 글이다. 이 글에 의하면 '죽은 아내 방씨가 다행히 불교를 믿는 집안에서 태어나 시부모를 극진히 모셨으며, 한 번도 아내의 도리를 게을리 한 적이 없었는데, 이런 일을 당하게 되어 애통하기 그지없다'고 쓰여 있다.

이 외에도 고려시대 여성들의 묘지명을 보면 불교의 가르침을 실천한 사례가 많이 보인다. 예컨대 최윤의 처 김씨(?~1152)는 은혜 베풀기를 좋아하여 남에게 재물을 나눠주며 불교의 보시 정신을 실천하였다. 또 최루백의 처 염경애(1102~1148)는 돌아가신 시아버지를 위해 제삿날이 되면 늘 새 옷을 지어 영전에 바쳤으며, 절에 재를 올리러 갈 때면 승려들에게 버선을 만들어서 공양하였다. 남편 최루백은 그녀가 죽은 뒤 이 일을 잊을 수 없다고 회상하였다.

사실 불교나 유교, 기독교까지 공적활동이 허락되지 않던 전근대시대 여성에 대한 도덕의 내용은 대동소이할 수 있다. 그러나 불교가 유교와 다른 점은 그 쌍무적 성격에 있다. 예컨대 부모에 대한 효도를 보면, 불교 경전에서는 부모의 하는 일에 순종하여 거역하지 말라거나 받들어 모시되 부족함이 없게 하라고 한다. 그러면서 동시에 자식에 대한 부모의 역할도 규정하여 자식이 악행을 못하게 하라거나 사랑이 뼈에 사무치게 하라는 이야기도 한다.

남편에 대해서는 아내로서의 할 일을 잘 처리하며, 남편의 가족과 친구들을 잘 대접하고, 남편이 벌어오는 재산을 잘 관리할 것 등을 요구하였다. 한편 남편도 아내를 친절하고 예의바르게 대우하며, 경멸하거나 얕보지 말며, 더러는 아내에게 권한을 위임할 것 등을 규정하여 쌍무적인 도덕임을 명백히 하고 있다. 이는 부모나 남편에 대해 일방적인 효도와 공경을 요구한 유교와 크게 다른 점이다.

혼인과
가족제도

처가살이 혼속

고려시대 여성의 삶에서 가장 중요한 것은 혼인이었다. 여성에게 사회활동이 허락되지 않았던 시대였기에 혼인이야말로 여성의 인생을 좌우하는 큰 사건이었다. 고려시대 대부분의 여성들은 혼인을 하여 아내이자 어머니, 며느리로서의 삶을 이어갔다. 그렇다면 혼인 및 가족제도에서 여성의 위상은 어떠하였을까?

고려의 혼인풍속은 신부가 신랑 집에 가서 사는 형태가 아니라 처가에서 혼례식을 올리고 처가에서 사는 것이었다. 고려의 혼인 풍속을 서류부가(婿留婦家), 남귀여가(男歸女家), 솔서(率婿) 등으로 표현하는데, 글자 그대로 사위가 아내 집에 머무른다거나 남자가 여자 집으로 간다거나 사위를 데리고 산다는 등 모두 처가살이 형태를 묘사하고 있다. 또한 혼인과 동의어로 '장가든다'는 말도 있는데 이 역시 장인 집으로 들어간다는 뜻으로 처가살이 혼속을 말해주는 것이다.

고려시대 문집 등 여러 자료에는 처가살이 풍속을 보여주는 예가 많다. 예컨대 무신집권기의 관리 이자미량은 결혼 초 처가에서 살다가 나

중에 벼슬 때문에 분가했다. 그는 장인이 죽자 자신이 '밥 한 끼 물 한 모금까지 모두 장인에게 의지했는데 그 은혜를 갚지 못했다'며 아쉬워하고 있다.

처가살이를 하는 이런 혼인 풍속은 중국의 혼인 풍속과 정반대라는 점에서 의미가 있다. 중국의 혼인풍속은 '시집살이'이다. 즉 남자 집에서 혼례식을 올리고 혼인 첫날부터 시집에서 사는 것이다. 여기서 중심이 되는 것은 남성이며, 혼인은 여성이 남성의 집으로 살러 가는 것, 그 집의 일원이 되는 것이라 할 수 있다.

그러나 고려는 여성이 남성에게 흡수되는 것이 아닌 양가가 대등한 관계를 유지한다. 물론 평생 처가에서 사는 것은 아니었다. 무남독녀의 경우는 그럴 수도 있었겠으나, 대부분은 혼인 후 어느 정도 기간을 처가에서 머문 뒤 시집으로 가거나 분가를 했다. 이러한 선택적 거주제는 전근대시대 베트남에서도 보이며, 그 원인은 양계적인 친족구조에서 찾을 수 있다. 베트남도 고려도 문화면에서 중국의 영향이 있었지만 친족구조는 중국과 달리 부계제가 아니었다.

그림 2-1, 2-2
고려시대 부부
초상화,
고려 말 재상이자
조선 개국 공신인
조반과 그 부인의
초상화
(출처: 국립중앙박물관)

혼인 뒤 여성이 남성 집에 완전히 흡수되는가 여부는 여성의 주체성과 위상을 결정하는 데 중요한 요인이 될 것이다. 고려의 혼인풍속은 중국에 비해 보다 여성 친화적이었다고 할 수 있다.

고려의 혼인풍속으로 또 하나 재미있는 것은 독신자의 존재가 보인다는 점이다. 물론 어느 사회에나 가난이나 질병 등 개인적인 사정으로, 혹은 가톨릭 신부처럼 종교적인 이유로 혼인을 하지 않는 경우들이 있다. 그러나 종교적 이유가 아니라 오직 개인적 선택으로 독신자의 삶을 사는 사람들이 보인다는 것이다. 이는 불교신앙과 관련이 있는데, 불교에서는 혼인을 사적인 일로 간주하였다. 신도들에게 혼인을 하라거나 또는 독신으로 순결한 생활을 유지하도록 강요하지 않았다. 이 때문에 고려시대의 독신은 선택일 수 있었다.

인종의 외손녀인 왕영의 딸(1151~1186)은 혼인하지 않고 아버지를 정성으로 섬기며 불교를 독실이 믿다가 36세에 병으로 죽었다. 또 관리 곽여(1058~1130)는 도교, 불교, 의학, 약학, 음양설에 관한 서적까지 모두 독파했으며, 궁술, 기마, 음률, 바둑 등 해보지 않은 것이 없었다. 72세에 죽었으나 평생 혼인하지 않고 자신이 하고 싶은 것을 하며 자유롭게 살았다. 독신자의 존재는 고려가 불교를 숭상했고, 조선시대와 달리 부계 혈통으로 대를 이어야 한다는 의식이 강하지 않던 시대였기에 가능했던 일이다.

양측적인 가족구성

여성들이 혼인 뒤에도 친정에서 살다보니 고려시대의 가족 구성은 노부부와 딸 내외, 외손주 등으로 구성된 가족이 많았다. 고려의 친족구조를 양측적 친속(兩側的 親屬)이었다고 한다. 고려시대에는 처계와 모계가 부계 못지않게 중시되었으며, 사위와 외손은 아들이나 친손자와 다름없었다. 부계 혈통을 중시하는 곳에서 필수적으로 나타나는 양자도 보이지 않는다.

전근대 동아시아 사회에서는 어떤 이가 죽었을 때 그를 위해 내가 얼마나 오랜 기간 상복을 입는가는 그와 나의 멀고 가까움을 보여주는 지표였다. 중국에서는 친조부모와 외조부모, 장인 장모가 돌아가셨을 때 각각 1년, 5개월, 3개월 동안 상복을 입어 애도에 차등을 두었다. 그러나 고려시대에는 이 모든 경우에 동등하게 1년 상복을 입어 친가와 외가, 처가가 동등한 위상을 가졌음을 알 수 있다.

이러한 친족구조는 몇몇 귀족들이 특권을 유지해 나가는 데 더 없이 좋은 제도였다. 예컨대 고려시대 귀족들의 경우 음서 제도라 하여 과거시험을 보지 않고도 관직에 나갈 수 있었다. 이때 아버지나 할아버지뿐만 아니라 장인이나 외할아버지가 고위관료라면 사위나 외손이 혜택을 입을 수 있었다. 이 때문에 고려의 지배층들은 비슷한 수준의 가문 및 왕실과 누대에 걸쳐 중복되는 혼인관계를 맺어왔다. 고려는 근친혼을 했는데, 근친혼과 소수 집단의 특권 유지는 결코 무관하지 않다.

뿐만 아니라 외가와 처가는 친가와 마찬가지로 상벌에 함께 연루되었다. 예컨대 관리 김은부(?~1017)의 세 딸이 왕비가 되자 왕은 김은부 및 그의 처, 부모뿐 아니라 장인인 이허겸에게도 벼슬과 함께 식읍 1천 5백 호를 주었다. 또 관리 김경용은 그의 딸이 권신 이자겸(?~1126)의 아들 이언에게 시집갔는데, 이자겸이 반란을 일으켜 패하자 벼슬이 강등되었다. 관리 이영은 한안인(?~1122)이 정치적 사건으로 죽임을 당할 때 그의 매부였기 때문에 연좌되어 진도로 유배되었다. 즉 외가와 처가는 친가와 마찬가지로 공동운명체였던 것이다.

가족 내 여성의 위상

여성도 혼인 후 친정 부모를 모실 수 있고, 사위나 외손도 아들이나 친손과 다름없는 사회였기에 부모 입장에서 아들과 딸을 차별할 필요가 없었다. 여성이 공적 활동을 할 수 없기는 했지만 대신 사위나 외손이 입신양명하여 집안을 빛낼 수 있었기 때문이다. 이에 고려시대에는 상속이 아들과 딸에게 균분되었다.

원간섭기 무관이었던 나익희(?~1344)는 어머니가 일찍이 재산을 나누어 주면서 자신에게만 따로 노비 40구를 더 주니, "내가 6남매 가운데 외아들이라 하여 어찌 사소한 것을 더 차지함으로써 여러 자녀를 골고루 화목하게 살도록 하는 거룩한 어머니의 뜻을 더럽히겠습니까?"라고 하면서 사양하였다. 그의 어머니는 의리에 맞는 말이라 하여 그의 말을 따랐다. 이러한 자녀 균분 상속은 다른 나라와 비교해 볼 때 매우 특징적이다 (송나라에서 재산은 아들들에게 균분되었으며, 딸은 혼인 지참금 명목으로 아들보다 훨씬 적은 액수를 받았다. 만일 부모가 아들이 없고 딸만 남기고 죽었다면 딸이 상속을 했다. 그러나 딸이 시집을 갔다면 재산의 1/3만 상속분으로 인정하고 ─ 만일 시집간 딸이 여러 명이라면 1/3을 균등히 나눔 ─ 나머지 2/3은 국가에 귀속되었다. 11세기 영국에서도 재산은 아들이 없어야만 딸에게 분할상속되었다).

상속이 자녀균분이었을 뿐 아니라 여성이 친정에서 받은 재산은 혼인 뒤에도 남편에게 귀속되지 않았다. 즉 아내가 죽었을 때 아내의 재산은 일단은 남편이 소유하지만 남편이 죽은 뒤 아내 소생의 자식이 없다면 그 재산은 다시 아내의 친정에 귀속되었다.

그림 2-4
1401년 태조 이성계가 후궁 소생 숙신옹주에게 가옥과 토지를 내려준 문서로서 여말선초 여성의 재산권 존재를 알 수 있다. (보물 515호)

고려시대 여성들이 재산을 소유하고, 자유롭게 처분하고 있었음은 사찰에 기증한 여성들의 재산에서 엿볼 수 있다. 예컨대 14세기 학자 이곡(1298~1351)이 지은 『가정집』에 실린 「광주 신복선사 중건 기문」에 보면, 박군이 그 고을 서쪽 마을의 오산에 있는 15결의 토지를 시주하고, 그의 부인 김씨가 돈 500관을 시주하였다는 기록이 있다.

또 이곡의 아들 이색(1328~1396)이 지은 『목은집』 「오대산 상원사의 승당에 관한 기문」에 의하면 "(시주를 구하니)판서 최백청의 부인인 안산군부인 김씨가 기뻐하며 최 판서와 상의하여 금전을 희사하였는데, 부인 자신이 시주한 것이 대다수를 차지하였다"는 기사가 보인다.

여기서 중요한 것은 부부가 함께 사찰에 시주했지만 남편과 부인의 재산을 명확하게 구분하여 기록하고 있다는 점이다. 이를 볼 때 여성의 재산을 남성이 대표로 처분한다거나 공식적인 대표자가 남성이었거나 하지 않았음을 알 수 있다. 여성의 재산은 소유, 관리, 처분자 역시 여성이었고, 혼인 뒤에도 남편의 재산과 별개의 독립적인 재산으로 존재했던 것이다.

고려시대에 여성(딸)은 상속뿐 아니라 제사에 대한 권리 역시 아들과 동등했다. 제사가 중요한 이유는 조선시대에는 적장자만이 제사를 주관할 수 있었기 때문이다. 조상의 영혼을 모신 사당을 적장자의 집에 짓고 거기에 적장자의 주재하에 온 일가친척이 모여 제사를 지냈다. 제사의 주관자라는 점이 적장자를 집안의 대표가 되게 하고, 더 많은 양의 재산을 받게 하는 원인이 되었다. 그러나 고려시대에는 절에서 승려들의 집전으로, 종교의식으로 제사가 치러졌다. 이에 형제자매가 돌아가면서 비용을 대 제사를 모시는 윤회봉사 형태가 대부분이었다.

『목은집』을 보면, 사위인 이색이 장인이나 처조모, 처조부, 처삼촌의 처, 장모의 친정어머니 등 처가 쪽 다양한 인사들의 기제사에 참여한 사례가 보인다. 「단오일에 성묘할 전물(奠物)을 우리 집에서 차례에 따라 삼가 준비하였고, 민형(閔兄)이 마침 개경에 돌아와 권 판서와 함께 가는데, 나는 흐린 날씨 탓에 삭신이 아파서 참여하지 못하고, 앉아서 한 편을 제(題)하여 자손들을 경계하는 바이다」라는 제목의 시가 있다. 민형은 손윗동서인 민근이며, 권판서는 처남 권계용이다. 즉 단옷날 성묘할 전물을 순서에 따라 딸의 집에서 준비하고, 아들과 사위가 함께 성묘에 참여했음을 알 수 있다.

이처럼 고려시대에는 혼인한 여성들도 처가살이 혼속에 따라 부모를 봉양할 수 있었으며, 상속과 제사에서 아들과 딸이 동등한 권리를 가지고 있었다. 이에 상대적으로 아들에 대한 선호가 약할 수밖에 없어 호적의 기재도 아들을 먼저 쓰고 딸을 뒤에 쓰는 것이 아니라 연령순으로

해 아들과 딸을 차별하지 않았다. 또 장성한 아들이 있어도 어머니가 호주가 되기도 하였다.『여주 이씨 소릉공 파보』에 실려 있는 낙랑군부인 최씨 호구 자료는 이러한 사실을 잘 보여 준다. 자료에 따르면 최씨는 경주 사람으로 여주 이씨 집안에 시집왔다. 호구 자료에는 그녀가 호주로 기재되고, 그녀의 부·조·증조·외조가 실려 있다. 남편의 부·조·증조·외조 역시 기록되어 있으며 남편은 사망한 것으로 되어 있다. 자식으로 32세, 28세, 24세, 19세 아들이 관직명과 함께 등재되어 있다.

일과
경제활동

집안의 관리·경영자

고려시대 여성들은 가정 내에서 어떤 역할을 하였을까? 여성들은 불교의 가르침에 따라 부모나 시부모에게 효도를 하고 남편을 내조했으며 자식을 양육하였다. 또 제사를 모시고, 집에 온 손님을 접대하며, 남편의 녹봉으로 가정을 꾸려나갔다. 가족을 위해 식사를 준비하고 길쌈을 하여 의복을 마련하였으며 생산한 베의 일부를 국가에 세금으로 바쳤다. 아울러 논밭에 나가 일을 하고, 상류층 여성들의 경우는 노비를 부려 집 안팎을 관리하였다.

이처럼 여성들의 역할은 가사노동에서 생산노동까지 무궁무진하였다. 고려시대의 유물로 여성의 묘지명이 많이 남아 있는데, 묘지명은 죽은 이의 일대기를 돌 같은 데 써서 무덤 속에 함께 넣어주는 글이다. 묘지명을 보면 죽은 이의 생애를 알 수 있는데, 최유청 처 동래군부인 정씨 묘지명을 통해 고려시대 여성의 가정 관리자로서의 면모를 살펴보도록 하겠다.

동래군부인 정씨(1104~1170)는 관리 정항의 딸로서 관리 최유청(1095~1174)의 아내가 되었다. 최유청은 정씨보다 10년 가까이 연상이었고, 이미 결혼해 아들도 있었으나 처가 죽어 정씨와 재혼하였다. 묘지명

그림 2-5
최유청 처 정씨 묘지명
(출처: 국립중앙박물관)

에 의하면 정씨는 성품이 얌전하고 착했으며, 여자의 도리를 잘 익혀 부지런하고 검소하였다. 집안 살림을 잘 꾸리고, 제사는 공경으로 받들었으며, 친척과 우애하였다. 자식은 자애로 기르고, 일하는 사람은 은혜롭게 부렸다.

최유청은 늘 수많은 서적을 모아 놓고 검토와 열람에 전념하고 집안 살림에 신경을 쓰지 않았는데 이는 정씨가 집안일을 잘 처리하였기 때문이다. 또 전처소생인 아들 한 명과 자신이 낳은 7남 1녀를 잘 키웠다. 이들 중 4명의 아들이 과거에 급제하여 관리가 되었으며, 2명은 승과에 급제하여 불교 교단의 높은 지위를 차지하였다. 남편이 명성을 높이며 활발히 관직 생활을 할 때 여러 아들들도 한창 자랄 때라 집안에는 늘 손님이 가득했다. 정씨는 맛난 음식을 정성껏 만들어 아침저녁으로 대접하니 그 집을 한 번이라도 방문해 본 사람들은 누구나 정씨의 훌륭함을 칭찬하였다.

정씨 묘지명은 고려시대에 이상적인 여성상이 어떤 것이었는지를 잘 보여 준다. 고려시대에 여성은 공사 영역 중 사적인 영역에 속한 존재였다. 여성은 국가의 기본 단위인 가정의 운영자로 의식주 노동 및 집안 관리를 전담하며 노동력 재생산에 기여하였다.

길쌈

고려시대 여성의 노동 중 가장 비중이 컸던 것이 길쌈이었다. 동아시아에서는 아득한 옛날부터 '남자는 밭 갈고, 여자는 베를 짠다'는 말로 남녀분업을 규정해 왔다. 길쌈은 상류층부터 하류층까지 고려 전 계층의 여성이 행하였는데, 물론 그 성격이나 노동 강도에서는 차이가 있었다. 상류층 여성의 길쌈은 실질적인 필요보다는 부녀자의 도리를 다하고 있음을 상징적으로 보여주는 의미가 더 컸다고 할 수 있다.

예컨대 김원의 처 인씨는 집이 원래 넉넉하였지만, 길쌈을 쉬지 않았다. 자손들이 그만두라고 말리자 부인은 "길쌈하고 누에를 치는 일은 여자의 직책이다. 너희들의 글과 책과 붓과 벼루와 같은 것이니, 어찌 잠시라도 떨어져 있을 수가 있겠느냐"고 했다. 반면 피지배층 여성들은 이와 달랐다. 목은 이색의 시「잠부사(蠶婦詞)」를 보면 "뽕을 따러 조석으로 분주하나니 / 어린 여종들 그 얼마나 괴로운고 / 하지만 나는 아노라 눈서리 속에 / 너만 유독 바지도 속옷도 없는 걸"이라는 구절이 있다. 즉 뽕을 따고 비단을 짜도 이는 지배층을 위한 것일 뿐 피지배층과는 상관이 없었다. 뽕을 따는 여종들은 엄동설한에도 바지와 속옷을 입지 못하고 홑치마로 견뎠음을 보여주고 있다.

고려시대의 직물로는 비단도 있지만 삼베와 모시가 주종을 이루었다. 모시가 지배층의 옷감이라면 삼베는 서민들의 옷감이었다. 당시 삼베는 의복 재료이며, 동시에 세금이자 시장에서 교환수단이기도 한 매우 중요한 존재였다. 베를 짜는 과정은 매우 복잡해 '길쌈은 여자의 일 중 가장 어려운 일'이라 했다. 게다가 삼베는 보온성이 적기 때문에 옷으로 입기 위해서는 다른 노역도 필요했다. 겨울철에는 마포를 누빈 옷을 입거나

그림2-6 중요무형문화재 14호 한산모시 짜기 기능보유자 방연옥의 모시짜기 시범

여러 겹 껴입어야 했고, 또 신축성이 적은 마는 피부에 잘 붙지 않아 한기를 막기 위해서 다듬이질을 계속해 섬유를 부드럽게 해야 했다.

그런데 삼베를 짜는 것은 그저 식구들의 옷을 입히기 위해서만이 아니었다. 고려의 농민들은 토지세와 공물, 부역의 의무를 졌는데, 공물 중에는 직물류가 가장 큰 비중을 차지했다. 더욱이 원간섭기가 되면 원에 대한 공물이나 사행 비용, 전쟁 비용 마련 등을 이유로 세금이 더욱 늘어났는데, 가장 중요한 것이 모시였다.

모시는 거란 · 금 · 송 · 원 · 명 등 제 외국에 대한 교역품이나 공물, 회례품, 사은품 등으로 널리 이용되었는데, 특히 원에서 인기가 매우 높았다. 또한 왕과 공주, 세자 등이 수시로 원에 왕래하면서 그 비용을 모시로 충당했다. 모시는 은처럼 휴대하기 쉬워 원까지 가는 동안 팔아 경비로 쓰고, 또 원에 당도해서는 황제나 황후, 세자빈 등에게 선물하는 데 사용하였다. 그런데 모시는 마보다도 방적과정이 더 까다롭고 공정도 복잡했다 하니 여성들의 고통은 더욱 심했을 것이다.

영리 활동

한편 고려 여성들은 고리대도 하였다. 고려시대에는 고리대가 매우 성행하여 이자가 원금의 삼분의 일에 이르고, 심지어 사찰에서도 고리대를 하며 이윤을 추구하였다. 여성들은 부모로부터 받은 상속재산이 있었기에 그 재산을 가지고 고리대를 통하여 재산을 불려나갔다. 관리 권부의 처 변한국대부인 유씨(1265~1326) 묘지명에 보면 그녀가 원금과 이자 계산하는 것을 부끄럽게 여겼다는 말이 나와 당시 고리대를 하는 여성들이 적지 않았으리라 추측할 수 있다. 고리대 외에 여성들은 상업이나 무역을 통해서도 이득을 취하였다. 『송사』에 의하면, 고려시대에는 상업이 발달해 상하가 모두 물건을 사고팔아 이익을 남기는 것으로써 일을 삼았다 한다. 『고려도경』에 보면 개경에는 시전이 있었고 지방에는 장시가 있었는데, 농민과 수공업자, 관리, 남녀노소가 함께 참여했다 한다.

고려시대 권신 이자겸의 어머니는 욕심이 많아서 상인에게서 물건을 사고 그 값을 제대로 주지 않거나 또는 전혀 주지 않았다. 또 자신의 노비를 시켜 횡포한 짓을 했으므로 그녀가 죽자 상인들이 서로 축하하였다 한다. 이는 단순히 그녀가 집에서 쓸 물건을 사면서 횡포를 부린 것이 아니라 그녀 스스로 혹은 노비를 시켜 권력을 배경으로 수탈적인 상행위를 했음을 알 수 있다.

또한 고려시대에는 무역도 발달하였다. 송과 여진, 거란, 일본, 탐라 및 아라비아 상인들까지 예성강을 통해 개경에 들어왔으며 벽란도는 국제적인 무역항이 되었다. 고려의 명절인 팔관회는 각국의 상인들이 방물을 바치는 국제적 교역의 장이기도 하였다. 여성들은 상업뿐 아니라 무역에도 종사하며 부를 축적하기도 했으리라 추정된다.

문화와
생활

불교 신앙 활동

여성들은 늘 불경을 읽거나 암송하며 그 가르침을 따르려 노력하였다.
14세기의 학자 이숭인의 어머니(1328~1381)는 닭이 울면 일어나 세수하
고 머리 빗고, 『금강반야경』과 『화엄경 보원행원품』을 외우는 것으로 일
과를 시작하였다. 혼인을 하지 않고 독신으로 살았던 왕영의 딸은 불교를
깊이 믿어 항상 『화엄경』을 비롯한 경과 율 읽는 것을 일과로 하며 정토
에 태어나기를 구하였다.

　　여성들은 불경을 읽고 암송할 뿐 아니라 사찰을 짓거나 보수하는
데, 혹은 불탑 조성 등 여러 가지 불사를 위하여 시주를 하였다. 예컨대
김공칭 처 양씨(1084~1156)는 1131년에 남편과 천신사의 별전을 창건하
고, 대장경 5,000여 권을 만들어 봉안하였다. 또 미곡을 희사해 그 이자로
향화 비용을 쓰게 하였다. 또한 여성들은 돌아가신 부모나 남편의 명복을
빌기 위해, 혹은 자신과 살아 있는 가족의 안녕을 위해서도 사찰에 시주
를 하였다. 노관 처 정씨(?~1210)는 병이 든 후 흥국사 법당 보수를 위해
국가에 백은 10근을 시주하였다. 연안군부인 이씨는 1350년에 고인이 된

부모와 남편을 위해 화엄경 보현행원품을 금으로 사경하였다. 안절과 그의 처 안주군부인 이씨, 또 함께 발원한 창녕군부인 장씨는 1294년 돌아가신 부모를 위해 묘법연화경 1부, 금강명경 4권 등을 사경하였다. 이처럼 여성들은 사찰에 많은 시주를 하여 불교 융성에 기여하였다.

여성들의 불교신앙은 시주를 하는 것에 그치지 않았다. 여성들은 수행과 구도를 위해 혹은 수절을 이유로 출가를 하기도 하였다. 강종의 서녀이자 최충헌(1149~1219)의 처였던 진강후비 왕씨는 최충헌이 죽자 출가해 승려가 되었다. 왕씨는 백련사에 무량수불을 조성해 봉안하고, 법화경의 금자 사경을 후원하였다. 김변의 처 허씨(1255~1324)는 남편이 죽은 후 삼년상을 치르고 남편 무덤 옆에 감응사를 지었으며, 금과 은으로 대승경전을 사경해 남편의 명복을 빌었다. 이후 61세에 출가하여 통도사에 가서 사리를 얻고, 경주를 비롯한 방방곡곡의 사찰을 유람하였다. 나이가 많아 쇠약해지자 장남의 집 옆에 초당을 짓고 거처하다 71세에 사망하였다. 국가에서는 그녀를 '변한국대부인 진혜대사'로 추증하였다.

한편 임종 직전에 출가한 사례들도 보인다. 허씨의 사돈이었던 최서의 처 박씨(1249~1318)는 1318년 병이 위독해지자 출가하여 법명을 성공(省空)이라 하였다. 노비 1구를 희사하여 출가시키고, 며칠 뒤 아미타불을 염불하며 죽음을 맞았다. 이는 하루라도 출가하여 수행하면 그 공덕으로 극락에 왕생할 수 있다는 믿음에서 비롯된 것이다.

그런데 고려시대 여성들의 출가를 보면 대부분 박씨처럼 죽기 직전에 승려가 된 사례가 많다. 또 『고려사』를 보면, 1017년과 1361년 여성 출가 금지령이 보이고, 1388년 수절을 위한 출가만 허용하여 국가에서 여성의 출가를 장려하지 않았음을 알 수 있다. 특히 가임 여성이 출가를 많이 하면 인구가 줄고, 국가 생산력의 원천인 노동력 부족 현상을 초래할 수 있기 때문이다. 여성들은 비구니가 되어도 남성처럼 승과를 보아 승직을 얻을 수 없었으며, 출가 후에도 '변한국대부인 진혜대사'처럼 속세의 봉작을 떼지 않고 있다. 이는 종교 교단에서 여성의 위치를 말해주는 것이며, 여성의 지위가 남성들과의 관계 속에서만 파악이 가능했던 당시 현실을 보여 준다. 이에 여성들은 자신의 성불보다는 가족과 자신의 내세 및 현실의 안녕을 위해 불교신앙을 받아들이고 실천했다 볼 수 있다.

연애와 성

그렇다면 고려의 여성들은 법이나 불교의 가르침을 열심히 따르며 아내, 어머니, 며느리로서의 도리에만 충실했을까? 여성들은 욕망도 감정도 없었을까? 어느 시대에나 연애는 존재했고, 고려시대 역시 예외가 아니었다.

오늘날까지 전해지는 고려가요 〈만전춘〉에는 "얼음 위에 댓잎자리 보아/ 임과 나와 얼어 죽을망정/ 정을 준 오늘밤 더디 새어라"라는 구절이 보인다. 이것만으로도 애정이 넘치던 고려 사회의 모습을 쉽게 상상할 수 있다. 역사 자료에도 연애사가 적지 않게 보인다. 예컨대 한 관리가 달밤에 거문고를 타고 있었는데 이웃집 처녀가 담을 넘어왔다거나, 또는 용모가 아름다운 선비가 선배의 집을 드나들었는데 그 집의 과부가 유혹하는 시를 던졌다는 이야기 등이 있다.

특이한 것은 고려의 연애사는 거의 미혼녀나 과부에 집중되어 있다는 점이다. 이는 고려의 정조관념과 관련이 있다. 불교에서는 부부간에 서로 도리를 지켜 간음은 물론 자기 아내와 남편 이외의 사람에게 마음을 두지 말라 한다. 때문에 유부녀나 유부남의 간통은 엄히 처벌되었다. 그러나 부부간 도리를 지키라는 것은 상대방이 살아 있을 때 이야기이지 죽은 뒤까지 정절을 강요하지는 않는다. 이 때문에 미혼녀나 과부가 연애의 주 대상으로 등장하게 되었다. 그런데 미혼녀나 과부의 연애 대상이 부인이 없는 남자라면 상관이 없지만 부인이 있는 남자라면 이들의 사랑은 처벌되었다. 이처럼 고려가 성적으로 마냥 자유분방한 사회는 아니었다.

그런데 연애 면에서도 남녀 차별이 보인다. 예컨대 남성은 집안의 여종과 관계를 할 수도 있었고, 기녀와 즐길 수도 있었다. 그러나 여성이 집안의 남종과 간통을 하는 것은 사형에 처해질 중죄였으며, 남자 기생도 없었다. 따라서 남성이 여성보다는 훨씬 적극적으로 애정 생활을 즐길 수 있었다.

여기서 기녀라는 존재에 대해 더 언급해보자. 기녀는 철저히 남성의 즐거움을 위해 만들어진 존재로, 술자리의 흥을 돋우기 위해 춤과 노래, 그리고 시까지 지을 줄 알았다. 『고려도경』에 의하면 고려의 기녀는 세 등급이 있었으며, 12세기 무렵 대악사(大樂司)와 관현방(管絃坊), 경시사(京市司)에 각각 260명, 170명, 300명이 있었다고 한다.

대악사 소속은 최고 등급 기녀로서 왕을 상대했으며, 관현방 소속은 조정의 각종 연회에서 외국 사신이나 관료를 상대했을 것이다. 경시사(혹은 경시서)는 시장과 상점을 관리하던 관청으로 이곳 소속의 기녀는 일반인 상대로서 앞의 두 기녀보다는 격이 떨어지는 존재였을 것이다. 게다가 『고려사』에는 경시안(京市案)에 오른 자녀(恣女)의 자손들에 대해 관직임용을 규제하는 법이 보인다. 경시안은 경시사에서 가지고 있는 기녀 명부였을 것이고, 자녀란 간통죄를 범한 여성들이다. 즉 간통죄를 범한 여성을 천인으로 떨어뜨려 경시사 기녀로 삼았던 것이다.

한편 『고려사』에는 '신창관(新倉館) 자녀'라는 언급도 보인다. 익흥군

왕거의 처 박씨가 간통을 해 옥에 갇혔는데 다시 거기서 중과 간통을 하니 그녀를 신창관 자녀로 만들었다는 것이다. 신창관은 외국 상인들이 드나들던 여관이다. 즉 간음한 여성은 경시서나 신창관 소속의 기녀가 되어 시장 상인들의 온갖 잔치 자리나 접대에 불려나가고 외국 상인들의 현지 처 역할 혹은 매음도 하였던 것으로 보인다. 경시서에 무려 300명의 기녀가 있었음은 고려시대 대외 무역의 발달과 국제도시 개경의 어두운 면을 보여주는 것이라 하겠다.

한편 『고려사』에는 외국 상인의 고려 여인 탈취가 보인다. 중국 상인 하두강(賀頭綱)은 바둑을 잘 두었는데, 어느 날 예성강에 이르러 한 아름다운 부인을 보게 되었다. 하두강은 그 부인의 남편과 바둑내기를 하여 거짓으로 여러 번 져주었다. 내기바둑에 욕심이 생긴 남편이 자기 처를 걸자 하두강은 단번에 이겨 부인을 싣고 가버렸다. 남편은 이를 후회하고 한탄하면서 〈예성강〉이란 노래를 지었다.

그런데 이 이야기는 이것으로 끝이 아니다. 하두강에게 끌려간 부인은 옷매무새를 단단히 하여 하두강이 겁탈하지 못하게 하였다. 배가 바다에 들어섰는데 뱃머리가 돌면서 나아가지를 않았다. 이에 점을 치니 정숙한 부인을 돌려보내지 않으면 배가 파선된다는 점괘가 나왔다. 이에 뱃사람들이 하두강에게 권고해 부인을 다시 돌려보냈다. 이 이야기에서는 부인이 남편에게 돌아갈 수 있었지만, 현실에서는 외국 상인의 고려 여인 침탈, 인신매매, 성범죄 등의 사례가 결코 적지 않았으리라 여겨진다.

원간섭기
여성 삶의 변화

원 공주와의 통혼 및 공녀

1270년 몽골과 고려 간에 강화가 이루어진 뒤 고려는 몽골(원)의 공주를 제1비로 맞이해야 했다. 충렬왕부터 공민왕 때까지 8명의 원나라 공주를 왕비로 맞이했는데, 이들은 지배국의 공주로서 위상이 높았다. 특히 충렬 왕비 제국대장 공주(1259~1297)는 원나라 세조의 딸로서 그 지위는 왕 이 상이었고, 왕도 그녀의 비위를 거스를까 봐 전전긍긍할 정도였다. 충렬왕 은 원나라 황실의 사위 자격으로 왕권을 강화할 수 있었고, 이것이 고려 정치에 미친 여원 통혼(麗元通婚)의 긍정적 측면이라 할 수 있다. 그러나 그에 따른 부작용도 적지 않았다. 원나라 공주들은 고려 출신 후비들을 질투해 조비(趙妃) 무고 사건 같은 파란을 일으키기도 했다.

　충선왕의 비 계국대장 공주(?~1315)는 다른 왕비인 조비를 시기해서 친정인 원나라에 충선왕이 자신보다 조비를 더 사랑하는데, 이는 조비가 주술을 걸었기 때문이라고 알렸다. 이에 원에서 사신이 와 조비와 조비의 부모를 참혹하게 고문하고 원으로 잡아갔다. 이를 빌미로 충선왕이 폐위 되고 충렬왕이 다시 왕위에 오르게 되었다. 이처럼 원 공주와의 혼인 및 불화는 왕의 즉위와 폐위로까지 이어질 수 있는 결정적인 사건이었다.

그러나 이 시기 원 공주와의 혼인보다 더욱 여성들을 힘들게 한 것은 공녀(貢女) 징발이었다. 이에는 왕실 여성부터 일반 서민 여성까지 전 계층의 여성이 포함되었다. 공녀 선발은 충렬왕 초부터 공민왕 초(13세기 말~14세기 중)까지 약 80년 동안 정사에 기록된 것만도 50여 차례에 이른다. 이곡의 공녀 폐지 상소를 보면 그 수효가 많을 때는 40~50명에 이른다 하니 끌려간 부녀의 수가 최소 2,000명이 넘었을 거라 추측할 수 있다.

그나마 이것은 공식적으로 기록된 것이고, 이외 원의 사신이나 귀족, 관리들이 사사로이 데려간 것까지 합치면 실제 숫자는 이보다 훨씬 많을 것이다. 공녀로 끌려가면 평생 고향에 돌아오지 못하고 대부분 원나라에서 궁중 시녀나 노비로 일생을 보내야 했다. 이에 대다수의 고려인들은 딸을 낳으면 비밀에 부쳐 이웃 사람도 볼 수 없게 하고, 딸의 머리를 깎아 승려로 만드는 등 공녀 선발을 면해 보려 필사적으로 애썼다.

충렬왕 때 고위 관료였던 홍규의 딸도 공녀로 뽑혔다. 홍규는 권세가에 뇌물을 바쳐 딸을 빼내고자 했으나 실패하였다. 이에 홍규는 딸의 머리를 잘라 승려로 만들고자 하였다. 그러나 충렬왕비인 제국대장 공주가 이 소식을 듣고는 크게 노해 홍규를 잡아 혹독히 고문하고 전 재산을 몰수했다. 또 그 딸을 가두고 심문하니 딸이 자기 스스로 머리를 잘랐고, 아버지는 모르는 일이라 하였다. 그러자 공주는 그 딸을 땅바닥에 자빠뜨리고는 쇠로 만든 매로 마구 때려 피부가 온전한 데가 없게 하였다. 여러 재상들이 홍규는 나라에 공이 많은 사람이니 용서해달라며 간곡히 요청했지만 공주는 이를 무시하고 홍규를 섬으로 귀양 보냈다. 또 그 딸은 원나라 사신 아고대(阿古大)에게 줘 버렸다.

관리 이곡이 원나라에 호소한 공녀 폐지 상소문에 의하면, 공녀를 징발할 때마다 관리들이 여자를 색출하느라 행패를 부려 닭과 개조차 편안하지 않았다 한다. 또 공녀로 선발되면 일가친척이 우는 소리가 밤낮으로 그치지 않았으며, 비통함에 우물에 몸을 던지거나 목을 매어 자살하는가 하면 피눈물을 쏟다 눈이 멀기도 하는 등 이루 말할 수 없는 공녀의 참상이 생생히 묘사되어 있다.

공녀로 끌려간 여성들은 대부분 같은 계층 사람에게 시집갔으나, 일부는 지배층의 잉첩(媵妾)이 되었고, 신분이 높은 여성은 왕이나 고급 관인의 배우자가 되기도 하였다. 궁인 이씨는 비파를 잘 타서 세조의 총애를 받았고, 화평군 김심의 딸 달마실리는 원나라 인종의 비가 되었다가 황후로 추봉되었다. 공녀로 끌려간 여성 중에 가장 출세한 사람으로 기황후를 들 수 있다. 기황후는 행주인 기자오의 딸로서 1333년 원나라에 끌려갔다. 궁녀가 된 기씨녀는 순제의 총애를 받아 1339년에 황자를 낳고 제2황후가 되었으며, 1365년에는 제1황후로 책봉되었다.

그녀는 '살구 같은 얼굴, 복숭아 같은 뺨, 여린 버들 같은 허리'라는 당시의 표현처럼 매우 아름다운 여성이었던 듯하다. 또한 "순제를 모시면서 비(妃)의 천성이 총명해 갈수록 총애를 받았다"는 『원사』 후비전의 기록처럼 매우 영리하고, 서사(書史)에도 두루 통하였다. 그녀는 고려 출신 환관들과 공조했을 뿐 아니라 조정 중신들에게 고려 여자를 선물하고 그녀들을 조정해 원나라 정계 내에서 자신의 세력을 확대해 나가기도 했다. 그녀의 일족은 고려에서 온갖 불법을 자행했으나 1368년 원나라가 멸망하자 북쪽으로 달아나 이후 행적을 알 수 없다.

여성의 무역 활동

고려의 무역은 원간섭기 들어 더욱 활발해졌다. 세계적인 대제국을 건설한 원을 통해 더 많은 물자가 교역되었으며, 왕실이나 지배층은 농민들의 물자를 수탈해 본격적으로 무역에 나섰다.

여성들의 무역활동을 잘 보여주는 것이 원나라 공주 출신 충렬왕비 제국대장 공주의 사례이다. 제국대장 공주는 백성들에게 수탈한 잣과 인삼, 모시 등을 중국과 교역해 많은 이익을 얻었다. 내시들을 각처에 보내서 물건을 구하였고, 심지어는 특산물이 생산되지 않는 지방에서도 거둬들여 백성들이 심히 괴로움을 당했다. 어느 날 한 여승이 모시를 바쳤는데 가늘기가 매미의 날개 같으며 꽃무늬도 놓여 있었다. 공주는 모시가 어디서 난 것인지를 물어 여승이 데리고 있던 여종이 짠 것이라 하자 그 여종을 빼앗았다.

적극적인 경제활동을 한 왕비로는 충혜왕비 은천옹주 임씨의 사례도 있다. 그녀는 본래 상인 임신의 딸로 단양대군의 종이었다. 사기그릇 파는 것을 생업으로 했는데 왕이 그녀를 보고 총애하여 옹주로 삼았다. 당시 왕이 새로 궁전을 지었는데 기존의 왕궁과는 사뭇 달랐다. 창고가 일백 칸이나 되며 곡식과 비단으로 가득 채웠다. 행랑에는 채색비단을 짜는 여공을 두었으며, 또한 방아와 맷돌을 많이 설치하였다. 이는 모두 옹주의 뜻에 의한 것이었다.

충혜왕은 경제에 관심이 많아 신하 남궁신을 중국으로 보내 무역을 하게 하였으며, 또 왕실 창고의 포(布)를 풀어 시장에 상점을 열기도 하였다. 왕이 그녀가 천한 신분임에도 불구하고 후궁으로 삼은 이유는 그녀의 집안이 가진 상업적 부 및 그녀의 상업 능력을 높이 샀기 때문일 것이다.

제국대장 공주와 은천옹주의 사례로 미루어 당시 무역에서 여성의 활동이 결코 미약하지 않았음을 짐작할 수 있다.

여원 간의 풍속·문화교류

원 공주와 왕의 혼인, 공녀로 끌려간 여성들과 몽고인의 혼인, 이외 고려에 온 원 관리와 고려 여인의 혼인 등 이 시기 국제혼과 교류를 통해 양국의 풍속이 섞이기 시작했다. 고려의 대표적인 과자인 유밀과(油蜜果)가 원나라 조정 잔치에 등장하기도 하고, 임금에게 올리는 바을 뜻하는 '수라'와 같은 몽고 용어가 고려에서 쓰이기도 했다.

또한 혼인 풍속에서도 원의 영향을 받았다. 예컨대 원의 다처제 영향을 받아 다처를 취하는 고위층이 늘어났다. 관리 박유는 '원나라는 다처를 취하는 반면 우리는 일처만 취해 인구가 북으로 흘러가게 되니 관직의 등급에 따라 취할 수 있는 처의 숫자를 규정해 서민도 일처일첩을 취하자'고 하였다. 연등회날 박유가 왕의 행차를 호위하고 거리에 나갔는데 한 노파가 박유를 알아보고는 "첩을 두자고 요청한 자가 바로 저 늙은이"라고 손가락질해 주위의 모든 사람들이 함께 비난했다. 당시 재상 중에 처를 무서워하는 자가 있어 다처제 문제는 토의하지도 못하게 하여이 제도가 실행되지는 못하였다. 비록 법제화되지는 않았지만 당시 원의 영향을 받은 상류층에서는 다처를 둔 사례가 여럿 보인다. 조선을 건국한이성계 역시 한씨와 강씨 두 부인을 두어 각각 향처(鄕妻)와 경처(京妻)라하였다.

이뿐만 아니라 원의 형사취수(兄死娶嫂) 풍속이 들어오기도 하였다.

형사취수는 유목민 사회에서 형이 죽으면 동생이 형수를 취하는 것으로서 그 범위는 형수 외 서모(아버지의 첩)까지 포함되었다. 이는 본디 척박한 유목사회에서 여성의 생존을 위한 것이었다. 그런데 어린 시절부터 원의 황궁에 가 숙위하며 원의 풍속에 젖었던 충선왕은 아비의 후궁이던 숙창원비 김씨를 자신의 후궁으로 취해 숙비로 책봉하였다. 충혜왕은 서모인 경화 공주와 수비 권씨를 강간하기도 하였다. 유교 문화권인 중국이나 고려에서는 아비나 할아버지의 첩을 취하는 것조차 사형에 해당될 중죄였다는 점을 상기하면 원간섭기에 크게 달라진 문화를 실감할 수 있다.

다처나 형사취수 등 변모한 혼인풍속과 함께 사회 전반적으로 성적인 문란도 보인다. 충렬왕이 잔치와 놀이를 즐기니 몇몇 아첨하는 신하들이 기악과 여색으로 왕의 환심을 사기에 힘썼다. 궁중의 기녀로는 부족해 전국에 관리를 파견해 아름답고 노래와 춤을 잘하는 관기 혹은 일반 여성들을 뽑아 따로 남장(男粧)이라는 그룹을 만들었다. 그리고는 민간의 노래들을 부르게 하며 밤낮으로 음탕하게 놀아 군신의 예절을 찾아볼 수 없을 지경이라 하였다. 이때 부른 노래들이 현재도 남아 있는데, 아래의 〈쌍화점〉이 대표적이다.

쌍화점에 쌍화 사러 갔더니만
회회 아비 내 손목을 쥐었어요.
이 소문이 가게 밖에 나며 들며 하면
다로러거디러 조그마한 새끼 광대 네 말이라 하리라.
더러둥셩 다리러디러 다리러디러 다로러거디러 다로러
그 잠자리에 나도 자러 가리라.
위 위 다로러 거디러 다로러

그 잔 데 같이 답답한 곳 없다.

쌍화는 만두이며, 회회 아비는 이슬람 상인이다. 즉 이슬람 상인이 경영하는 만두집에 만두를 사러갔더니 상인이 여성의 손목을 잡았다. 여성이 뿌리친 게 아니라, '만일 소문이 난다면 어린 광대 네 탓이라 할 터이니 입 다물라' 하고 있다. 또 말미에는 '그 자리에 나도 자러 가리라'라며 부정과 불륜을 긍정하고 있다. 쌍화점은 4연으로 되어 있는데, 1연이 위의 쌍화점이며, 2연은 삼장사라는 사찰, 3연은 우물, 4연은 술파는 집으로 각각 주지, 용, 술집 주인과의 불륜을 그려 사회 전반에 만연한 성적 문란이 보인다.

한편 고려와 원 간에는 학문 교류도 빈번했다. 원나라에 갔던 관리들을 통해 성리학이 도입되었고 신진사대부들을 중심으로 성리학을 활발히 연구하였다. 이 결과 혼인과 가족제도에 대한 비판이 제기된다. 성리학자이자 조선 건국의 주역이었던 정도전(1342~1398)은 '남귀여가하니 부인이 무지하여 그 부모의 사랑을 믿고 그 지아비를 가벼이 여기지 않는 자가 없고, 교만하고 투기하는 마음이 날로 자라 마침내는 반목하는데 이르러 가도(家道)가 무너지니'라며 중국과 같은 친영제(親迎制) 실시를 주장하였다.

'친영'이란 혼인 의례 중 마지막 단계로서 혼인날 신랑이 신부 집으로 가서 직접 신부를 맞아 자기 집으로 데려와 혼례식을 올리는 것이다. 즉 친영제는 시집살이 혼인이라야 성립할 수 있는 단계이다. 친영제를 실시하자는 것은 곧 전통적인 처가살이 풍속을 시집살이로 바꾸는 것을 의미한다. 이와 아울러 고위 공직자 부인들의 재혼 금지가 주장되었다. 재혼 금지는 남편이 살아 있을 때에만 한정되던 정절 관념이 남편이 죽은 뒤까지로 확대되었음을 의미한다. 이러한 논의는 이후 조선에서 본격화되며 유교적 영향력과 가부장제의 강화를 확인할 수 있는 대목이다.

3장

조선 사회의
여성

생활 터전을 닦고
문화를 일구다

시대개관

○

조선은 1392년부터 1910년까지 518년간 이씨(李氏)가 27대에 걸쳐 집권한 왕조국가다. 수도는 한양(현재 서울)이었다. 혈통에 따른 신분제 사회로 국왕을 정점으로 하여 양반·중인·양인·천인으로 뚜렷이 구분되었다. 이 가운데 양반이 최상위 지배 계층으로 국가의 공무와 정치를 담당하였다.

국가 산업의 근간은 농업이며, 국민개병제를 실시해 16~60세까지의 양인 남성은 군인으로 복무하거나 군인의 비용을 부담하였다. 전국을 8도로 나누고 도마다 부·목·군·현으로 세분화해 중앙에서 지방관을 파견해 통치하는 중앙집권제를 실시하였다.

국제 관계에서 중요한 나라는 명·청과 일본이었다. 조선왕조는 명·청에 외교 사절을 정기적으로 파견해 평화를 유지했으며, 일본과는 대등한 입장에서 교류하였다. 두 차례 큰 외침을 겪었는데, 일본의 침략을 받은 임진왜란(1592~1598)과 청의 침략을 받은 병자호란(1636.12~1637.1)이었다.

조선은 문화 강국이었다. 세종이 발명한 문자인 '한글'은 모든 발음을 표기할 수 있는 법칙을 가진 뛰어난 표음문자로 평가받고 있다. 인쇄술과 기록 문화가 발달해 『조선왕조실록』, 『승정원일기』, 『일성록』, 『의궤』, 『난중일기』 등의 세계기록유산을 남겼다.

혼인 형태는 일부일처제이며, 가정에서 남편과 아버지의 권위가 높았다. 조선 전기에는 딸의 권리가 살아 있어 혼인 후에도 남자 형제들과 균등하게 재산을 나눠받았다. 그러다가 1700년대 중반 이후 여성에게 나눠주는 재산 몫이 점점 줄어들었다. 또 혼인 후 처가살이의 전통이 사라지고, 여성이 남편 집으로 들어가는 '시집살이'가 자리잡으면서 친정으로부터 멀어졌다.

그 대신 여성은 한 가정의 운영자로서 중심적인 지위를 확보하였다. 딸로서의 지위는 축소되었으나 가정에서 부인으로서의 위치가 튼튼해졌다. 여성은 가정 경제를 운영하는 책임자였으며, 큰돈을 모아 지역사회에 기부하기도 했다.

한글은 여성의 삶과 문화에 큰 변화를 가져왔다. 배우기 쉽고 쓰기 쉬운 한글은 여성을 문맹에서 벗어나게 했다. 국가에서는 사회에 모범이 될 효녀나 열녀를 키우기 위해 여성에게 한글로 쓴 여성교훈서들을 보급했다. 여성교훈서에서 시작한 책읽기는 자연스럽게 글쓰기로 발전했고, 한자(漢字)를 익히는 여성도 있었다. 18세기 이후로 논문을 쓰는 여성학자가 나오고, 문학이나 학문을 전공해 저서를 내는 여성도 있었다.

이데올로기와
법 규정

여성과 신유학

조선 개국 후 개혁가들은 고려와 다른 풍속을 만들기 위해 부심했다. 신유학을 신봉한 개혁가들은 풍속이야말로 건강한 사회를 형성하는 원천적인 에너지라 여겼다. 그래서 삼강(충·효·열) 확립에 눈을 돌렸다. 이 과정에서 여성 규범도 강화했다. 우주론적으로 하늘에 해당하는 남자가 땅이라 할 수 있는 여자에 군림하며, 이 보편성을 인간 사회에 적용하기 위해서는 낮은 존재인 여성의 욕망을 억제해야 한다고 보았다.

유교에서 만물 생성은 하늘과 땅 원리의 감응과 교감으로 이루어진다. 여성 원리(땅)와 남성 원리(하늘)의 관계 맺음에 의해 인간이 출생한다고 보았다. 이때 하늘과 땅 또는 남녀는 자신의 원리를 가지고 대등하게 관계 맺음을 이루므로 남존여비의 관념이 없었다. 곧 음과 양은 그늘과 양지를 의미하는 자연 현상으로 불평등하지 않았다. 다만 부조화에 의해 재해가 일어날 수 있다고 생각했다.

그러다가 중국 전국시대 이후로 사물을 음양으로 분류하고 특징을 부여하면서 존비(尊卑)·귀천(貴賤)·강유(剛柔)·상하(上下) 등의 가치 개념이 등장했다. 이 가치들이 유교의 조화주의와 맞물려 여성 차별적인 요소를 더했다. 조화와 화합을 이끌어내기 위해서는 낮은 위치에 있는 여성이 양보하고 순종해야 한다고 여겼기 때문이다. 그리고 신유학에 이르면 도덕관념을 이상으로 하여 여성 차별이 심화되었다.

신유학 곧 성리학은 중국 송의 학자 주희가 새롭게 재해석해 집대성한 유학이다. 신유학에서 여성의 성(性)은 경계의 대상이었다. 전한 시대의 학자 유향(기원전 77~기원전 6)은 하나라 걸왕의 왕비 말희에 대해 "용모는 아름다웠지만 덕이 없었고 음란함이 지나쳤다"고 묘사했다(유향, 『열녀전』). 말희는 절세미인으로 유명했지만 유향의 평가에는 여성의 외모와 성적 욕망이 집안이나 나라를 망하게 할 수 있다는 우려를 담고 있다.

조선도 위와 같은 논리에서 힘을 얻어 여성에게 새로운 사회 질서에 부응하는 올바른 행동을 요구했다. 다른 한편으로는 예(禮)에서 벗어나 욕망을 발산하거나 일탈된 행동을 하여 가정과 사회를 위험에 빠트릴 수 있는 행위를 제약했다. 색(色)을 띤 여성이란 "요염한 여자가 길거리에 나와 짙은 화장으로 교태를 부리면 스스로 고고한 선비가 아니고야 마음이 끌리지 않을 자가 드물 것"(『성호사설』 권7, 무비위급)이라는 지적처럼 남성을 유혹해 망치게 할 수 있다고 보았다.

그 결과 '정'(貞 : 정조 또는 정절)을 여성의 타고난 본성으로 각인시켜 나갔고, 이 본성을 어기는 여성에게는 가정과 사회로부터의 배제와 분리라는 가혹한 벌이 주어졌다. 그뿐만이 아니었다. 여성의 성은 여성 개인의 문제로 끝나지 않고 집안 문제로 전화되어 여성의 가족도 부도덕하다는 멍에를 짊어져야 했다.

부인의 작호

조선시대 여성이 공식적으로 본인의 존재를 인정받는 몇 가지 방식이 있었다. 열녀나 효녀, 효부 등 사회의 귀감이 될 만한 행동을 하면 국가로부터 표창을 받았다. 이와 함께 작호도 여성의 존재를 사회적으로 보여주는 방편이었다.

작호는 왕실 및 종친(宗親: 임금 친족) 여성, 양반 부인만 받았다. 이 중 양반 부인이 받는 작호를 '외명부(外命婦)'라 불렀다. 총 10등급으로 나뉘며 각 등급마다 1품에서 9품까지 품계를 부여했다. 정경부인(貞敬夫人, 1품), 정부인(貞夫人, 2품), 숙부인(淑夫人, 정3품당상관), 숙인(淑人, 3품), 영인(令人, 4품), 공인(恭人, 5품), 의인(宜人, 6품), 안인(安人, 7품), 단인(端人, 8품), 유인(孺人, 9품)이다. 남성 관료에 비해 단출하지만, 여성들이 공적으로 본인의 존재를 인정받는 기회라 해도 과언이 아닐 것이다.

표3-1 조선시대 양반 여성의 작호

품계	1품	2품	정3품 당상	3품	4품	5품	6품	7품	8품	9품
작호	정경부인	정부인	숙부인	숙인	영인	공인	의인	안인	단인	유인

양반 여성이 작호를 받는 방법은 두 가지가 있었다. 하나는 생전에 남편의 관직에 따라 그에 해당하는 작호를 받았다. 예컨대, 남편이 정3품 당상관이면 그 부인은 숙부인이 되며, 남편이 종9품직에 있으면 그 부인은 유인이 된다. 곧 남편이 관직에 임용되면 부인도 거기에 해당하는 임명장을 받았다.

그림 3-1 숙부인 정씨 교지, 의인 정씨를 숙부인
으로 임명하는 문서(1664년)
(출처: 한국학중앙연구원 장서각)

다음으로 죽은 후에 추증(追贈)이라는 절차를 통해서 작호를 받았다. 사후이므로 개인에게는 큰 의미가 없으나 후손에게 추증이란 선조를 추모하고 집안을 빛내는 중요한 일이었다. 조선시대에 추증제도는 종친을 비롯해 문관·무관 가운데 실직(實職) 2품 이상에 임명되면 그의 3대 선조까지 관직 및 품계를 내리는 제도였다.

곧 아들이 관직에 출사하면 부모·조부모·증조부모까지 관직 및 품계를 내려주었다. 여성의 경우, 어머니는 아들의 품계를 따르고, 할머니와 증조모는 각각 1등급을 낮추었다. 족보에서 '증(贈)'이 적혀 있는 관직이 추증으로 받은 것이다.

양반 여성이 작호를 받을 수 있는 필수 조건은 혼인한 여성이어야 했다. 혼인하지 못한 여성 즉 남편이나 아들·손자가 없는 여성들은 작호를 받을 수 없었다. 그런데 혼인을 했다 하여 모두 작호를 받을 수 있는 것도 아니었다. 서얼 출신이거나 다시 혼인한 여성은 작호를 받을 수 없었다. 다시 혼인한 여성의 경우에는 이미 부여한 작호마저 박탈했다. 이처럼 여성의 작호는 혼인한 여성 중 적처 소생에다 재혼하지 않은 여성에게만 한정된 것이었다.

혼인과
가족

일부일처제와 첩

조선시대 양반의 혼인 형태는 일부일처제였다. 여성과 남성 모두 한 명의 남편과 한 명의 부인만 둘 수 있었다. 다만, 사회적으로 남편의 경우 부인 이외에 첩을 두는 것을 용인했다.

조선 건국자들은 국가와 사회의 질서를 구상하면서 신유학을 적극 활용하였다. 신유학에서 강조하는 분수(分)와 정명(正名)을 국가와 사회에도 적용해 안정과 질서를 유지하고자 했다. 분수란 남성과 여성, 국왕과 신하, 아버지와 자녀, 주인과 하인, 양반과 천인 등 본인의 신분과 처지에 맞는 생각과 행동을 해야 한다는 것이다. 정명은 '이름을 바로잡는다'는 의미로 사회의 지향성에 맞게 분수와 가치를 바로잡는다는 이상을 담고 있다.

조선 초기 신유학을 신봉한 관료들과 학자들은 '정명'을 가정에서도 구현하고자 했다. 1413년 『속육전(續六典)』에서 일부일처제를 천명하면서 처와 첩을 구분했다. 이것은 건국 초기에 사회 시스템을 존비(尊卑)와 귀천(貴賤)으로 나눈 것과 관련이 있으며, 여성의 세계에 구조적인 불평등을 가져왔다.

부인의 입장에서 처와 첩의 구분은 부인의 지위를 보장받는 이점이 있었다. 부인은 가정의 중심이 되어 제사를 받들고 손님을 대접하는 역할을 담당하면서 가부장제를 유지하는 밑거름이었다. 동시에 가정에서 첩의 존재를 인정해야 하므로 피해자이기도 했다. 그래서 조선시대 부부 관계에서 갈등을 야기하는 사안은 단연 첩이었다. 양반 남성들은 이런 부조리를 무마하기 위해 부인에게 투기하지 말라는 부덕을 강조했다. 부인은 처첩제의 부조리 속에서 어진 부인이 되기 위해 현실을 받아들였다.

첩은 양인 이하의 신분으로서 열악한 처지에 놓여 있었다. 가정에서 여러 차별을 감내해야 했으며, 부부 사이마저 불안정했다. 무엇보다도 첩이 낳은 자녀들이 겪는 차별과 설움이 컸다. 첩 소생의 자녀는 어머니 신분에 따라 양인이나 천인이 되었다. 첩 소생의 자녀는 관료로 진출할 수 있는 과거시험에 응시할 수 없었다. 서얼이 우여곡절 끝에 여러 경로로 관직에 진출해도 올라갈 수 있는 품계나 직위에는 제한이 있었다.

장가가기와 시집가기

"혼례는 두 성(姓)의 좋은 점을 합쳐, 위로는 종묘를 받들고 아래로는 후손을 잇는 것이다." 이 말은 『예기(禮記)』에 나오는 말로 후손을 낳아 가계를 계승하는 일이 혼례의 중요한 목적임을 나타내고 있다. 곧 혼인이 인륜(人倫)의 핵심이라는 뜻이다. 따라서 조선시대 혼인은 가족을 비롯해 사회 및 국가에서도 대단히 중요한 사안이었다.

조선의 개혁가들은 고려와 다른 새로운 전통을 만들어내는 과정에서 중국 송의 학자 주희가 제시한 모델에 큰 감화를 받았다. 개혁가들은 인륜의 시초로 여긴 혼례를 중국 명의 수준으로 맞추기 위해 1434년에 『주자가례』에 입각한 혼인 의식을 제정해 『국조오례의』에 포함시켰다. 이후 1745년에 완성한 법전인 『속대전』에 혼례는 『주자가례』를 따르라는 법을 명시하였다.

그림 3-2
생기복덕법(生氣福德法), 조선시대 혼례 길일을 정할 때에 사용한 표로 한글로 작성되어 여성들도 날짜 계산이 가능했다. (출처: 수원 들목 풍양 조씨 문중)

주자가 『주자가례』에서 제시한 혼례 절차는 다음과 같다.

① 혼사를 의논하다[議婚].
② 채택하는 예를 받아들이다[納采].
③ 신부집에 예물을 들이다[納幣].
④ 신랑이 친히 신부를 맞이하여 오다[親迎].
⑤ 며느리가 시부모를 뵙다[婦見舅姑].
⑥ 신부가 사당에 인사하다[廟見].
⑦ 사위가 신부 부모를 뵙다[壻見婦之父母].

주자가 제시한 혼례의 절정은 신랑이 신부를 자신의 집으로 직접 이끌고 와서 예식을 치르는 ④친영이었다.

그런데 민간에서는 『주자가례』에 입각한 새로운 형태의 혼례가 뿌리내리지 못했다. 조선이 건국된 이후로 15세기에 민간의 혼례식은 3일씩이나 풍성한 잔치를 벌이는 남귀여가혼

이었다. 남귀여가혼은 신랑 신부가 신부 집에서 혼례를 치르고 신랑이 일정 기간 신부 집에 거주하는 방식이었다. 그래서 '입장가(入丈家)'라 하여 장인집에 간다는 의미로 장가든다고 표현했다.

남귀여가혼의 혼인 절차는 다음과 같다. 혼인 첫날에 신부 집에서는 문밖에 횃불을 환히 밝혀 놓고 신랑을 기다린다. 저녁 무렵 신랑이 신부 집에 당도하면 예식을 치르지 않고 신부와 동침하고, 음식상을 차려 신랑을 따라온 사람들을 대접했다. 둘째 날에 신부 집에서는 신부 및 신랑 하객들에게 음식을 대접하면서 떠들썩하게 잔치를 벌였다. 셋째 날에 신랑 신부는 유밀과상을 앞에 놓고 예식을 통해 비로소 상견례를 했다.

이처럼 신부 집에서 혼례를 하고 일정 기간 거주하는 전통이 민간에서 오래 지속된 배경에는 경제 요인이 크게 자리했다. 신랑 측에서는 친

영례를 하면 혼례 준비도 문제였지만 생활 공간의 마련과 생활비도 부담이 아닐 수 없었다. 신부 집도 혼수를 당장 준비하는 일이 큰 압박이었고, 딸이 생소한 환경에서 곧장 생활하는 것도 달갑지 않았다. 이런 입장 때문에 양반들은 새로운 예식을 꺼리면서 '비루하다'고 비난받는 혼속을 오랜 기간 고수한 채 연대 의식을 공유했다.

전통과 관례에 따른 혼례식은 16세기 중반까지도 성행했다. 그러자 이 문제를 해결하기 위해 개혁가들은 '반친영(半親迎)'이라는 절충안을 고안하였다. 혼인하는 첫날 저녁에 신랑이 신부 집에 가서 당일에 신랑신부가 대면해 예식을 거행하고, 이튿날 신부가 신랑 집으로 가서 시부모를 뵙는 방식으로 바꾼 것이다.

그림 3-4
『당사주초궁합법』, 당사주로 궁합을 설명한다. 십이지에 담긴 길흉화복을 설명하고, 궁합을 오행으로 풀이한 책
(출처: 한국학중앙연구원 장서각)

이 혼인 방식은 여전히 혼례식을 신부 집에서 치르고 혼인 후 거주지도 신부 집이므로 남귀여가혼의 전통이 역력했다. 하지만 '반친영'이라는 절충안은 적어도 '외설스러운' 혼속이라는 비난을 피할 수 있었기에 입법자나 유학자로서는 혼례식을 둘러싼 논쟁을 일단락 짓는 일이었다.

'반친영'이라는 새로운 혼례 방식은 임진왜란 이후로 서서히 민간에 뿌리 내렸다. 그러면서 이제 혼례는 장가가기에서 신부가 신랑집으로 가는 '시집가기'로 바뀌었다. 혼례가 시집가기 곧 반친영제로 정착되면서 여성들은 '시집살이'라는 새로운 고난을 짊어져야 했다.

가족 안에서 여성의 권리

조선 전기 남귀여가혼의 혼례 전통은 가족 안에서 여성에게 다양한 권리를 보장해 주었다. 무엇보다도 여성은 재산 상속에서 엄연한 권리를 누렸다. 재산을 아들딸이 똑같이 나누어 가진 것이다. 제사를 잇는 자녀에 한해서 상속분의 5분의 1을 더해주었다. 제사 비용 때문이었다. 다만, 첩이 낳은 아들딸들은 차별을 받았다.

　여성은 혼인 후에도 본인 재산을 남편이나 시가에 귀속시키지 않고 따로 소유했다. 각자의 몫을 처분하는 권리는 부부 각자에게 있었다. 다른 배우자의 몫을 상속하거나 남에게 팔 때에는 반드시 해당 배우자의 허락을 얻어야 했다. 여성이 자녀 없이 죽으면 그 재산은 다시 친정으로 돌아갔다.

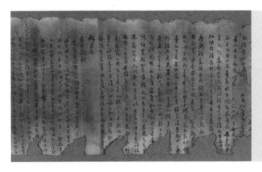

그림 3-5 〈안계종 부인 김씨 깃급문기〉(앞쪽 부분), 1535년 (중종 30) 안계종 부인 의성 김씨가 삼남매에게 남편과 자신의 재산을 상속한 문서
(출처: 한국학중앙연구원 장서각)

제사도 남자형제만 지내지 않았다. 아들딸이 공동으로 돌아가면서 담당하거나 외손이 맡기도 했다. 외가의 제사를 맡은 율곡 이이는 외할머니를 추모하는 글에서 "제가 어렸을 때 외가에서 양육을 받았는데 어루만져 주시고 안아주시며 잠시도 잊지 않고 보살펴주시니 그 은혜 산보다 무겁습니다. 제사를 부탁하시어 착한 아이로 보셨으니 외조모와 외손자는 이름뿐이오, 정은 어머니와 아들 사이입니다"라고 썼다.

이처럼 여성은 혼인 후에도 친정의 일원으로서 오랫동안 딸이라는 정체성을 가졌으며 며느리의 역할만 강요받지 않았다. 여성이 가족구성원으로서 인정받는 모습은 족보에서도 확인할 수 있다. 현재 전해지는 족보 중 가장 오래된 족보로『안동권씨성화보』(1476년)가 있다. 이 족보에서 여성과 관련하여 몇 가지 흥미로운 특징을 볼 수 있다.

첫째, 자녀들을 아들딸 구분 없이 출생한 순서대로 올렸다. 둘째, 딸이 낳은 아이들 곧 외손들을 기록했다.『안동권씨성화보』에 수록된 사람은 9,120명인데 이 중 안동 권씨는 867명으로 10퍼센트에도 미치지 못한다. 나머지는 모두 외손이다. 셋째, 양자 기록이 전혀 없어 제사를 딸이나 외손이 지냈음을 알 수 있다. 넷째, 후부(後夫)라 하여 여성이 재가한 사실을 기록했다. 후부란 남편이 죽은 후 다시 재혼한 남편을 뜻한다. 이 족보에 총 17건이 들어 있다. (그렇다고 하여 여성의 재가를 권장한 것은 아니었다.『문화유씨가정보』의 서문에는 "개가한 여성의 경우 재가한 사실을 덮어주지 않고 첫 남편과 두 번째 남편의 이름을 숨기지 않고 그대로 밝힌 것은 누구다 다 아는 사실을 덮어둘 수가 없기 때문이다. 또 이렇게 하여 세상 사람들이 경계하도록 하기 위해서다"고 되어 있다. 곧 여성의 재가를 곱지 않은 시선으로 바라보았음을 알 수 있다.) 이 같은 족보의 기재 방식은 조선 전기가 부계 중심의 성향이 강한 사회가 아니었다는 사실을 보여 준다.

그러다가 임진왜란과 병자호란을 겪은 이후인 17세기 중후반 이후 종법제가 점차 뿌리내리면서 변화가 나타났다. 종법이란 부계 중심으로 재산 상속이나 제사의 계승을 규정하는 것이다. 가장 큰 변화는 재산 상속의 방식이 아들 및 맏아들 우대로 바뀐 것이었다. 양반들은 경제적 몰락을 막기 위해 재산을 한 곳으로 집중시키면서 소수에게만 물려주려는 경향을 보였다. 그 결과 토지가 주로 아들 위주로 상속되었다. 여기에는 '시집가기'가 확산되면서 딸이 친정에서 멀어지게 된 요인이 컸다.

예컨대, "딸자식은 다른 고장에 살아 선대 제사를 돌리기가 어려우므로 재산을 줄인다"고 하듯이, 제사를 모시지 못한다는 이유를 내세워 재산 가치가 높은 토지 상속에서 배제시켜 나갔다. 여기에 더해 18세기 이후로는 점차 맏아들 우대로 바뀌게 되었다. 맏아들이 점차 제사를 전담하면서 제사 비용의 비율을 점차 높여 큰아들에게 상속되는 몫을 늘려갔다.

놀라운 사실은 상속의 관행이 바뀌면서 족보의 기재 방식도 변화했다는 점이다. 출생순과 상관없이 무조건 아들 먼저 기재하는 방식으로 변화했다. 양자의 기록도 수없이 나타나고 있어 제사에서도 딸과 외손이 배제되었음을 알 수 있다.

부부의 사랑과 전쟁

일반적으로 조선시대는 성리학의 보급으로 여성에게 매우 불리한 시기였다고 본다. 그래서 부부 관계도 내외(內外)나 삼종지도(三從之道), 부창부수(夫唱婦隨) 등 남편에게 순종적인 모습을 주로 연상하게 된다.

그런데 조선시대 자료들을 조사하다 보면 우리가 익히 알고 있는 통념과는 다른 다양한 부부 사이가 등장한다. 예컨대, 부부 사이의 애틋한 정이나 의사소통의 모습이 오밀조밀하게 그려져 있거나 남편에게 순종하며 기죽어 사는 게 아니라 오늘날 아내들처럼 잔소리를 하면서 자신의 의견을 표출하는 여성들이 등장하고 있다.

부부간의 사랑을 보여주는 사례는 「원이엄마 편지」가 대표적이다. 이 편지는 1998년 경북 안동시 정상동 기슭에 있는 무덤에서 발굴되었다. 가로 58센티미터, 세로 34센티미터의 한지에 구구절절한 내용을 붓으로 쓴 주인공은 원이엄마다.

그림 3-6 〈원이엄마 편지〉, 이응태(1556~1586) 부인 원이엄마가 남편에게 쓴 한글 편지 (출처: 안동대학교박물관)

원이엄마는 검은머리가 파뿌리가 될 때까지 해로하자고 언약한 남편이 먼저 세상을 뜨자 남편을 향한 그리움을 구구절절하게 써 내려갔다. 함께 누워서 "남들도 우리처럼 서로 어여삐 여기고 사랑할까?" 하면서 금슬 좋게 지낸 시절을 회상하던 부인은 차마 남편을 떠나보낼 수 없어 꿈속에서나마 얼굴을 보여 달라는 간절한 마음을 종이 한 가득 담아냈다.

원이엄마는 계속해서 편지를 이어갔다. "자네 여의고 아무래도 내 살 힘이 없으니, 쉬 자네한테 가고자 하니 날 데려 가소. 자네 향해 마음을 이승에서 잊을 방법이 없으니, 아무래도 서러운 뜻이 그지없으니, 이 내 속은 어디다가 두고 자식 데리고 자네를 그리워하며 살려고 하겠는가. 이 내 편지 보시고 내 꿈에 자세히 와 이르소."

남편이 세상을 뜰 무렵 원이엄마는 원이의 동생을 임신한 상태였다. 남편에게 보내는 편지에서 "당신 내 뱃속의 자식 낳으면 보고 말할 것 있다 하고 그렇게 가시니, 뱃속의 자식 낳으면 누구를 아버지라 하라 하시는가?" 하고 탄식했듯이 본인과 어린 아이들을 남기고 떠난 남편에 대한 절절한 마음이 읽는 이의 심금을 울린다.

한편, 첩 때문에 속상해 하던 신천 강씨의 심정도 주목할 만하다. 이 편지는 1977년 충북 청원군 북일면에서 비행장 건립을 위해 순천 김씨의 묘를 이장하는 과정에서 나왔다. 총 192장으로 그중 128통이 순천 김씨의 어머니 신천 강씨가 딸, 아들, 며느리, 사위 등에게 보낸 편지다.

16세기 중후반의 여성으로 추정되는 신천 강씨는 창원 부사를 지낸 강의(姜顗)의 딸로서 경상도 선산에서 태어나 성장했다. 김훈과 혼인해 자녀 7명을 두었고 서울에서 산 듯하다. 편지를 간직한 순천 김씨가 강씨의 셋째 딸이다. 강씨가 편지를 쓴 시기는 50대 후반에서 60세 무렵이며 남편도 환갑 정도 된 듯하다.

남편 김훈은 육십이 다 되어 경상도 청도 성현역의 찰방(察訪: 종6품)에 임명되자 첩을 얻었다. 찰방이란 역(驛)을 관장하는 직책이므로 타향살이가 필수여서 뒷바라지해줄 사람을 들인 것이었다. 하지만 강씨 입장에서는 "적잖이 호화롭게 되니 첩 생각이 나서 저런 첩을 얻으니 내 이렇게 불쌍하고 서럽지 않으냐?"라고 할 정도로 남편에 대한 배신감이 컸다.

강씨는 고관대작들도 첩 없는 사람이 많은데 찰방에 불과한 남편이 첩을 얻겠다고 하니 무척이나 속이 상했다. 어렵고 힘든 시절을 잘 보낸 본인의 공덕을 생각하지도 않고, "정승 세력이 일어났더구나. 찰방이 그토록 귀하고 값이 나가는 일이냐?"고 속상해 했다.

강씨를 서글프게 한 것은 남편과 "함께 살던 일을 잊은 적 없이 그리운" 마음이었다. 그래서 강씨는 "마음이 고년에 대한 말을 들으면 참지 못할 정도였고, 특별히 아픈 데는 없지만 늘 머리가 아프고 가슴이 답답하고 아파서 음식을 먹어도 내려가지 않고 정신은 날로 고달프니 종이나 자식이나 누가 알겠는가? 밤이면 울고 앉아서 새는 날이 수도 없으니 내 팔자를 한탄하면서" 끙끙 앓았다.

급기야 강씨는 고통을 견디다 못해 쓰러지고 말았다. 강씨는 정신을 잃고 쓰러져 다음날에서야 깨어났다. 강씨의 졸도는 남편에게 충격을 주었는지 결국 아내를 살리기 위해 첩을 내보냈다. 신천 강씨가 남편에게 바란 것은 함께 마음을 나누고 신의를 지키면서 사는 것이었다. 신천 강씨의 편지들은 첩이 부인에게 마음의 상처를 얼마나 크게 주었는지를 헤아릴 수 있는 소중한 사례다.

노동과
경제활동

여성의 직조 노동

여성은 가족을 위한 사적 노동만이 아니라 사회적 노동도 담당했다. 면포 생산이 여기에 해당한다. 조선시대에는 직물로서 면포 · 견직물 · 마포 · 저포 등이 있었다. 이 가운데 면포는 값싸고 보온성이 뛰어나 보편적인 서민 의류 상품으로 각광받았다. 여기에다가 조선 후기에 면포가 보편화되면서 화폐로 기능했고 납세 수단이 되었다.

17세기 이후 군역이 국가 재정을 보충하는 재원으로 성격이 바뀜에 따라 노동력 징발보다는 포를 거두는 것이 일반화되었고, 여기에 면포가 쓰였다. 1751년 전국에서 거둔 군보포(軍保布)만 1백만 필이 넘었다고 한다. 또 대동법의 실시로 일부 지역의 공납도 면포로 납부했다. 서울의 면포전에서 군포목, 공물목 등을 취급한 이유도 이 때문이었다. 서유구의 저서 『임원경제지(林園經濟志)』에 의하면, 전국 316개의 장시 가운데 258개 장시에서 면포를 상품으로 판매했다. 면포는 곡물 다음으로 시장성이 높은 상품이었다.

면포는 중요한 납세 수단이었으므로 여성의 면포 생산은 매우 중요시되었다. 여성들이 면포 1필을 짜는 데 걸리는 기간은 대략 20일 정도로 길었다.

18세기 초반 수령의 업무지침서인 『치군요결(治郡要訣)』에는 적극적으로 직조업을 육성하고자 하는 국가의 의지가 잘 담겨 있다.

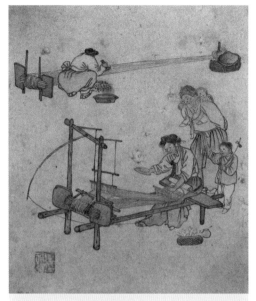

그림 3-7 〈길쌈〉, 김홍도
(출처: 국립중앙박물관)

먼저 마을에서 직포에 능숙한 여인을 택하고, 또 그 인근에 손재주가 있어서 직포 짜는 법을 배울 만한 여인을 택하여 그로 하여금 가르치게 한다. 그리고 이들에게 상을 지급하여 권장하거나, 또는 그 직포 짜는 기구를 조달해 주거나 무이자로 자금을 빌려주어 본업으로 삼게 한다.

이처럼 여성들은 자녀출산 및 양육, 가사노동, 삯바느질, 밭농사에다 국가에서 필요로 하는 면포 생산까지 담당했다. 여성의 노동력과 경제활동은 가정이나 국가 재정에 커다란 기여를 했으며 가족과 국가는 여성의 노동에 의지했다고 해도 과언이 아닐 것이다.

양잠에서 잠모(蠶母)의 존재도 주목할 만하다. 잠모는 조선 전기에 국가가 운영하는 잠실에 파견한 전문적인 기술직 여성노동자로서 주로 공노비 중에 선발했다. 의녀처럼 전문적인 기술을 연마하지 않았고 국가로부터 녹봉을 받지는 못했지만 노역에 대한 댓가로 현물을 지급받았다. 곧 산업 분야의 최고 여성 기술자라 할 수 있다. 16세기 민간에서 양잠업이 번성하면서 잠모는 점차 사라졌지만 양잠기술의 보유자이자 전수자로서 역사적 존재 의의가 크다.

여성의 직조 노동이 가정 경제에 끼친 영향력은 『노상추일기(盧尙樞日記)』에서 엿볼 수 있다. 18세기 양반 노상추는 경상도 선산에서 소소하게 양잠을 하여 견사 3근을 생산해 1근은 명주로 짜고 2근은 13냥을 받고 팔았다. 이 돈으로 유기 반상기 1개를 구입하였다. 노상추는 "여자들의 수공이 매우 좋다"고 칭찬하였다.

여인전

조선 후기는 농업은 물론 상공업에서도 비약적인 발전을 이룬 시기였다. 왜란·호란을 겪은 후 지배층은 임기응변적으로 제도를 개편하는 데 그쳤지만 민중은 적극적으로 어려운 생활환경을 개선해 나갔다. 황폐한 농토를 개간하고 수리시설을 복구했으며, 생산력과 소득을 높이기 위해 영농 방법을 개선하였다.

농업·수공업 생산이 활발해지면서 잉여 생산물도 쏟아져 나와 상품 유통이 활성화되었다. 여기에 농민의 계층 분화가 심화되면서 도시로 유입된 농업 인구가 상업 인구로 전환되었고, 이에 힘입어 상업이 더 활기를 띠었다. 상공업이 발달하면서 화폐도 자연스럽게 유통되어 누구나 동전을 갖고 물건을 살 수 있었다.

　　사회 · 경제적 변동은 여성에게도 큰 변화를 가져왔다. 여성들도 적극적으로 경제활동에 참여하거나 경제력을 향상시켜 나갔다. 예컨대, 여성들은 시전(市廛)에서 직접 점포를 운영하기도 했다. 여성이 운영한 점포를 '여인전(女人廛)'이라 했다. 18세기 말의 기록인 『홍재전서(弘齋全書)』에 의하면 120여 개의 시전 가운데 여인전은 18개가 있었다.

　　여인전에서는 과일, 엿 · 사탕, 연지와 분, 바느질 도구, 간생선 · 젓 같은 반찬류 등을 팔았다. 이처럼 여인전이 주로 여성과 관련 있는 상품을 취급했으므로 15세기 초에 시전이 형성될 때부터 있었을 가능성이 높다. 여인전은 시전 중에서 가장 영세한 규모였지만, 여성의 상행위를 잘 보여주는 좋은 사례다.

가정 경제의 책임자

조선시대에는 양반 여성도 생활고를 해결하기 위해서 경제활동에 직접 참여하기도 했다. 17세기 후반 이후 상당수의 양반 남성들은 정치 · 경제적으로 어려움을 겪었다.

　　하지만 양반 남성들은 학문과 출세에 연연하면서 체면 때문에 생업 전선에 나서기를 꺼려했다. 대신 이 공백을 여성들이 메꾸었다. 이덕무의 『사소절』에는 이러한 상황이 잘 나타나 있다.

　　선비의 아내는 집안의 생계가 가난하고 궁핍하면 조금이나마 살아갈 길을 마련하여 일을 해도 괜찮다. 길쌈이나 누에를 치는 일은 기본이다. 나아가

닭과 오리를 치고, 장과 초와 술과 기름을 사고팔고, 대추·밤·감·귤·석류 등을 잘 보관해 두었다가 때맞추어 내다 판다.

위의 글에서 보듯이 선비의 아내라도 생계를 위해 일이나 장사를 하도록 권장하고 있다. 경제적으로 몰락한 양반 여성들은 주로 삯바느질을 하여 생계를 꾸려갔다.

뒤에서 소개할 강정일당(1722~1832)은 「남편에게 드림」이라는 시에서 '제가 재주와 덕이 없어 부끄럽습니다만/어려서 바느질을 배웠습니다/참 공부에 모름지기 스스로 힘쓰시고/입고 먹는 데는 관심두지 마소

그림 3-8 〈어물장수〉, 김홍도
(출처: 국립중앙박물관)

서'라고 했다. 18세기 후반의 사회상을 묘사한 박지원의 소설 『허생전』에서도 허생의 처가 글 읽기만을 좋아하는 허생 대신 삯바느질로 근근이 생계를 유지하고 있다.

여성의 노동력과 경제활동의 증가는 여성의 의식 변화와 함께 생활환경을 변모시키는 중요한 원동력이었다. 여성들은 가부장권의 강화 속에서 입

지가 축소되었으나 경제력에 힘입어 자신들의 처지를 향상시킬 가능성을 서서히 열어갔다.

이덕무는 『사소절』에서, "대체로 사나운 부인들은 재주와 지혜가 많아서 이익을 내는 일을 잘 경영하며 그 남편들은 여기에 의지하여 생활한다. 이 때문에 아내는 남편을 꼼짝 못하게 지배하고 남편은 그 아내를 두려워하여 굴복하니 어찌 슬프지 않겠는가?"하면서 경제력을 무기삼아 본분을 그르치는 여성을 경계할 정도였다.

여성과 직업

조선시대에는 직업을 가진 여성들이 존재했다. 곧 궁녀 · 의녀 · 무녀 등 특수직 여성들이 있었다. 이들의 신분은 천인이었으나 전문성을 갖고 있었다.

(1) 궁녀

궁녀는 궁궐 안 각각의 처소에서 의식주와 관련한 노동을 하는 여성들이다. 궁궐에는 왕의 처소인 대전을 비롯해 왕비 · 대비 · 세자 · 세자빈 및 후궁 등이 생활하는 수많은 처소가 있었다.

궁녀의 규모는 시기마다 다르다. 조선 초기에는 100명 미만이었으며, 18세기 중반에는 500명 내외였다. 왕비를 제외하고 궁궐에서 생활하는 여성들에게 내린 작호를 내명부라 한다. 내명부는 두 계층이 있었다. 정1품 빈부터 종4품 숙원까지는 왕의 후궁이며, 정5품 이하가 궁녀다. 따라서 궁녀가 왕의 승은을 입지 않고 오를 수 있는 최고 품계는 정5품 상궁이었다.

표3-2 조선시대 궁녀의 품계와 호칭(『경국대전』)

품계	정5품	종5품	정6품	종6품	정7품	종7품	정8품	종8품	정9품	종9품
내명부 호칭	상궁 상의	상복 상식	상침 상공	상정 상기	전빈 전의 전선	전설 전제 전언	전찬 전식 전약	전등 전채 전정	주궁 주상 주각	주변징 주징 주우 주변궁

조선 초기에는 양가의 딸도 궁녀가 되었으나, 점차 각 관청에서 근무하는 여자종 중에서 선발하였다. 주로 내수사와 궁방 소속의 여자종들이 대상이었다.

궁녀들은 대체로 10살 전후에 입궁하였다. 정식 궁녀인 나인이 되기 위해서는 약 15년 정도의 수습기간이 필요했다. 나인이 된 후 궁녀로서 최고 직위인 상궁이 되려면 30년 이상 걸렸다. 궁녀는 한 번 입궁하면 세상을 떠날 때까지 궁궐에서 처녀로 늙어 죽었다.

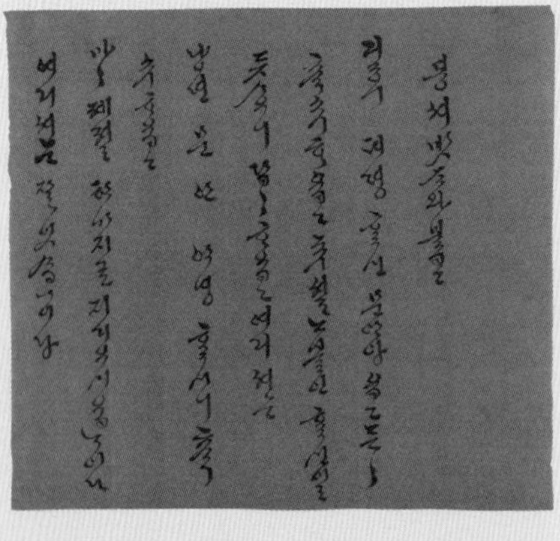

○ 그림 3-9 〈상궁 편지〉, 대한제국기 명성황후를 모신 상궁의 편지로 궁녀들이 대필했다.(출처: 국립고궁박물관)

궁녀들은 왕이나 왕비 등의 침실, 의복을 제작하는 침방, 자수를 놓는 자숫방, 세숫물과 수건 등을 담당하는 세수간, 수라 및 음식물을 마련하는 소주방, 빨래를 담당하는 세답방, 수라상을 물리고 처리하는 퇴선간, 각종 과일이나 간식을 준비하는 생과방 등에서 일하였다.

궁녀는 노동만 담당하지 않았다. 궁궐에서 개최되는 온갖 행사나 잔치에서 왕비나 대비 등 여성들이 참석할 때 의례 진행을 담당하였다. 예컨대 1767년(영조 43) 왕비 정순왕후가 경복궁 강녕전 옛터의 동쪽에서 친잠례를 거행할 때의 의례 중 친잠하는 의식의 일부를 소개하면 아래와 같다.(『친잠의궤』)

- 왕비가 작헌례를 끝내고 다시 악차로 들어오면 상궁 이하는 각자의 복장을 입는다.
- 뽕잎을 딸 시각이 되면 혜빈과 왕세손빈 및 뽕잎을 따는 내명부와 외명부가 각자의 복장을 입는다. 전빈(典賓)이 각자 자리로 인도한다.
- 상의가 예를 거행할 것을 아뢰면 왕비는 상복(常服)으로 갈아입고 나가 자리에 나아간다.
- 상공이 갈고리를 받들어 올리면 왕비가 갈고리를 받아서 뽕잎을 따고, 전제(典製)를 광주리를 받들어 올려 뽕잎을 받는다.
- 왕비가 다섯 가지의 뽕잎을 따고서 갈고리를 상공에게 준다.
- 왕비는 상궁의 인도로 단의 남쪽 자리로 가서 혜빈 이하가 뽕잎을 따는 것을 관람한다.

친잠례는 왕비가 양잠을 장려하고자 직접 뽕잎을 따고 누에를 치며 양잠을 권하는 의식이었다. 왕비를 주축으로 하여 궁중 여성과 관료의 부인들이 함께 참여하는 의례이자 축제였다고 할 수 있다. 위의 의례에서 보듯이 궁녀들은 왕비를 비롯하여 궁궐 여성들의 의례를 돕는 역할을 수행하였다.

(2) 의녀

의녀는 오늘날 여자 의사에 해당한다. 『경국대전』(1485년)을 비롯한 여러 법전에는 '여의(女醫)'로 나온다. 조선왕조에서 의녀를 처음 설치한 해는 1406년(태종 6)이었다. 여성들은 병이 나도 수치심 때문에 남자 의원을 기피해 진찰받지 못해 심지어 목숨까지 잃는 사례가 생기자 제생원에 의녀를 두어 여성들을 치료하게 했다.

의녀의 신분은 천인이었다. 중앙과 지방의 관서에 소속된 여자 하인들 중에서 선발했다. 법으로 의녀는 첩 소생을 제외하고 양인이 될 수 없었다. 하지만 조선 후기에 공로가 큰 의녀를 천인에서 벗어나게 한 사례가 있다. 숙종 때의 의녀 인향과 승례는 세자빈의 병을 낫게 한 공로로 양인이 되었다.

조정에서는 의녀의 활용도가 점차 늘어나자 의녀 교육에 힘을 쏟았다. 1478년(성종 9)에는 '의녀의 과업을 권장하는 조항'도 만들었다. 『경국대전』에 따르면, 의녀는 매달 시험을 봤고, 성적이 출중한 3인만 3개월의 급료를 받았다. 성적이 나쁘면 의녀가 되기 전 소속된 관사에서 다모(茶母)로 근무하다가 시험에서 좋은 성적을 거두어야만 다시 의녀로 복귀할 수 있었다. 그래서 의녀들은 열심히 공부하지 않을 수 없었다.

지방에도 의녀를 두었다. 지방관들이 관아에 속한 여자 하인들 중 나이 어리고 총명한 여성을 3년마다 총 70명을 뽑아 올려 보냈다. 학습을 마치면 다시 지역으로 돌려보내 일하게 했다. 만약 정원이 부족하면 3년에 구애받지 않고 결원이 있을 때마다 지방에서 올려 보내게 했다.

조선 후기에는 아예 궁궐과 궁궐 밖에서 활동하는 의녀를 구분했다. 18세기 후반에 편찬된 법전인 『대전통편』(1785년)에는 내의원 의녀와 혜민서 의녀를 구분했다. 내의원은 왕실 여성들을 담당하는 의녀로 '내의녀'로도 불리었으며 정원은 12명이었다. 내의원 소속 의녀들은 최고 실력을 가진 의녀로서 왕실 여성의 질병과 건강을 담당했다.

내의원 의녀들은 무엇보다 산과 · 부인과가 전문 분야였다. 왕실에서 출산은 후사를 잇는 막중한 일이었다. 그래서 내의원 의녀들의 중요 임무는 왕비나 후궁들이 출산을 순조롭게 마치도록 돕는 일이었다. 출산에 투입될 의녀는 내의원 의녀 중에 실력이 가장 뛰어난 자를 뽑아 배치했다.

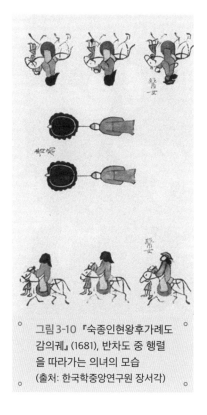

그림 3-10 『숙종인현왕후가례도 감의궤』(1681), 반차도 중 행렬을 따라가는 의녀의 모습
(출처: 한국학중앙연구원 장서각)

서민들의 질병을 치료하는 혜민서의 의녀는 정원이 70명이었다. 나이가 어리고 총명한 여성들을 선발해 매월 세 차례 『동인경』과 『찬도맥』을 시험 보았다. 그 성적에 따라 4명을 뽑아 3명에게는 급료를 지급하고, 1명에게는 포를 주었다. 만약 내의원 의녀에 결원이 생기면 혜민서 소속 의녀 중에서 골라 임용했다. 따라서 의녀들의 최고 목표는 내의원 의녀가 되어 궁궐에서 근무하는 것이었다.

(3) 무녀

무녀는 다양한 신을 섬기면서 길흉을 점치고 질병을 다스리거나 재난을 방지하기 위해 굿을 하는 여성이다. 조선 초기에 무속은 성리학 이념에 어긋난다 하여 자연스럽게 배척의 대상이 되었다. 그 결과 도성 안에 사는 무녀들을 성 밖으로 내쫓고, 무녀가 주축이 되어 진행하는 각종 제례를 '음사(淫祀)'라고 하여 철저하게 금지하였다.

그러나 입법자나 유학자들의 끈질긴 노력에도 불구하고 민간인의 생활 깊숙이 자리잡고 있던 무격신앙을 근절시키기란 사실상 불가능했다. 그러자 국가에서는 무녀를 근절시키는 대신에 이들로 인해 야기되는 사회적 물의를 최소화하는 데 주력하였다. 그 결과 세조 이후로 무녀들은 동서활인원(가난한 백성들의 질병을 고치기 위해 세운 의료기관)에 소속되어 병든 사람을 치료하는 활동에 동원되었다.

또 조선에서는 무녀에게서 무업(巫業)을 하는 대가로 무세(巫稅)를 징수하였다. 무세로 거두어들인 액수는 예상보다 많아서 무녀 폐지가 거론

그림11
〈무무도〉,
신윤복
(출처: 국립중앙박
물관)

3-될 때마다 이 문제를 흐지부지하게 만드는 원인으로 작용하였다. 무격 신앙을 배척하고 무녀를 억제한 조선에서 무세를 거두었다는 것은 국가 시책과 크게 모순되었으나 그만큼 국가 수입에서 무세가 큰 역할을 차지 하고 있었다는 증거이다.

조선 초부터 수많은 논란을 야기한 무세는 1679년(숙종5)에 정식으로 법규화되었으며『속대전』에 실리게 되었다. 즉 "지방의 무녀는 장부에 등록하고 세금을 징수한다. 1인당 면포(綿布:무명베) 1필이며, 대동목(大同木: 대동법에 따라 바치는 무명베)의 예에 따라 5승목(5승으로 짠 베. '升'은 베의 곱고 거 칠은 정도를 표시하는 단위로 1승은 80올이다. 조선시대에는 15승으로 짠 베가 가장 고운 삼베였다) 35척을 기준으로 한다"는 것이었다.

이 법은 정조대 폐지되었으나 현실에서는 여전히 무세를 거두었다. 1808년(순조 8)에 간행된 국가 재정의 운용에 관한 총람서라 할 수 있는 『만기요람』(재용편)에 무세조가 설정되어 있음을 확인할 수 있다.

교육과
문자 생활

여성을 가르친 이유

조선의 건국세력과 개혁가들은 새 왕조의 청사진을 그리기 위해 고려 사회의 몰락에서 교훈을 찾았다. 그 결과 새 왕조의 긴급한 사명은 건강한 사회 풍속을 만드는 일이라 여겼다. 그래서 유교를 모범으로 삼아 제사, 장례, 상속, 혼례 등 일상생활 방식을 바꾸고자 했다.

유교는 남성을 중시하였기 때문에 여성을 남성보다 아래에 둔다. 유교를 바탕으로 사회를 개혁하면서 아버지와 어머니의 계통을 함께 중시하던 가족 구조는 점차 아버지 혈통만을 중시하는 쪽으로 바뀌었다. 그리고 여성의 역할도 국가와 사회에서 요구하는 방향으로 정립되었다.

> 『삼강행실』을 한글로 번역해 서울과 지방의 양반집 가장이나 어른 또는 교수(教授)·훈도(訓導) 등에게 부녀자와 어린이들을 가르치게 한다. 또 사람으로서 지켜야 할 큰 도리를 잘 통달하고 몸가짐과 행실이 뛰어난 사람이 있으면 서울은 한성부에서, 지방은 관찰사가 임금에게 보고해 상을 주게 한다. (『경국대전』 예전)

『경국대전』은 조선시대 법전으로 오늘날 헌법에 해당하는 위상을 가졌다. 여기에서 여성에게 『삼강행실』을 한글로 번역해 여성에게 가르치라고 규정한 것은 국가의 통치 대상에 여성도 포함되었음을 의미한다.

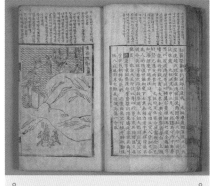

그림 3-12 『삼강행실도』
(출처: 국립중앙박물관)

『삼강행실(도)』는 어떤 책인가? 1434년 세종이 중국과 한국의 충신, 효자, 열녀 330명의 사례를 모아 엮은 책으로 조선에서 가장 많이 읽힌 도덕교과서다.

여성을 가르치는 교과서는 이 책만이 아니었다. 『언문삼강행실열녀도』(1481년), 『속삼강행실도』(1514년)가 추가로 간행되었다. 또 인문지리서인 『신증동국여지승람』(1530년)에도 「열녀」조를 두어 효녀나 정절을 지킨 여성들의 행적을 수록했다. 임진왜란이 끝난 이후에는 『동국신속삼강행실도』(1617년)를 발간해 임진왜란기 열녀들의 행적을 크게 부각했다.

이처럼 조선시대 여성 교육은 지식과 사고를 넓히는 교육이 아니라 윤리 교육이었다. 이런 교육을 통해 여성들에게 바란 기대는 곧 "가정에 있을 때에는 효녀가 되고, 혼인하면 공손한 부인이나 정숙한 처가 되고, 자녀를 낳으면 현명한 어머니가 되며, 불행하게도 과부가 되면 정녀(貞女)가 되고, 환난을 당하면 열녀가 되어 후세에 여자 중의 으뜸이 되는 것"(『규중요람』)으로 분명히 했다.

정책적으로 시행한 국가의 여성 교화 사업은 성공을 거두었다. 조선시대의 열녀 신분을 조사한 연구 결과에 따르면, 15세기부터 18세기까지

시대별 열녀 가운데 양반 여성이 차지한 비중은 68% → 37% → 43% → 57%를 차지했다. 양인 이하 여성이 차지한 비중은 19% → 54% → 52% → 34%로 16세기 이후 확 증가했다. 이 같은 현상은 교육의 여파가 양반 여성은 물론 일반 여성까지 미쳤음을 잘 보여 준다.

한글이 가져온 변화

역사에서 변혁은 늘 뜻하지 않은 지점에서 발생한다. 조선 후기 여성에게 찾아온 변화 역시 누구도 예상치 못했다. 그 변화를 이끈 주역은 바로 한글이었다. 조선은 사회에 모범이 될 효녀나 열녀를 키우기 위해 여성들에게 한글로 번역한 여성교훈서를 보급했다.

정부에서 추진한 이 정책은 여성에게 한글이라는 문자를 안겨줬다. 한글은 여성의 삶과 문화에 큰 변화를 가져왔다. 배우기 쉽고 쓰기 쉬운 한글은 여성을 문맹에서 벗어나게 했다.

자식들이 거기에 간 김에 한글(언문)을 가르쳐 보내주십시오.
수고로우시겠지만 한글을 가르쳐 주십시오.
말하기 조심스러워 하다가 이렇게 아뢰옵니다.

이 글은 경상도 달성군 현풍에 살던 곽주(郭澍)라는 사람이 1612년 (광해 4)에 장모님에게 쓴 편지의 일부다. 사위가 아이들 외할머니에게 한글을 가르쳐달라고 요청하고 있다. 아이들의 외가는 경상도 창녕이었다. 이미 전국 곳곳의 여성들이 한글을 통해 바깥과 소통하면서 한글을 가르

치는 주역으로 활약하고 있었다.

한글이 여성에게 가져다준 변화는 독서의 재미였다. 조선 초기부터 국가에서 한글로 번역한 여성 수신서를 정책적으로 보급한 결과 한글을 읽을 수 있는 여성이 점차 많아졌다. 여성 교화 사업이 여성의 문맹을 낮추는 데 기여했고, 여성들도 지식을 갖게 되었다.

중세 서양에서도 여성들은 대부분 성경을 통해 지식을 습득했다고 한다. 종교 서적을 반복하여 읽으면서 지식을 넓혔고, 그 결과 19세기로 넘어가면서 막 획득한 자유를 자신을 위해 사용했다고 한다. 조선의 여성들도 이와 마찬가지로 여성 수신서를 통해 지식을 획득했고 자의식을 고양시켰다.

또 양반가에서 어머니의 중요한 직무 가운데 하나는 자녀 교육이었다. 가정 형편상 독선생을 모실 수 없는 집에서는 어머니 비중이 더 컸다. 수업료를 절감하기 위해 어머니는 자녀에게 인성 교육만이 아니라 기초적인 유교 경전도 가르쳐야 했다. 그래서 여성도 유학에 관한 소양을 갖추어야 했고, 기본 교육을 받아야 했다. 소양 교육은 여성들이 혼인하기 전에 각종 여성 교훈서나 어린이용 한문교과서 등을 이용해 이루어졌다.

양반가 여성들은 『사기』『논어』『시전』『서경』 등과 함께 성씨(姓氏)
· 조상의 계보(系譜) · 역대 나라 이름 · 성현의 이름과 자(字) 등도 습득했
다. 예컨대, 경상도 양반 김종수가 딸에게 지어준 『여자초학(女子初學)』을
보면 전국의 지리, 관직 품계, 과거시험 요강, 집안 족보까지 들어있다.

여성을 둘러싼 환경은 변하지 않을 듯 했으나 변하고 있었다. 한글
이 앞에서 이끌었다면 사회 여건은 변화의 토대를 마련해주었다. 여성 교
육이 가져온 뜻하지 않은 결실이었다.

독서 열풍

여성의 책읽기는 남성의 입장에서 보면 위험한 행위였다. 부덕 함양을 넘
어선 과도한 독서는 여성의 본분에 어긋난다고 보았다. 그래서 남성들은
여성들의 과도한 독서에 대해 적대적인 태도를 나타냈다.

하지만 여성들은 비판의 눈초리를 피해 꾸준히 책을 읽었다. 그러면
서 점차 독서 취향도 달라지기 시작했다. 수신서나 유교 경전은 물론 소설
까지 탐독했다. 여성에게 많이 읽힌 소설은 심청전 · 춘향전 · 숙향전 · 옥
루몽 · 구운몽 · 사씨남정기 · 박씨전 · 장화홍련전 · 홍길동전 · 삼국지 ·
제마무전(諸馬武傳) · 소대성전(蘇大成傳) · 창선감의록(倡善感義錄) 등이었다.

여성들이 좋아하는 소설의 주제는 충신 · 효자 · 열녀를 찬양하거나
권선징악이 대부분이었다. 하지만 주제를 이끄는 소재는 처 · 첩이나 고
부간의 갈등, 남녀의 사랑 등 여성의 관심사가 많았다. 따라서 조정에서
는 여성의 소설 읽기가 여성의 정숙과 가정생활에 해를 끼친다며 우려하
기도 했다.

그럼에도 불구하고 18세기 이후 여성의 독서 열풍은 정조 때의 재상 채제공(1720~1799)이 쓴 『여사서(女四書)』의 서문에서 그 일단을 볼 수 있다. 채제공은 소설의 폐단에 대해 "요즘 여자들이 앞다투어 일로 삼는 것은 오직 소설뿐이다. (중략) 부녀자들은 식견이 없어서 비녀나 팔찌를 팔기도 하고 혹은 빚을 얻어서 앞다투어 빌려 와서 긴 날을 보내며 먹고 자는 일조차 잊어 먹는다"고 탄식했다.

한편 여성들이 이야기책을 선호하자 이야기의 주인공도 여성 독자에 맞게 새롭게 바뀌었다. 남자를 주인공으로 설정하는 틀에서 벗어나 남녀를 함께 주인공으로 내세우거나 나아가 여성 영웅까지 주인공으로 등장시켰다. 여성들은 역할이나 지위의 반전을 강조한 이야기책을 통해 현실에서는 이룰 수 없는 소망들을 간접적으로 성취하는 통쾌함을 경험했다.

요컨대, 여성의 책읽기는 교훈서나 수신서에서 시작해 지식을 얻는 통로나 개인적인 즐거움을 추구하는 수단이 되었다. 여성들은 자신의 문제나 관심사로 독서 대상을 넓혀 나갔고, 여기에 부응해 여성 독자들의 흥미와 관심을 유발하는 내용을 담은 소설책들이 등장했다. 그 결과 여성들은 새로운 지적 경험을 통해 다른 세계를 접할 수 있었다.

여성의 바깥 활동과
활약상

여성의 외출

> (여성은) 바깥을 훔쳐보거나 바깥 뜨락을 나다니지 말아야 한다. 나갈 때는 반드시 얼굴을 가리고, 만일 무엇을 살펴봐야 할 경우에는 반드시 모습을 감추어야 한다.

위 글은 『여논어』에 나오는 내용으로 조선시대 여성 교육서에도 빈번하게 등장한다. 그럼에도 불구하고 조선의 여성들은 사회적으로 그어놓은 경계인 '담'을 넘어 밖으로 나가 활보했다.

구경거리가 흔하지 않던 조선시대 국왕이나 명·청 등 외국 사신 행차는 대단한 볼거리였다. 수십 명에서 수백 명의 인원이 동원되며 화려한 의복과 의장을 갖춘 대규모 행사로 귀한 구경거리였다.

구경꾼 중에는 양반 여성들도 있었다. 양반 여성들은 거리에 장막을 설치하거나 누각의 난간에 기대어 행차를 구경했다. 여성들이 머무는 장막 앞에는 화려한 채색 휘장이 둘러졌고, 여성들은 그 안에서 음식을 먹거나 담소하면서 행렬을 기다렸다.

양반 여성들은 미리 좋은 자리를 잡기 위해 길가의 작은 집을 빌려 밤을 지새우기도 했다. 조정에서도 국왕 행차가 있을 때에는 길갓집을 임시 거처로 삼아도 좋다는 허가증을 발행했다. 권세 있는 관료들은 집안 여성들을 위해 이 허가증을 얻기 위해 동분서주했다. 일종의 입장권인 셈이었다.

1537년(중종 32) 3월 9일, 서울 이문건의 집. 이 날은 중국 명 사신이 한양으로 들어오므로 임금과 명나라 사신의 행차가 예정된 날이었다. 부인과 딸은 새벽 일찍 일어나 친정집 식구들과 어울려 아는 사람 집으로 달려갔다. 그 집이 행차가 잘 보이는 위치에 있기 때문이었다. 그러나 그 날 비가 오는 바람에 명 사신이 이튿날 들어온다는 기별이 있었다. 이문건은 부인과 딸을 데리고 집으로 오고 싶었지만, 구경을 하겠다는 그들을 말릴 수가 없어 혼자 돌아왔다.

다음날 비가 어느 정도 개자 정오에 사신이 한양으로 들어왔다. 구경을 위해 하룻밤을 지새우고 돌아온 부인과 딸은 행차를 본 소감을 서로 앞다투어 자랑했다.

그림3-14 이문건, 『묵재일기』
(출처: 국사편찬위원회)

이상은 조선 전기 관료인 이문건(1494~1567)의 일기인 『묵재일기(黙齋日記)』에 나오는 내용이다. 이 일기에는 부인이 다시 구경하는 일로 친정집에서 자고 오자 이문건이 속상해 하는 내용이 더 나온다.

양반 여성들이 구경을 위해 밤을 새우거나 사람들 틈에 끼여 있다

보니 우려의 목소리도 적지 않았다. 관료들은 남녀가 한데 섞여 있다 보면 사고가 생길 수도 있다면서 구경을 금지하자고 건의했으나 여성들의 외출을 말릴 수 없었다.

1670년(현종 11) 청 사신이 한양에 들어올 때 가마를 타고 구경하는 여성들이 거리에 북적거렸다거나, 1727년(영조 3) 청 사신을 구경하기 위해 길가에 수많은 양반가 여성들이 있었다는 실록의 기사로 보아 여성들은 여전히 구경을 위한 나들이를 했다고 추측된다.

온천 나들이

한양 인왕산 아래 인경궁이 있었다. 이 궁은 1623년(광해군 15)에 거의 완성되다가 인조반정으로 건립이 중단되었다. 그 후 여러 이유로 훼손, 철거되었다가 1648년(인조 26) 무렵에는 전각 일부만 남아 있는 상태였다. 이 인경궁 근방에 초정(椒井)이라는 온천이 있었는데 인목대비(선조의 두 번째 왕비)가 자주 이곳에 행차해 온천을 즐겼다.

1630년(인조 8) 3월, 한양에는 인목대비가 도성 밖으로 나와 구경했다는 소문이 파다했다. 조정 관료들도 "옛날에 없던 일이다"라며 우려를 금치 못했다. 그러자 인조가 직접 나서서 "(대비께서)성에 나아가 구경했다는 말은 허무맹랑한 소문"이라고 해명했다.

이 소문의 전말은 이러했다. 지난 가을 인목대비가 초정에서 목욕을 하기 위해 인경궁으로 행차하다가 모화관에서 실시하는 군사 훈련에 참여하러 가는 국왕 일행을 보게 되었다. 그런데 인경궁 담장이 성과 가까워 성 밖을 내려다볼 수 있었다. 인목대비는 이 구경거리를 놓치지 않고 왕실 여성들과 함께 성 위에 나와 구경했는데 이것이 외간에 퍼졌던 것이다. 이후에도 인목대비는 초정으로 가는 행차를 멈추지 않았다.

왕실 여성이 온천을 다녔다면 민간에서는 어떠했을까? 1470년(성종 1) 성종은 충청도 온양 온천을 민간에게 개방했다. 남쪽에 있는 온천탕을 관료들과 양반 여성들도 와서 목욕을 하게 허락한 것이다. 이런 조치로 볼 때 양반가 여성들의 온천행은 공공연한 일이었다고 여겨진다.

1563년(명종 18) 경기 광주의 어떤 논에서 냉천(冷泉)이 솟아났다. 이 물이 온천이라는 소문이 나자 사람들이 몰려들었다. 그런데 어느 날 가마 30여 채가 몰려들었고 여성들이 들에서 노숙하면서 온천물의 효험을 보겠다고 야단법석을 일으켰다. 심지어 나루터를 먼저 건너겠다고 다투다가 죽은 여성까지 발생했다. 이 한바탕 소동으로 결국 냉천은 메워졌다.

이후 일반 여성과 온천에 관한 기록을 조선왕조실록에서 찾아볼 수 없지만 한 번에 30여 채의 가마가 움직이는 정황으로 미루어볼 때 여성의 온천행은 여전하지 않았을까 추측된다.

전쟁에 맞서다

전쟁을 떠올리면 가장 먼저 여성의 수난을 연상할 수밖에 없다. 조선시대 가장 길고 대규모 전쟁인 임진왜란(1592~1598) 당시 여성 수난은 입에 담지 못할 정도로 처참했다.

7여 년에 거친 왜의 침략 속에서 차마 죽지 못하고 고통을 겪은 여성의 수는 이루 헤아릴 수 없을 만큼 많았다. 왜로 붙잡혀 간 여성이 있는가 하면 갖은 폭행과 능욕을 당하거나 자식과 함께 남편으로부터 버림받은 여성들도 있다.

전쟁이 끝나고 다행히 살아 돌아왔다고 해도 상황은 크게 달라지지 않았다. 오히려 인간적인 측면에서 더 잔인했다. 남편들은 천신만고 끝에 돌아온 아내를 따뜻하게 맞아주기는커녕 정절을 잃었다는 이유로 이혼을 제기했다. 이뿐만이 아니었다. 혼인 대상을 결정할 때에도 포로 여부를 따졌다. 그러자 선조는 아내를 버려서는 안 된다는 방침을 세웠다.

이러한 경향은 호란 때에도 달라지지 않았다. 1627년과 1636년, 두 차례의 호란은 기간은 짧았으나 그 피해는 왜란 못지않았다. 호란은 청나라(후금)가 명과 대치하면서 벌인 전쟁이었으므로 총력전을 벌여 조선을 굴복시키고자 했다. 그래서 전쟁은 더 과격하고 흉포했다. 여기에 더해 청나라는 물자 부족을 조선인 포로를 가족에게 돈을 받고 팔거나 개시(開市) 무역으로 해결하고자 했다.

이 때문에 조선인 포로의 숫자는 기하급수적으로 늘어났고 포로를 둘러싼 문제도 왜란 때보다 더 심각했다. 포로로 끌려온 조선인들을 돈을 받고 되돌아가게 하는 조치는 1637년 5월부터 만주 심양에서 허용되었다. 『심양장계』에는 이때 시장에 나온 포로 여성들만 수만 명이라고 기록했다.

포로 쇄환은 가족들이 돈을 치르고 개별적으로 데려오던가, 아니면 국가에서 쇄환하는 방식으로 이루어졌다. 포로를 통해 재정 문제를 해결하려고 한 청나라는 몸값으로 큰돈을 요구했으므로 쇄환이 쉽지 않았다. 이 때문에 몸값을 지불하지 못한 채 돌아오지 못한 여성들의 안타까운 사정과 참상들이 여러 기록에 남아 있다. 다행히 돌아왔다고 해도 사정은 나아지지 않았다. 왜란 때와 마찬가지로 정조를 잃었다는 이유로 사회적 냉소가 여성들을 기다렸다.

이런 와중에 전쟁에서 활약한 여성들도 있었다. 이들의 존재는 기록의 형식을 취하지는 않았지만 오늘날까지도 우리의 귓전을 울릴 만큼 또렷하고 날카롭다. 바로 임진왜란 당시 행주산성에서 행주치마를 두른 여성들이다.

행주대첩은 1593년 2월 12일 경기도 행주산성에서 왜군과 맞서 크게 이긴 싸움으로 한산대첩 · 진주성싸움과 함께 임진왜란의 3대 대첩으로 꼽힌다. 행주대첩에 참가한 여성의 역할에 대한 이야기는 행주치마에 관한 구전뿐이다. 당시 행주산성에서 여성들이 긴 치마를 잘라 치마천에 돌을 날라 적에게 큰 피해를 주었다. 이때 활약한 여성들의 공적을 기리는 뜻에서 짧은 치마의 명칭을 행주라는 지명을 따서 행주치마라 부르게 되었다고 한다.

이 내용 이외 행주대첩에 참여한 여성의 모습은 어디에서도 찾아볼 수 없다. 그러므로 행주산성에서 활약한 여성들을 현실로 끄집어내기 위해서는 여러 자료를 동원해야 한다. 먼저 1781년 병조 참의 윤면동이 성곽을 지키는 방책으로 국왕 정조에게 건의한 내용이 주목된다.

가마솥을 맡는 부인들이 있어야 합니다. 마을의 여인 가운데 노련하고 의젓한 사람을 뽑아 10명씩 한 대오를 만듭니다. 그리고 솥이나 나무통 같은 물건을 준비해 물이 펄펄 끓는 여러 가마솥에서 자루가 긴 나무 표주박으로 끓는 물을 운반해 적이 성벽에 기어 올라오는 것을 기다렸다가 들어부으면 좋습니다. (『정조실록』 정조5년 10월 28일)

즉, 성을 지킬 때 여성들을 대오로 편성해 물을 끓여 운반하여 성벽에 기어오르는 적병에게 쏟아붓자는 의견이다. 성벽을 기어오르는 적병에게 화살을 퍼붓거나 돌을 떨어뜨리는 방법 이외에 재, 각종 오물, 뜨거운 물 등을 쏟아붓는 행위는 전통적인 수성(守城)의 방법이었다. 위의 방책은 별도의 군사훈련 없이 싸움의 의지만 있다면 누구나 할 수 있는 일에 여성도 참여시키려는 의도였다.

다산 정약용(1762~1836)도 전라도 강진에 유배 중일 때에 저술한 『민보의(民堡議)』(1812년)에서 위와 유사한 역할을 제시했다. 먼저 군중에서 남녀 구별을 강조해 네 채의 가옥을 마련한 후 남녀를 양반과 양인 이하로 나누어 따로 거주하게 한다. 그리고 한 가옥 내에 각각 칸을 막아 같은 식구나 친척끼리 거주시켰다.

여성들은 남자들과 따로 생활하면서 신분에 맞는 일을 수행했다. 양반 여성들은 10명씩 조를 짜 여자 방장 1명의 지휘 아래 바느질을 도맡아 정군(正軍)의 의복·깃발·장막 등을 만들게 했다. 만약 적이 퇴각해 방어에 여유가 생기면 즉시 베 짜는 임무를 부여했다. 명령을 듣지 않으면 여성의 남편을 처벌하게 했다. 하층민 여성은 각 부대에 배속되어 10명마다 여자 대장 1명의 지휘 아래 방아 찧기·키질하기·물 길어오기·밥 짓기 등의 일을 수행한다. 15세 미만의 어린 여성도 각 기대에 배속되어 나물

캐기나 밥 나르기 등의 임무를 수행하게 했다.

　요컨대, 여성들도 전장에 참여시키자는 의견들이 나온 것은 단순히 상상으로 끄집어낸 제안이라 여겨지지 않는다. 그것은 행주산성과 같은 역사적 경험이 있기에 도출해낼 수 있는 여성의 역할이며, 이런 점에서 행주산성에서 활약한 여성들은 후대에까지 큰 영향을 끼쳤다고 볼 수 있다.

근대를 향한
약진

성공한 여성의 등장

조선시대를 통틀어 경제적으로 가장 성공한 여성을 꼽는다면 김만덕(金萬德, 1739~1812)을 들 수 있다. 김만덕의 등장은 결코 우연이 아니었다. 농업 생산력이 높아지고 상업이 번창하면서 경제적으로 성공한 여성들이 등장할 수 있었다.

김만덕은 18세기 후반에 활동한 여자 상인이다. 제주도의 양인 가정에서 태어나 열 살쯤 고아가 되어 오갈 데 없는 신세가 되자 기생집에 의탁해 살았다. 만덕이 좀더 자라자 관아에서 만덕의 이름을 기생 명단에 올렸다. 기생은 천인으로 장부에 한번 이름이 오르면 빠져나오기 힘들었다. 만덕은 스물이 넘자 본인은 본래 양인이었다고 관아에 호소해 가까스로 기생의 신분에서 벗어나게 되었다.

만덕은 독신으로 지내면서 장사에 재간을 보였다. 물건이 흔하고 귀한 때를 잘 파악해 시세 변동으로 이익을 남겼다. 10여 년이 훌쩍 넘자 재산을 꽤 모았다. 그러던 중 1792년(정조 16)부터 1795년 사이에 제주에 큰 흉년이 들어 식량 사정이 좋지 못했다. 1794년에는 국가에서 보낸 구호

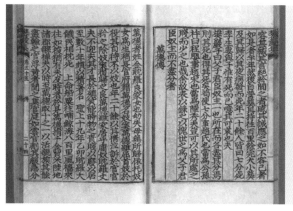

식량마저 풍랑으로 도착하지 못하자 제주민들의 곤궁한 처지는 말이 아니었다. 다음 해 1795년 봄에는 그 참상이 더 심했다.

만덕은 고민 끝에 굶주린 사람들을 위해 돈을 쾌척했다. 급히 전라도 상인에게 요청해 양곡을 구입해 제주로 실어왔다. 그 십분의 일은 본인 친척들을 살리는 데 쓰고 나머지 곡식들은 관에 실어 보냈다. 제주 목사는 정조에게 만덕의 선행을 보고했고, 정조는 이에 상을 내리려고 했으나 만덕은 상 대신 금강산 유람을 소원했다.

당시 국법은 제주 여성들이 육지로 나오는 것을 금지했다. 정조는 특별히 만덕을 내의원 의녀로 임명해 서울로 오게 했다. 이때가 1796년 가을이며 만덕의 나이 57세였다. 만덕은 서울에 도착하자 왕비에게 인사를 올리고 큰 상을 받았다. 그리고 반년 동안 서울에 머무르면서 채제공 등 유명 인사를 만났다. 1797년 봄에는 금강산을 두루 구경하고 제주로 돌아갔다.

만덕은 큰 재산을 모으고 가난한 이웃을 위해 기부까지 했다. 여성의 사회활동이 금기시된 사회에서 여성으로서 재산을 모아 사회에 큰 기여를 했다는 점은 놀라운 일이 아닐 수 없다. 만덕은 선행을 한 덕분에 후대까지 기록이 남을 수 있었다. 이처럼 기록에 남지는 않았지만 당시 만덕처럼 재산을 모아 성공한 여성은 더 있었다고 짐작된다.

한편, 18세기 이후에 나온 야담집에는 여성이 재산을 모아 큰 부자가 된 사례들이 자주 등장한다. 예컨대 『차산필담(此山筆談)』에는 어느 여성이 경기 광주 송파 인근의 객주집 앞에서 담배와 과일을 비롯한 잡화를 팔아 큰 재산을 모은 이야기가 나온다. 『해동야서(海東野書)』에도 부인이 감초를 매점매석해 큰돈을 번 이야기가 등장한다. 이 야담집들에 나오는 이야기가 그대로 현실은 아니지만, 당대 사회상을 반영한다는 점에서 흥미롭다.

여성들의 저술 활동

18세기 이후 여성들에게 나타난 중요한 변화는 왕성한 글쓰기이다. 책읽기에서 그치지 않고 자의식을 일깨우면서 자연스럽게 글쓰기로 발전했다.

조선 전기에도 신사임당 · 허난설헌 · 황진이 같은 여성 작가가 있었지만, 조선 후기에 와서 두드러진 특징은 글 쓰는 여성들이 늘어났다는 점이다. 여기에다 여성 작가의 작품들이 소리 없이 묻히지 않고 남편과 아들 또는 친지나 아는 사람에 의해 문집으로 간행되었다.

남성들의 우려와 비판에도 불구하고 여성들도 자신의 글이 후세에 전해지기를 희망했다. 임윤지당(윤지당 임씨)은 본인 문집을 간행하기 위해 남동생에게 원고를 보내면서, "식견이 천박하고 문장이 엉성하여 후세에 남길 만한 투철한 말이나 오묘한 해석은 없지만, 내가 죽은 후에 장독이나 덮는 종이가 된다면 또한 비감한 일이 될 것이다"라고 하여 본인의 글이 책으로 엮이기를 희망했다.

　김삼의당(삼의당 김씨)도 본인이 직접 쓴 서문에서, "호남의 한 어리석은 아녀자로서 어찌 글을 지어 세상의 꾸짖음을 당할까마는, 다만 집안에서 보고 듣고 살펴본 것을 글이나 시로 써서 스스로 후일의 본보기가 되고자 한다"고 했다. 이전 시기에는 좀처럼 볼 수 없는 본인의 글에 대한 자신감을 그대로 읽을 수 있다.

　조선 후기 대표적인 여성 저작물들을 아래 표로 정리했다. 여기에 시나 규방가사까지 포함하면 이 양은 훨씬 늘어날 것이다. 여기서 주목할 점

표3-3 조선 후기 여성의 저서들

이 름	생몰년	저 서
김호연재(호연재 김씨)	1681~1722	호연재유고(浩然齋遺稿)
임윤지당(윤지당 임씨)	1721~1793	윤지당고(允摯堂稿)
신부용당(부용당 신씨)	1732~1791	부용시선(芙蓉詩選)
혜경궁 홍씨	1735~1815	한중록(恨中錄)
이사주당(사주당 이씨)	1739~1821	태교신기(胎敎新記)
서영수합(영수합 서씨)	1753~1823	영수합고(令壽閣稿)
이빙허각(빙허각 이씨)	1759~1824	규합총서(閨合叢書)
김삼의당(삼의당 김씨)	1769~?	삼의당고(三宜堂稿)
강정일당(정일당 강씨)	1772~1832	정일당고(靜一堂稿)(정일당유고)
홍유한당(유한당 홍씨)	1791~?	유한집(幽閑集)
유희 부인 권씨	?~?	유희의 전기
박죽서	?~1851	죽서시집(일명「半啞堂詩集」)
김금원	1817~?	호동서락기(湖東西洛記)
남정일헌(정일헌 남씨)	1840~1922	정일헌시집(貞一軒詩集)
김부용당(부용당 김씨)	?~?	운초당시고(雲楚堂詩稿)
권유한당(유한당 권씨)	?~?	유한당언행실록(柳閑堂言行實錄)

은 산문으로 된 작품들이 상당수 있다는 사실이다. 산문의 출현은 사고의 논리성과 체계화를 보여주는 동시에 자의식 고양을 시사한다. 자신의 생각을 어떻게 표현하고, 무엇을 써야 하는지 등 자신을 성찰하면서 많은 시간을 투자해야 한다. 그리고 긴 글은 많은 독서와 색다른 경험을 필요로 한다. 규방의 세계만으로는 긴 글을 메울 만한 내용이 부족한 것이다.

예컨대, 이빙허각(빙허각 이씨)은 『규합총서』에서 『동의보감』『산림경제』『성호사설』『해동농서』 등 우리나라 책 10여 종을 비롯하여, 『본초강목』『박물지』『산해경』『삼재도회』 등 중국 서적 약 65종을 인용했다. 임윤지당(윤지당 임씨)의 『윤지당고』에는 한 편의 시도 실려 있지 않다. 「이기심성설(理氣心性說)」「극기복례위인설(克己復禮爲仁說)」 같은 성리학에 관련한 논문과 여성 전기 · 성현의 인물론 · 제문 등의 글이 실렸다.

사주당 이씨의 『태교신기』는 여성의 입장에서 태아 교육에 관한 내용을 집대성한 책이다. 『규합총서』는 생활백과사전으로, 술 · 음식 · 옷 만들기, 길쌈하기 · 밭일 · 꽃 심기 · 가축 기르기, 태교 · 육아 · 응급 처치법, 좋은 방향 선택 · 귀신 쫓는 법 · 재난방지법 등 다양한 내용을 담았다. 혜경궁 홍씨가 쓴 『한중록』은 여성이 쓴 정치사로서 남편 사도세자의 죽음과 친족에 대한 변론을 담았다.

시집에는 시는 물론 산문도 함께 수록했다. 『삼의당고』에는 수십 편의 시 외에 「첫날밤 이

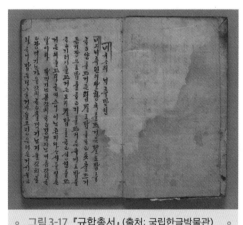

○ 그림 3-17 『규합총서』 (출처: 국립한글박물관) ○

야기」「가정 교육문」「남편이 서울로 가는 것을 배웅하며」 등의 글이 있다. 『정일당유고』에는 남편을 대신해 쓴 「스승과 제자 간의 왕복한 글」「족보 발문을 쓰다」「만성재 현판에 쓴 글」 등을 실었다.

　여성이 쓴 시에도 기행시나 유람시가 등장했다. 김금원은 첩의 딸로 태어나 자신도 첩이 된 여성이다. 14세에 남자 복장을 하고 금강산과 관동팔경 등을 유람하면서 지은 시들이 『호동서락기』에 남아 있다. 본인의 표현에 따르면, "산과 내를 따라 뛰어난 곳을 찾아 명승을 두루 돌며, 남정네들도 할 수 없는 일을 다 했으니 하고픈 대로 다한 셈"이었다.

　이처럼 여성들은 남성의 글쓰기 주제로 알려진 논설문·인물전기·발문·묘지문·행장·기·잠언·제문·상량문·기행문 등의 글쓰기를 통해 남성 영역에 발을 들여놓았다. 더구나 여성 저서들의 간행은 여성이 의도하지 않았지만 공적 영역으로 진입하는 계기가 되었고, 새로운 시대를 향한 첫걸음이라 할 만하다.

열녀의 삶을 거부하다

조선 건국 이후 국가에서는 열녀를 발굴하고 기리기 위해 각종 혜택을
주었다. 열녀의 집이나 그 마을 앞에 붉은 문(정려)을 세워 영예를 드높여
주었다. 또 열녀나 그 후손에게 쌀이나 옷감 등 각종 물품으로 포상하거
나 세금도 면제해 주었다. 만약 노비라면 그 신분에서 벗어나게 하는 파
격적인 조치도 시행했다.

국가의 조치는 여기서 끝나지 않았다. 성종은 양반 여성이 재가하면
그 아들과 손자에게 불이익을 주는 법까지 제정했다. 즉, 다시 혼인한 여
성의 아들과 손자는 문과·무과, 생원진사시 같은 과거시험 응시를 금지
하고 관직에도 임용하지 못하게 하는 등 벼슬길을 아예 막아버렸다. 이제
여성은 자의 또는 타의에 의해 재혼하지 못하고 수절해야 하는 상황에
직면했다.

이뿐만이 아니었다. 임진왜란과 병자호란이라는 두 차례의 전쟁이
휩쓸고 지나간 어느 시점부터 조선의 여성들은 남편이 죽은 뒤에 재혼하

그림 3-19
화순옹주열녀문,
충남 예산군
영조의 딸 화순옹주
의 절정을 기리는
열녀문이다.

지 않는 것이 당연시되었다. 더 나아가 다른 여성과 차별되는 '열'을 보여주기 위해 목숨마저 내던지게 되었다. 곧 재혼을 하지 않는 것은 기본이고, 이제 남편을 따라 죽는 여성들까지 늘어났다.

그렇다고 하여 모든 여성들이 그 길로 간 것은 아니었다. 1802년(순조 2) 경상도 안동에서 수령을 지낸 자의 며느리가 온데간데없이 사라졌다. 안동으로 시집온 이 여성은 청상과부가 되어 자녀가 없는 상태였다. 당시 마을에서는 호랑이에 물려갔다고 소문이 났다. 하지만 곧 밝혀진 사실은 그 여성이 가출해서 어디로 갔는지 모르는 상태였다(『노상추일기』 1802년 8월 11일). 이 양반집 여성은 수절도 거부하고 남편을 따라 죽지도 않은 채 다른 삶을 살기 위해 용감하게 가출했던 것이다.

18세기 말 서울의 양반 여성 풍양 조씨(1772~1815)는 스무 살에 동갑내기 남편을 병으로 잃었다. 조씨는 남편이 죽자 따라 죽으려다가 친정아버지와 시어머니의 설득으로 살아남았다. 그리고 20여 년이 지난 후 어린 시절부터 남편이 죽을 때까지의 과정을 『자기록(조긔록)』으로 남겼다. 이 글에서 풍양 조씨는 열녀가 되지 못한 불편한 마음을 숨기지 않으면서도 팔자 사나운 여생을 살아낸 과정을 담담히 적었다.

열녀에 대한 사회 인식도 변화하기 시작했다. 『열하일기』의 저자 박지원은 「열녀 함양 박씨전」이라는 글을 지었다. 박지원은 이 글에서 먼저 왜 과부가 된 여성들이 기꺼이 남편을 따라 물에 빠져 죽거나 독약을 먹고 죽거나 목매달아 죽는지 묻는다. 친정 부모가 재가하라고 핍박하는 것도 아니고, 자손이 관직에 임용되지 못하는 수치를 겪는 것도 아닌데도 왜 그런지 질문을 던지고 있다.

그것은 여성이 과부가 되면 재가하지 않는 것이 이미 온 나라의 풍속이 되는 바람에 남편을 잃은 부인들이 남다른 절개를 보일 길이 없어

그림 3-20
경남 함양 열녀
밀양 박씨 정려비,
「열녀 함양 박씨전」
의 실제 주인공이다.

목숨을 버린다고 보았다. 그러면서 "열녀는 열녀지만 어찌 지나치지 않은가?" 하면서 안타까워했다.

　이어서 박지원은 이 열녀전의 주인공 박씨가 남편의 삼년상을 치른 뒤에 자결한 전말을 소개했다. 박지원은 박씨의 행동을 열이라 칭찬하면서도 그 여성이 죽음을 선택할 수밖에 없던 마음을 이렇게 헤아렸다. "생각하면 박씨의 마음이 어찌 이렇지 않았으랴! 나이 젊은 과부가 오래 세상에 남아 있으면 오래도록 친척들이 불쌍히 여기는 신세가 되고, 마을 사람들이 함부로 추측하는 대상이 될 터이니, 속히 이 몸이 없어지는 것만 못하다고."

　다산 정약용은 정치적으로 권력을 잃은 남인에 속했으며, 학문적으로는 이익의 학맥을 이었다. 정약용은 「열부론」에서 남편을 따라 죽는 것은 그저 자기 자신을 죽이는 것뿐이라고 보았다. 그러므로 연로한 시부모와 어린 자녀를 위해 "마땅히 그 슬픔을 견디며 그 삶에 힘써야 한다"고 역설했다. 또 귀중한 목숨을 의로운 상황이 아닌데도 버린다면 쓸데없는 죽음이라고 주장했다.

19세기 말 이후가 되면 이런 시각은 더 늘어났다. 의병장 기우만 (1846~1916)은 「효열부 신씨 정려기」 등에서 이 여성들이 남편이 죽자 따라 죽으려는 마음을 접고 시부모와 자식들을 봉양한 것은 바른 도리라고 평가했다. 조선의 마지막 거유(巨儒)로 불린 김택영(1850~1927)도 「절부에 관한 설」에서 남편을 따라 죽는 것은 한순간의 고통이지만 죽지 않는 것은 평생의 고통이라면서, 의리상 죽지 않은 여성이야말로 절부라고 칭송했다.

정약용의 말대로 남편의 죽음은 부인뿐만 아니라 위로 시부모부터 아래로 자녀까지 온 가족의 불행이었다. 이 불행 속에서 며느리이자 어머니인 여성마저 죽는다면 시부모나 자녀는 더 큰 불행에 직면해야 한다. 가정을 지키는 최후의 보루로서 여성의 존재가 부각되던 시대, 이것이 그 시대 며느리이자 어머니로서 여성이 살아남아야 하는 또 다른 이유였다.

여성, 천주교를 만나다

18세기 후반 조선인들에게 새로운 세계를 보여 준 것은 천주교였다. 인간이 신 앞에 평등하다는 천주교 교리는 차별적인 신분 질서로 움직이는 조선 사회를 뿌리째 뒤흔드는 위험한 사고였다. 또 '천주'를 국왕이나 부모보다 더 우월한 존재로 인정하면서 조상 제사를 거부하고 신주(神主)를 없앤 것은 그 자체만으로도 반체제 운동이나 다름없었다.

조선에서 천주교는 이단시되었지만 교세는 바람을 탄 들불처럼 번져 나갔다. 혈연과 지연을 매개로 특히 서울·경기·충청도·전라도를 중심으로 퍼져나갔다. 하지만 정조는 천주교 확산에 대해 낙관했다. 곧

"사교(邪敎)는 스스로 망할 것이며, 유학의 진흥으로 사학을 막을 수 있다"
라고 보고 천주교를 탄압하지 않았다.

그 결과 1800년 무렵 천주교인은 1만여 명에 이르렀다. 1801년 9월 양반 교인 황사영이 베이징 주교에게 보낸 글에는 당시 여성 천주교인과 관련해 눈길을 끄는 대목이 있다. 1800년 4월부터 증가하기 시작한 천주교 신자 중 삼분의 이가 여성, 삼분의 일이 천인이었다고 한다.

1800년 6월 정조가 승하하자 조선의 천주교 정책이 돌변했다. 권력을 장악한 노론 벽파는 정조를 도와 국정을 수행한 남인 시파에 대한 숙청을 단행했다. 명분은 이들이 무부무군(無父無君) 멸륜패상(滅倫敗常)의 천주교를 용인했다는 것이다. 1801년 1월 9일 조선 교회 총회장 최창현의 체포로 시작된 박해는 12월 26일 대규모 참수로 막을 내릴 때까지 1년간 계속되었다(신유박해).

이 과정에서 300명에 달하는 신자가 희생되고 여성 신자의 피해도 막심했다. 박해 당시 형조의 신문일지를 비롯해 12가지 공문서를 엮은 『사학징의』에 기록된 여성 신자 중 참수형이나 유배형에 처해진 사람만 70명이 넘는다. 교인들의 주요 죄목은 천주교에 빠져 세례를 받고 다른 사람들을 나쁜 길로 인도했다는 것이다. 여기에 여성 신자는 다음과 같은 죄목이 더해졌다.

- 집에서 가출해 서울로 올라옴
- 거리로 나와 이집 저집 떠돌아다님
- 혼인하지 않음
- 혼인하지 않은 여자가 거짓으로 과부라 함
- 안방에서 남녀가 모여 집회

- 외국인 남자 주문모 신부에게서 영세를 받음

위의 죄목들은 여성의 천주교 신앙 활동이 사회 윤리나 가족 제도에 비추어볼 때 상당히 배치된 행위였음을 알려준다. 남녀가 함께 집회를 갖거나 내방에 외간 남자를 불러들이는 행동을 사회 윤리를 무시하는 행위로 본 것이었다.

그러면 당시 여성들이 금령을 어기고 죽음을 무릅쓰면서까지 천주교에 들어간 동기는 무엇일까? 신유박해 때 여성 신자들을 문초한 내용을 살펴보면 양반 여성에서부터 여종에 이르기까지 신분이 다양했으며 입교 동기도 여러 가지였다. 병을 고치거나 아들을 낳기 위해서, 신세가 비참해서, 세상이 싫어서, 고민을 잊기 위해서 등 현실의 질곡에서 벗어나려는 열망이 컸다. 여성 신자 중 과부가 많은 것은 구복(求福)의 동기와 무관하지 않다. 또 누구나 영혼을 구원받고 죽은 뒤에 좋은 곳으로 갈 수 있다는 내세관도 사회적으로 소외된 여성들에게 큰 호감을 주었다.

무엇보다도 여성들이 죽음까지 무릅쓰면서 천주교를 믿기 시작한 내면의 본질은 천주교가 기존의 현실과 전혀 다른 가치관을 보여 주었기 때문이다. 하느님이 인간을 창조했다는 세계관에 입각해 여성도 인격체임을 강조했다. 천주 앞에서 만인은 평등하며 아들딸 구별 없이 태어나자마자 모두 세례를 받았다. 신분이나 남녀의 구분 없이 교우로 교류했고 본인 의사에 따른 혼인을 권장했다.

부부 윤리도 남편이 아내를 일방적으로 지배하는 태도에 제동을 걸고 아내에 대한 의무를 강조했다. 남편이 아내를 폭행하거나 학대하지 못하게 촉구했다. 또 자식을 낳지 못하는 아내를 원망하거나 아내를 내버려 두는 행위를 금지했고 축첩도 허용하지 않았다.

천주교에서는 교리를 알리기 위해 남녀 귀천을 가리지 않고 교육의 혜택도 주었다. 여성들은 미사나 교리 교육에 참여하고 강론을 들으면서 자신도 신 앞에 평등한 인간임을 자각할 수 있었다. 여기에 한글로 번역한 한글 교리서는 여성들에게 신앙을 전파하는 중요한 매개체였다. 신유박해 때 형조에서 압수한 천주교 서적 120종 199책 중에서 한글 교리서가 83종 128책이었다는 사실이 이를 잘 말해 준다.

예나 지금이나 신앙생활은 개인의 선택이다. 18세기 후반 천주교를 접한 여성들이 신앙생활에 매진한 것도 개인의 선택이었다. 천주교를 믿는 여성들이 의식적으로 사회 굴레를 벗어던진 것은 아니었다. 오히려 신앙 활동이 단순히 개인의 행위가 아닌 사회의 가치 질서를 기저에서 흔들면서 역사의 변혁에 기여할 줄은 아마 여성 자신도 미처 깨닫지 못했을 것이다.

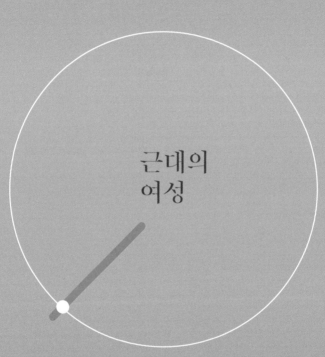

4장

근대의
여성

반(反)식민지 해방 전선에 나서다

○

시대개관

한국 근대여성사는 대체로 조선왕조 말, 이른바 개화기 또는 대한제국기부터 일제 강점기까지의 역사를 일컫는다. 이 시기 한국 사회는 세계사적 격동기 속에 내부적으로는 조선왕조의 적폐를 일소하고 외침에 맞서기 위한 개혁과 변동에 휩싸여 몸부림치고 있었다. 1876년 운양호 사건을 계기로 강제된 개항 이후, 1884년 갑신정변의 삼일천하, 1895년 명성황후 시해사건 등은 조선에 대한 일제의 압박과 만행이 날로 강화되어감을 보여 준다. 한편 이같은 근대사회로의 진입이란 시대적 과제는 동학농민전쟁과 을미의병투쟁과 함께 서구 근대화를 따라 잡기 위한 독립협회, 만민공동회 운동 등 사상적인 다변화와 사회운동의 다양화도 동반하고 있었다. 결국 이와 같은 외우내환의 어려움을 조금이라도 해결해보고자 고종은 1894년 갑오개혁을 수용하였고, 1897년 대한제국을 선포하는 등 광무개혁을 표방하기도 하였다.

이와 같은 개혁을 꿈꾸는 변화의 시기에 여성들 사이에서도 일정하게 민족의 일원으로 사회에 동참하려는 움직임이 싹트기 시작하였다. 그러나 일제가 1895년 청일전쟁, 1902년 러일전쟁의 승리에 힘입어 조선 침략을 더욱 노골화하면서 개혁을 향한 변화의 바람은 무참하게 꺾이고 만다.

1910년 일제는 조선을 식민지화하고 강압적 통치를 본격화하자, 사회 · 경제적 피폐와 빈곤에 시달리던 민중은 1919년 거족적 만세 시위로 3 · 1운동이라는 혁명적인 반제 · 반식민운동을 전개하였다. 일제의 억압이 이른바 문화통치라는 미명 아래 조금 완화된 듯한 1920년대 여성들은 각종 단체 활동을 전개하며 여성 교육은 물론 여권 신장, 민족 독립을 위한 의식 계발 등 활동의 장을 넓혀 나갔다. 여성들의 사회적 진출에 따른 여러 가지 문제 해결을 위한 여성의 역할은 커지고 운동은 치열해질 수밖에 없었다. 이는 1917년 러시아 혁명, 1918년 1차 세계대전 이후 새로운 민족자결주의와 사회주의적 국제주의에 힘입은 페미니즘의 자극 속에서 가능했다. 근대 교육을 받은 이른바 신여성들이 자신은 물론 민족, 여성에 대한 보다 구체적인 문제의식과 사회문제를 해결하기 위한 발걸음을 내딛었던 것이다.

그러나 1931년 일제의 만주 침략 이후 1945년 해방되기까지 15년이나 계속된 일제의 아시아태평양전쟁을 통해 우리 민족, 특히 여성은 엄청난 피해를 감내해야 하였다. 남성들은 군인, 군속 등으로 징용, 징병되었으며, 여성들도 근로정신대, 종군간호부 등으로 동원되어 전장이나 군수공장의 소모품같이 사용되었다. 극단적으로 여성들은 심지어 군대 성노예와 같은 존재로 군수품처럼 물화되었던 것도 바로 이때 일제 전시 총동원체제의 산물이었다.

개화기
여성

여성 해방 사상의 맹아

개화기 일부 여성들은 일시적이긴 하였지만 혼인을 하면 남편의 성을 따랐다. 양반 여성과 평민 여성 간에 여전히 신분 차이를 드러내는 호칭이 사용되었다. 양반 여성은 당호(堂號)를 붙였고, 평민 여성은 성씨 뒤에 소사(召史, '조이'라고 부름)를 붙여 부르기도 하였다. 또한 당시 호적제도라는 일본식 호주 중심의 가족 개념이 '식민지적 가부장제'의 기초로 자리잡아 갔다. 그러나 이 시기 여성은 자신들의 사회적 처지를 깨닫고 종래의 봉건적 가부장제의 굴레를 벗어나려는 움직임을 싹틔우고 있었다. 또한 소수에 불과하긴 하지만 당시의 진보적인 남성들이 적극적으로 여성 문제에 관심을 가지고, 서구 선진 사회의 예를 들어 여성의 사회적 힘이 사회 발전의 동력이 되어야 한다고 주장하기 시작하였다.

당시 사회는 이미 종래의 입신양명적 형식에 치우친 성리학에 대한 반성과 비판 위에 기초한 실학사상이 등장한 지 오래였고, 천주교를 비롯한 서구사상의 일정한 영향도 수용하고 있었다. 조선 후기 청나라를 통해 들어온 천주교 사상은 억압받는 피지배층 민중, 특히 여성들에게 종래의 차별적이고도 폐쇄적인 생활로부터 벗어나고자 하는 자각과 의식을 일깨우는 데 상당한 영향을 미쳤다. 또한 1882년 미국과의 수교로 공인된 개신교는 이후 여성 교육과 의료사업을 통한 활발한 선교활동으로 여성생활 변화에 참신한 자극을 주고 있었다. 종래에 가정에 묶여 있던 당시 여성들이 기독교를 접함으로써 학교, 교회, 사회로 점차 진출하는 계기가 마련되었다. 유길준 등 일찍이 신사유람단으로 서구 문물을 보고 온 개화파 인사들이 소개한 서구 여성들의 활동에 큰 자극을 받기도 하였다.

한편 동학사상은 여성도 남성과 평등한 사회적 존재임을 강조함으로써 여성도 한 인간이라는 새로운 의식을 갖게 하는 데 크게 기여하였다. 동학은 봉건적 신분제 타파 의식과 더불어 여성도 아이도 남성과 똑같은 '한울님'으로, 여성의 인격이 남자와 동등한 것임을 전파하였다. 여성도 득도할 수 있다고 하여 적극적인 포교의 대상으로 삼았으며, 여성용 교리서를 통한 일종의 계몽운동은 여성의식을 변화시킬 수 있었다.

그밖에도 여성에게 위생교육 등 합리적인 생활교육과 태아에서부터 성장기에 이르는 자녀교육을 포함한 근대적 의미의 모

그림4-1 **최시형, 동학의 2대 교주 해월** 최시형은 스승 최제우의 사상을 실천으로 옮겨 여성도 남성과 마찬가지로 하늘 같은 존재임을 강조하였다.

성보호가 강조되기도 하였다. 결국 동학농민전쟁의 성과인 1894년 갑오경장에서 조혼과 여성의 재가 금지가 제도적으로 폐지되는 개혁을 이뤄낼 수 있었다.

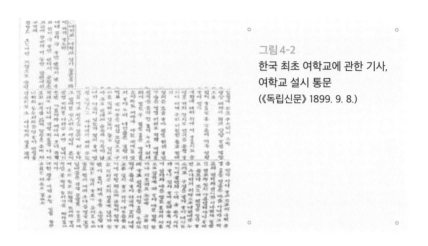

그림 4-2
한국 최초 여학교에 관한 기사,
여학교 설시 통문
《독립신문》 1899. 9. 8.)

여성 교육과 사회진출

개화기 여성의 큰 특징은 이미 언급한 바와 같이 여성 교육에 있다. 아직 제도적으로는 지극히 미미한 수준에 불과하였지만, 당시 여성 교육은 사회적 관심사로 크게 주목받았다. 독립신문은 물론 당시 제국신문, 매일신보, 황성신문 등 각종 언론기관이 여성의 사회적 역할과 더불어 여성 교육의 일익을 담당하였다. 또한 여자교육회의 《여자지남》, 자선부인회의 《자선부인회잡지》, 그밖에도 신민회의 《가정잡지》 등 여러 사회단체의 회지 및 여성용 잡지들이 모두 여성 교육을 통한 여성의 인간화 내지는 여성의 사회활동을 촉구하였다.

초기에 설립된 사립여학교는 기독교계와 민간인 학교로 나누어 볼 수 있다. 선교를 위한 기독교계 여학교로는 1886년 이화학당을 비롯하여 배화학당, 정신여학교 등이 대표적이다. 천주교 수녀들의 교육활동도 1880년대 후반 이후 일정하게 증가해 갔다. 또한 양반층 여성들이 최초의 교육 단체인 찬양회를 결성했다. 1898년 여권 통문을 발표한 동시에 자생적 사립여학교(순성여학교) 설립 등을 통해 여성의 사회적 역할은 더욱 확산될 기미가 보였다.

뿐만 아니라 왕실에서 명성황후의 뒤를 이은 엄비가 여성 교육에 관심을 갖고 여학교 설립에 기부금을 낸 것은 큰 힘이 되었다. 또한 후원단체나 뜻 있는 몇 사람의 협력으로 사립여학교가 상당수 설립될 수 있었다. 그러나 이런 학교들은 오래가지 못하고 대부분 운영 경비 부족과 교사확보 문제 등으로 큰 어려움을 겪어야 했다. 그래도 이후 진명, 숙명, 동덕여학교 등이 성장해 갔다. 당시 여성 교육의 취지는 어디까지나 부국강병, 애국계몽의 일환임을 천명하고 근대적 성역할 분담론에 있었던 것은 물론이다.

동시에 이른바 산업화 체제가 점차 구축되면서 여성도 가정 밖으로 나와 종전과 다른 방식의 사

그림 4-3 최초 여성잡지. 월간 《가뎡잡지》 (가정잡지)는 상동교회 내 상동청년회가 중심이 되어 설립한 가정잡지사에서 1906년 6월 25일 창간한 우리나라 최초의 여성 잡지이다.

회경제 노동에 참여하기 시작하였다. 즉 1900년 조선정부 전환국에서 최초의 여공 15명을 모집하였고, 1901년 한성제직회사의 여공 모집이 이어졌다. 이제 여성이 제조업 노동자로 고용되기 시작하였을 뿐 아니라 자영업, 특히 상공업에 직접 종사하는 여성들도 등장하였다. 예컨대 일찍이 부인경제회를 조직하여 부인들의 경제활동을 권장하며 조주(造酒), 조장(造醬), 재봉 등 종래 여성들이 가정 안에서 행하던 사업을 회사

그림 4-4
여권통문 발표 내용이 실린 1898년 9월 8일자 황성신문 (출처: 국립여성사전시관)

를 조직하여 추진하도록 하는 시도가 있었다. 그밖에도 자혜부인회 같은 여성단체는 의지할 곳 없는 여성들을 모집하여 수공을 가르치고 기술을 전습함으로써 여성 스스로 자활의 길을 모색하도록 하였다.

여권운동과 구국항쟁

당시 가부장제 가족 내에서도 여성 해방의 기운은 싹트고 있었다. 이제 부모의 압제나 강요에 의한 혼인 즉 조혼, 축첩, 강제혼, 매매혼 등 각종 혼인의 폐해가 비판 받는가 하면, 극히 일부일지라도 신식 혼인 내지는 혼례 간소화가 추구되기도 하였다. 혼인을 둘러싼 각종 폐단에 여성들이 목소리를 내기 시작한 것이다. '여우회(女友會)'라는 이름 아래 조직적으로 경복궁 앞에서 축첩을 반대하는 여성들의 연좌 시위가 벌어졌다. 이후 여성운동은 축첩과 조혼 반대 등을 통해 여성의식을 계몽하는 동시에 이미 언급했듯이 여성 스스로 자신들의 교육을 위한 단체를 조직해 나가는 데 중점을 두었다. 나아가 여성과 직접적으로 관련 있는 문제뿐 아니라 항일구국운동의 일환으로 전개된 전국의 의병운동에 여성들도 자발적으로 참여하게 되었다. 또한 여성들이 국채보상운동에 적극적으로 앞장섰다.

1895년 명성황후 시해라는 일제의 난폭성에 분노를 느끼고 국가의 존망에 대한 위기의식 속에 양반 유생뿐만 아니라 농민도 죽창을 앞세워 일제에 항거한 구국투쟁을 펼쳤다. 이에 여성들도 나서기 시작했는데, 의병들의 숙식을 제공하며 운동을 뒷받침하였을 뿐 아니라 강원도 춘천이나 충청도 제천 등지의 여성들은 몸소 의병 투쟁에 나섰다. 더욱이 춘천의 의병장 유인석의 조카며느리 윤희순은 의병장이 되어 스스로 조선의 청년들을 독려하는 의병가, 청년가 등을 지어 항일의식을 고취하였다. 또한 훈련할 수 있는 장소를 제공하는 한편 주위 여성들을 모아 자신들도 무장 투쟁에 나섰다. 윤희순은 시부모를 모신 며느리이자 자녀를 둔 어머니로 집안의 일을 감당하면서 구국 투쟁에 나선 여성 영웅이었다. 남편이 의병항쟁에서 죽은 뒤 그녀는 만주로 망명하여 여성 교육기관을 설립하고 항일 투쟁을 전개하다 일생을 마쳐, 독립운동가들의 모범이 되었다.

그림 4-5
춘천시립도서관 뒤편에 세워져
있는 윤희순 동상

또한 1907년 전개된 국채보상운동에도 여성들이 적극적으로 참여하였다. 일본은 청일전쟁 당시부터 조선에 적극적인 차관 공세를 펼쳐 두 차례에 걸친 수백만 원의 차관을 제공하였다. 이러한 일본의 차관 공세는 1904년 제1차 한일협약 이후 더욱 노골화되어 이미 조선은 수천만원의 차관을 지고 있었다. 근본적으로 조선 정부와 민간의 경제적 독립을 위협하는 일제 차관의 굴레에서 벗어나려는 운동은 실로 시급한 국가적 과제였다. 1907년 2월 중순 대구의 광문사(廣文社) 사장 김광제와 부사장 서상돈이 우선 남성들에게 단연(斷煙), 즉 담배 끊기를 통하여 국채를 갚아 나가자는 '국채보상운동'을 제창하였다. 양기탁과 베델(Bethell, E.T.裵說)이 이끄는 대한매일신보사가 꾸준히 이 운동에 동참함으로써 전국에 확산되어 갔다.

연말까지 계속된 이 운동에 대구 여성은 물론 전국 여성들이 단체를 조직해 적극적으로 참여하였다. 예컨대 서울의 남북촌 부인들의 대안동 국채보상부인회와 김일당, 김석자 등의 부인감찬회, 대구 남일동 패물폐지부인회, 진주 애국부인회 등 단체를 조직하여 금반지, 비녀, 은수저, 은

장도 등 각종 패물뿐만 아니라 바느질삯까지 의연소(義捐所)에 보냈다. 이 소식이 전해지면서 평양, 부산, 강화 등 전국 각지에 30여 개의 국채보상 운동 관련 여성단체가 결성되고 국권 수호 내지는 국권 회복 운동에 여성들이 참여하게 되었다. 이들은 국채보상을 위한 계몽적 활동과 직접 모금 운동을 하는 실천적 활동으로 나누어 활발한 운동을 전개했다.

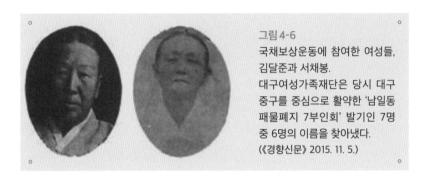

그림 4-6
국채보상운동에 참여한 여성들, 김달준과 서채봉.
대구여성가족재단은 당시 대구 중구를 중심으로 활약한 '남일동 패물폐지 7부인회' 발기인 7명 중 6명의 이름을 찾아냈다.
(《경향신문》 2015. 11. 5.)

당시 노동자·기생·백정 등 신분 고하를 막론하고 구국 대열에 나선 이 운동은 그야말로 범국민적 기부운동으로 오늘날에도 그 의미가 크다. 국채보상운동은 1908년에 들어서면서 점차 쇠퇴하기 시작하였다. 그러나 이같은 여성의 사회 참여는 스스로에게 자긍심과 주체의식을 고양시켜 주었고, 더 나아가 일정한 민족의식과 여성의식을 함양시키는 데도 큰 도움을 주었다. 당시의 여성운동은 기본적으로는 자신들의 처지를 개선하는 데 그 절실함이 있었거니와 그를 통해 사회와 국가, 민족을 생각하는 국가사회의 일원으로서의 자각을 서서히 일깨워갈 수 있었던 것이다.

식민지를 견뎌낸
일상 속의 여성들

힘이 된 여성 교육

여성 교육에 대한 제도적 차원의 정비는 일제 통감부 통치하의 대한제국
정부에서 뒤늦게 시작되었다. 1908년 4월 대한제국정부는 관립 한성고
등여학교를 설립하고 고등여학교령을 공포한다. 이때 여성 교육의 내용
으로 유난히 강조되었던 것은 재봉, 가사 등 '실생활에 필요한 기예교육'
이었다. 또 하나 '국민다운 성격의 도야'는 여성이 자녀교육을 담당하는
모성이란 존재를 강조한 것으로, 이미 개화기 여성 교육의 취지, 즉 부국
강병을 위한 현모양처주의 여성 교육과도 같은 맥락이었다. 그런 가운데
서도 여성에 대한 교육열이나 여성 스스로 교육에 대한 의지가 커지면서
사회에 미치는 영향은 적지 않았다.

  이미 설립된 종교계 사립여학교를 비롯하여 많은 사립여학교들이
여성의 사회의식, 항일민족의식 등을 함양하는 데 기여할 수 있었다. 이
에 비해 관립여학교는 한성고등여학교 이후 1914년에 가서야 평양여자
고등보통학교가 설립되었고, 같은 해 평양여고보와 경성여고보에 보통학
교 교원 양성을 위한 사범과가 부설되어 전문자격증을 가진 교사가 나올

수 있게 되었다. 이같은 여성 교육의 성장이 여성들의 사회 진출에 기초
가 되었던 것은 더 말할 나위가 없다. 그러나 서구나 일본에 비해서도 조
선의 여성 교육은 거의 한 세대 정도 뒤져 있었다.

한편 제도권 내 여성 교육의 절대 부족을 조금이라도 메우기 위하여
사설 야학과 강습소, 강습회 등이 활용되었다. 뜻있는 선각자적 개인이나
여성단체 등에서 일정하게 진행되었다. 예컨대 1920년 차미리사의 여자
교육회를 비롯하여 정종명의 여자고학생상조회 등 여성교육 운동이 활
발히 일어나 여성 교육의 한몫을 담당하였다. 이같은 여성단체에 의한 여
성 교육에서는 여성의 경제활동을 통한 여성의 자립과 사회의식화 등에
주력하였다. 또한 1929년 조선일보에서 시작된 문자보급운동, 1931년 동
아일보의 브나로드 운동 등에 여학생들이 방학을 이용하여 적극 참여하

그림 4-7 미국 스캐리트 신학교 재학시절
(1910~1912)의 차미리사

였다. 심훈의 소설 『상록
수』의 모델로 알려진 샘골
의 최용신이 농촌 여성 계
몽운동을 한 것이 대표적
인 사례이다. 그것은 농촌
여성들의 야학과 강습소
등에서의 문맹타파운동으
로, 이에는 기독교 여성들
의 활동이 두드러진다. 그
러나 1930년대 전시기를
맞으며 총동원체제에 편입
되면서는 대부분 변질되
어 일본어 보급을 위한 기

관으로 전락하였다. 일제의 목표는 시종일관 식민통치에 순응하는 현모양처주의에 있었기 때문이다. 더욱이 15년이란 긴 세월의 전시 총동원체제에서 여성 교육은 곧바로 일제의 왜곡된 현모양처나 군인 양산을 위한 모성이 강요되는 '총후'(후방)여성, 그리고 전시 노동훈련과도 같은 교육으로 변질되어 갔다.

그림 4-8
브나로드 운동이 소개된
신문 기사와 포스터

신여성과 자유연애, 혼인, 가족

당시 신여성에 해당하는 여학생들 중에는 해외 유학을 간 사람도 많았다. 주로 지리적, 문화적으로 가까운 일본이나 중국으로 갔으나 미국에도 갔다. 전문교육을 받고 돌아와 의사, 교사, 기자 등 전문직 여성으로 사회활동을 하였다. 1차 세계대전 전후 등장한 신여성과 여성 해방론의 바람을 타고 식민지 조선에서도 신여성들은 자유연애와 결혼, 그리고 이혼에 대한 주장을 적극 수용하고 지지 · 소개함으로써 사회에 큰 반향을 불러일으켰다.

특히 1920~1930년대 초 신여성들은 이같은 해방론을 봉건적 남녀 관계와 가족 제도의 폐습을 타파하기 위한 여성 해방의 큰 방도로 생각하였다. 1920년대 초부터 스웨덴의 엘렌 케이(Ellen Key)의 자유연애와 결혼론뿐만 아니라 러시아의 알렉산드라 콜론타이(Kollontai)의 『붉은 사랑』이 알려졌다. 이와 더불어 사회주의적 동지적 연애 사상까지 일정하게 접한 일엽 김원주, 정월 나혜석, 김명순 등 초기 신여성들은 당시의 완강한 여성 정절 이데올로기 등에 대해 신랄한 비판을 주저하지 않았다.

그림 4-9 일엽 김원주

그림 4-10 엘렌 케이와 알렉산드라 콜론타이

그러나 이 시기 가부장제적 사회 현실은 자유 결혼에 따른 여러 가지 모순과 폐해를 여전히 노출하고 있었다. 갑오개혁 때 폐지되었던 조혼제가 1930년대에서도 여전히 남아 있었고, 1937년 이후 전시 동원 체제 아래에서 여성의 조혼은 강제 동원을 피하기 위한 하나의 방편으로 더욱 조장될 수밖에 없었다. 또한 제2부인이란 이름으로 미화된 축첩은 혼인의 혼란을 더욱 확대해 나갈 정도였다. 결국 신여성첩 또는 조혼의 폐해 속에 이혼의 증가도 피할 수 없었다. 이혼의 자유가 법적으로 인정된 것은 1918년부터였다.

반면 당시 왕성하게 사회활동을 한 신여성 가운데는 김활란 같은 독신도 많았고 황신덕처럼 만혼한 예도 더러 있었다. 그 밖에도 백선행이나 최송설당, 조신성처럼 일찍 남편과 사별하고 사회 재단을 설립하여 후학 양성에 힘쓰거나 사회 운동에 투신한 과부 여성들도 많았다. 또한 이들 중에는 서구식 신문화를 수용하여 현모양

그림 4-11
북한주간지 《통일신보》 2006년 7월 1일자에 실린 백선행기념관과 백선행 동상

처 생활에 안주하는 사람들도 많았으며, 동시에 남편과 동지적 관계 속에 항일 독립운동에 앞장선 여성도 있었다.

1922년 12월 개정된 민사령의 혼인 요건에는 법적 혼인 연령을 남 17세, 여 15세로 올리고, 중혼(重婚) 금지, 혼인 당사자끼리의 합의 등이 제시되었다. 또한 혼인신고주의라 하여 이상의 조건을 모두 갖춘 뒤에도 혼인계(婚姻屆)를 내지 않으면 혼인이 성립하지 않았다. 이같은 제도적 변화와 함께 일제시기 신여성의 자유연애, 혼인, 이혼 주창에 따라 가족제도 자체도 점진적이지만 변화하는 모습을 띄고 있었다.

혹사당한 농어촌 여성

대다수의 농촌 여성은 가족의 생계를 책임지다시피 하였다. 농사일뿐 아니라 출산과 육아, 식사 준비, 바느질, 빨래, 다림질 등 가사와 육아를 담당하였으며, 양잠, 면화 재배에서부터 실잣기, 직조와 같은 농가 부업까

지 여성의 몫이었다. '이고 지고 들고, 농촌 여자는 소보다도 쓸모 있고 소보다도 힘세고 소보다도 끈기 있다'란 말은 그들의 노동 강도가 얼마나 높았는가를 단적으로 말해주고 있다. 마찬가지로 제주도를 비롯한 어촌 각지의 잠녀들도 자신들의 생산활동을 위해 또는 가족의 생계를 위해 힘든 노동을 감당해야만 했다. 결국 이들은 자신의 생활을 개척하고 가족의 삶의 조건을 조금이라도 개선하기 위해 나름대로 선구적인 역할을 다하였던 것이다. 흔히 새벽에 별을 보며 가장 먼저 일어나고, 밤에 별을 보며 가장 늦게 자리에 드는 것이 농촌 여성의 삶의 현장이었다.

그 가운데서도 농촌 여성들은 주경야독으로 야학이나 강습소에 가 한글 공부도 하였다. 아이를 등에 업고 공부하는 젊은 아낙은 그 길이 자신은 물론 또한 자녀 양육에도 필요한 것으로 여겼다. 뿐만 아니라 1930년대 농촌진흥운동에 따라 여성의 김매기, 밭 갈기, 벼베기에 품앗이로 참여하는 등 농촌 여성의 노동력 동원은 더욱 강화되어 갔다. 옥외노동과 양잠, 새끼꼬기 등의 부업에다 각종 마을 일들이 공동작업으로 조직적으로 강행됨으로써 노동 강도는 한층 높아 갔다.

∘ 그림 4-12 **공동작업하는 농촌 여성**   ∘

게다가 육아와 어른 시중까지 말 그대로 허리가 끊어지도록 쉴 새

없이 손발을 놀려야 하는 농촌 여성에게 자녀 출산은 의무였지만 양육은 뒷전일 수밖에 없었다. 가족 안에서 여성은 시부모를 위한 며느리 역할이 모성에 앞섰기 때문이다. 그리고 남성 가장의 부재로 인한 가족의 생계에 대한 책임이 고스란히 여성의 몫이 되기 일쑤였다. 가내 수공업에서 양잠을 보면, 1930년 잠업 인구가 전 농업 인구의 3퍼센트이며, 그중 여성이 95.6퍼센트 차지하는 것이 좋은 예이다. 전시 체제 아래에서는 초근목피, 쑥, 감자, 나뭇잎 채취와 콩깻묵 등으로 가족을 연명토록 해야만 했다.

　동시에 여성은 일제의 각종 농업정책, 즉 마을의 공동 증산을 위한 각종 부인 강습회뿐만 아니라 일어 강습회, 그리고 방공훈련 등 시국 인식의 심화 철저를 도모하는 데 일상적으로 동원되었다. 더욱이 전쟁이 확대됨에 따라 일제는 전시 노동력 동원을 위한 '낳아라, 불려라'라는 여성 정책을 펼쳤고, 자녀를 양육해야 하는 어머니, 모성의 희생이란 허명 아래 여성 동원은 심화되어 갔다.

그림 4-13
우량아로 뽑힌 아기의 모습

1941년 총독부가 '농촌노동력조정' 방침을 결정한 뒤 부인작업반, 농업 공동작업반 속에 여성의 비율은 1944년 34퍼센트나 차지하였다. 여성을 최대한 활용하고자 공동탁아 시설은 1942년에만 34,711개가 설립되었으나, 실제 혜택을 누리지는 못하였다. 허울 좋은 공동취사도 장려되었으며, 부인지도원 훈련은 더욱 가속화되어 전시체제 농촌 여성은 전장에 끌려가는 자녀와 함께 가혹한 삶을 강요당한 후방 여성이었다.

사진 신부들과 이민사회

당시 일반적인 여성의 삶과는 또 다른 여성으로 주목할 것이 있다. 조선인의 미국 이민이 시작된 이래 초기 이민의 한 유형인 '사진 혼인 신부들'이다. 미주에 이민한 동양인들을 안정시키기 위한 혼인법에 의거하여 미국 본토와 하와이에 가 있는 남자가 본국의 처녀에게 사진을 보내 선을 보인 후 시집가겠다고 하는 처녀와 결혼하는 방식이었다. 이같은 방법은 중국인, 일본인, 조선인 이민노동자 대부분에게 적용되었다. 그 결과 1910년부터 1924년 10월까지 하와이에 간 사진 신부가 951명, 미국 본토에 간 여성이 115명이었다. 이들에게서 태어난 자녀가 1950년대 7,000명에 이르렀다고 한다.

○ 그림 4-14 **사진 신부** ○

1910년 11월 하와이에 도착한 최초의 사진 신부 최사라를 비롯하여 여러 여성들은 남편과 함께 초기 한인 사회의 정착을 위해 노력하였다. 하와이의 경우 경상도 출신 여성이 많았고, 서울과 평안도 여성은 미주 본토인 샌프란시스코로도 많이 갔다. 신부들의 나이는 15세에서 20세 이상으로 평균 18세 정도였다. 신부들은 남자들과의 나이 차가 컸다. 보통 15세 차이였으나, 신랑이 최고 25세 더 많은 경우도 있었다. 대체로 친구, 친척 또는 교회 목사 등을 통해 개인적으로 소개받아 혼인이 이뤄졌다. 일단 사진을 보고 마음에 들면 여성쪽에서도 적극적으로 결혼 의사를 밝히는 경우가 일반적이었다. 그중에는 진명여학교 졸업 등 일정한 학력의 여성도 있었고, 적어도 소학교를 나온 경우가 많았다고 한다.

문제는 무식한 홀아비 또는 총각 중에 장가는 가고 싶으나 편지를 쓸 줄 몰라 친구가 대필해주는 경우에 발생하였다. 특히 이민 올 때 찍은 10여 년 전의 사진을 보내온 경우나 다른 사람의 사진을 대신 보내는 경우, 그보다 더 심한 사기 혼인의 사례도 없지 않았다. 그래서 가끔은 이혼하거나 여성이 되돌아간 경우도 있었으나, 대부분의 사진 혼인 부부는 운명으로 받아들이고 새로운 생활에 적응해 열심히 살았다.

사진 신부들은 신랑 사진 하나만 들고 일단 상하이나 요코하마로 가 중국인 또는 일본인 행세를 하며 미국까지 가야 했다. 길게는 1년씩 기다리기도 하였으며, 20일 이상 거의 한 달간의 항해 끝에 하와이나 샌프란시스코에 도착했다. 미국 이민국의 철저한 조사를 받고 하선 허락이 나와야 신랑을 만날 수 있었다. 이러한 아시아계 여성들의 사진 혼인은 1908년에 시작되어 1924년에 동양인 배척법이 공포된 후 유학생 외에 아시아의 모든 이민이 중단됨에 따라 끝

그림 4-15
미주로 이민을 가기 위한 신부 증명서

났다. 그래도 초기 사진 신부들이야말로 부단한 노력으로 하와이를 포함한 미주 한인사회 발전의 주역이 되었으며, 민족 독립운동에도 남자 못지않게 기여한 선구적 여성들이었다.

생활전선에 나선
직업여성들

일제 시기 여성들의 새로운 직업이 등장하고 사회적 진출이 활발해진 것은 시대적 추이이자 역사적 산물이다. 즉 이미 진행된 식민지 자본주의화가 여성의 경제활동을 부추긴 것은 말할 것도 없거니와 여성의 자각과 교육의 확대, 빈곤으로부터의 탈출 욕구 등이 여성들을 새로운 직업으로 불러냈다. 이처럼 여성의 직업이 다양하게 등장하기 시작하면서 여성들은 자의 반 타의 반으로 직업에 종사할 수밖에 없었다.

당시 근대적 직업여성이란 이를테면 교사, 의사, 기자, 간호부, 산파, 보모, 은행원이나 사무원, 교환수, 점원, 엘리베이터걸, 타이피스트, 비행사와 운전수, 차장 등에 이르기까지 대개 전문직과 서비스직에 해당하는 실로 다양한 여성 종사자를 말한다. 그밖에도 시인, 소설가 등 작가나 성악가, 피아니스트, 무용가, 연극 영화배우, 그리고 방송인에 이르는 예술직 또는 대중적 연예인도 나왔다. 이들은 대체로 신교육을 접한 신여성들이기도 하지만 반드시 그런 것은 아니었다. 글을 아는 여성이라면 누구라도 직업전선에 내몰린 것이 식민지 조선의 현실이었다.

전문직 여성

일반적으로 전문직은 신여성들이 담당했다. 보통교육 이상의 여학교를 나온 양복에 단발머리, 구두에 모자 또는 양산을 쓴 양장 여성, 즉 모던(毛斷) 여성의 몫이었다. 이들은 유학도 하고 돌아와 의사, 신문사나 잡지사 기자로 활동하며 여성 인식 계발에 힘썼고, 실제 여성운동에도 동참하였다. 예컨대 일찍이 일본으로 유학을 다녀온 하란사(김란사이지만 남편 성을 따라 하란사로 알려짐)가 다시 미국으로 가 1906년 한국 최초의 여학사가 되어 귀국한 후 이화학당에서 후배들을 지도하였다. 이처럼 당시 여성 교육을 절감한 여성들은 일본, 중국, 구미까지 유학하여 전문직 진출의 폭을 넓혀갔다. 박에스터를 비롯하여 한영숙, 길정희, 유영준 등 여의사가 되어 여성과 아동을 위한 치료 활동은 물론 위생이나 예방 교육 등에도 앞장섰다. 또한 정종명 같은 임산부 여성들을 돌본 조산부, 또는 세브란스 간호학교 등을 나온 이정희 등 간호부가 새로운 여성 전문직의 대표적인 예다.

그림 4-16
잡지 《신여성》 1925년 8월호는 단발머리를 특집으로 다루었다. 이는 곧 전문직 여성을 상징한 것이다.

여교사직은 여성교육 운동의 고양과 헌신적인 소수 여성들의 선구적인 활동을 통해 여성 직업으로 급성장했으며 교사는 당시 여성들에게 최고의 선망의 대상이기도 하였다. 이화나 사범학교 등을 졸업한 여성들은 교사가 되

어 후진 양성에 힘썼으며, 이
들에 의한 여학생들의 성장은
곧 여성 사회의 발전을 의미하
는 것이었다. 초기의 하란사,
윤정원을 비롯하여 김활란이
대표적인 예라고 할 수 있다.
음악이나 체육 등 다양한 분야
에서 여교사들은 여성인재 양
성에 중요한 역할을 담당했다.

동시에 여기자도 전문직
여성의 대표주자였다. 일간지
의 최은희, 허정숙, 황신덕이
나 잡지사의 송계월, 최정희

등은 언론을 통한 여성의식 계몽에 자신의 직업을 충분히 활용할 수 있
었다. 또한 당시 여성운동의 중심적 인물로도 자신들의 활동 영역을 넓혀
갈 수 있었다. 다시 말하면 직업과 운동을 병행할 수 있는 토대를 마련한
것이다. 이는 예술가들의 경우에도 해당되어 나혜석, 김일엽에 그치지 않
고 문필활동 중에 민족이나 여성의식 고취에 나설 수 있던 작가들로 강
경애, 백신애, 박화성 등을 꼽을 수 있다.

그밖에도 여성비행사가 나오는가 하면, 1931년 최초의 민간 설립이
라 하는 평양의 인정도서관과 백선행기념관, 김천의 송설학원(최송설당 설
립) 등이 여성 사회사업가 또는 자선사업가들에 의해 설립된 것도 당시
여성의 직업 의식이나 경제적 저력을 보여주는 좋은 사례들이라 하겠다.

서비스직 여성

1909년 민간 기업인 일한와사회사에서 처음 여성 사무직원을 채용한 뒤 교환수, 점원 등 서비스 분야에서 여성 직업은 계속 증가하였다. 여성직이라고도 불리는 서비스직은 이 시기 근대적 서비스산업에 여성의 수요를 한층 불러일으키는 것이었다. 회사나 은행의 사무원 등도 여기에 해당하는 것으로 아직 소수에 불과하였지만, 그래도 가장 많은 여성들이 몸담았던 대표적인 직업을 들어 본다.

(1) 통신서비스직

관공서나 기업의 전화교환 업무는 주로 일본인 여성들이 담당했으나 점차 조선인 여자교환수가 늘어났다. 1920년 4월 처음으로 경성우편국이 일어가 능숙한 조선인 여성교환수를 모집하여 정식으로 채용하였다. 이때 채용된 3명의 조선인 여자교환수는 모두 관립 경성여자고등보통학교 출신이었다. 당시 채용 공고에서는 일본어가 능숙한 보통학교 졸업생이면 족하다고 하였다. 1931년이 되면 전화교환수의 수요가 대폭 늘어 전국의 전화교환수가 수천명에 이르렀다.

1936년에는 여자고등보통학교나 여자상업학교 졸업이라는 조건이 붙기도 하였다. 그만큼 신청자가 많아지고 경쟁이 커져서 학력을 보다 더 고려하였다는 것이다. 당연히 예민한 청각과 명랑한 목소리가 또 다른 조건이 되었다. 외모는 별로 중시하지 않는다고 해도 전화교환대의 높이에 맞춰 약 4척 7촌(약 143센티미터) 이상의 키가 요구되었다. 또한

∘ 그림 4-18 **전화교환수** ∘

일본어, 산술, 작문 등의 필기시험은 물론 기억력과 예민한 동작 등에 대한 적성검사도 하여 합격이 쉽지 않았다. 시험에 통과한 견습생은 50전의 일당으로 일하다가 일정 기간 교육 후 임시교환수가 되면 60전의 일당을 받았다. 정식교환수가 되면 일당은 70전 내지 90전에 달하여 매월 27원 안팎의 월급을 받을 수 있었다. 그러나 여성 교환수에 대한 남성 고객들의 호기심은 성적 희롱으로도 이어져 업무 이상의 곤욕을 치르는 일도 적지 않았다.

(2) 판매서비스직

판매직이란 대체로 상점에서 고객을 상대로 상품을 판매하는 일을 맡아 하는 '여점원'들을 말한다. 특히 백화점 등에서 일하는 여성들을 당시 '데파트걸', '숍걸'이란 서구식 이름으로 부르며 마치 이것이 근대 직업 여성을 가리키는 대표적인 말이 되기도 했다. 이들은 일반적으로 고등여학교를 3년 이상 다녔거나 졸업한 여성들로, 백화점 안의 식당점원조차 보통학교 졸업의 학력을 요구하였다. 여점원에게 제일 중요한 것은 말할 것도 없이 외모였다. 면접 등 시험을 거쳐 선발된 후 정식 여점원이 되려면 2달 정도 실습을 받아야 하였다. 고등여학교를 졸업한 정식 점원은 일급 80전에서 1원, 보통학교를 졸업한 경우에는 평균 50, 60전을 받았다. 최대 매월 26원에서 30원의 수입을 얻을 수 있었다. 그러나 학력과 업무에 따라 수입에 차이가 있어서 적게는 13원에서 15원 정도에 불과한 경우도 있었다. 이들은 백화점 영업시간에 맞추어 평균 12시간이나 서서 일하면서 온종일 고객을 상대하여야 했다. 결국 자신의 기분과는 무관하게 고객의 비위를 맞춰야 하는 말 그대로 서비스, '감정노동'을 수행해야 했으므로 보이지 않는 어려움도 컸다.

그밖에도 이와 같은 서비스 판매직으로 엘레베이터걸과 개솔린걸, 티켓걸 등이 있었다. 엘레베이터걸은 승강기를 운행하면서 백화점 방문 고객들을 대상으로 층별 상품을 판매해야 하는 여성들로 이들도 또한 대부분 여자 고등보통학교 졸업의 자격을 갖춰야 했다. 일급 40~70전의 보수를 받았으며, 하루 평균 13시간의 노동을 하였다. 이들에 대한 점주나 고객들의 대우는 결코 좋았다고 말하기 어려울 것이다. 여성 서비스직이란 말이 내포하는 직업적 특성은 열거하지 않아도 결코 쉽지 않았으리라 짐작할 수 있다.

그림 4-19 일명 웨이트리스, 버스걸, 티켓걸의 모습

(3) 접객서비스직

식민지 조선에서도 유흥과 향락을 위한 공간은 더욱 확대되어, 접객 서비스직 여성의 유형과 수가 크게 증가했다. 개항지에 들어서기 시작한 일본식 유곽(공창) 주변의 음식점, 요리점, 여관 등에 여성들이 몰려들기 시작한 것은 이미 오래전이었다. 접객 서비스 업무에 종사하는 여성은 예기, 작부, 창기, 여급 등 1만 명 이상이었는데, 이중 조선인 여성이 절반 이상을 차지하였다. 특히 서구적인 유흥 또는 오락공간이었던 카페나 바의 여급 또는 웨이트리스로 불린 종사자들은 근대적 도시문화가 본격적으로 형성되기 시작하면서 등장한 새로운 직업 여성이었다.

이들은 고정 수입 없이 오로지 손님에게서 받는 팁으로만 생활하는 것이 대부분이었다. 1928년 여급의 수입은 월 30~40원으로, 1930년대에는 월 50~80원 정도로 비교적 높은 편에 해당한다. 여급의 경우 당시의 억압적인 가부장제 상황에서 실연이나 이혼 등의 상처를 가진 보통여학교나 여고보를 나온 신여성들이 많이 종사하기도 하였다. 자연히 그들의 언행과 외모가 기존 문화와 다른 양상을 보였기 때문에 때로는 비난의 대상이 되기도 하였고, 때로는 선망의 대상이 되기도 하였다. 그밖에도 일명 '삐리야드 걸'로 불린 여성은 당시 여유 있는 남성들의 오락으로 급부상한 당구의 진행을 보조하는 역할을 맡아 손님을 상대로 공을 치거나 점수를 세는 일을 하였다. 이들은 전시체제에서는 국내에서 일하기 어려워짐에 따라 알게 모르게 전장으로 나가게 되는 경우가 많았다. 이들이야말로 일제의 군관이 손쉽게 끌어갈 대상이 되기도 하였기 때문이다.

(4) 가사사용인

가사사용인은 도시 여성 취업자 중 약 18퍼센트를 차지하는 대표적인 여성 직업 중 하나였다. 전통 사회에서 노비, 하녀와도 같은 가사사용인이 1920년대에는 쌍방의 자유계약으로 월급을 정하고 고용되는 사람들로, 근대적인 직업으로 변신하고 있었다. 가사사용인에는 주인집의 행랑채에 가족과 함께 거주하면서 부엌일, 빨래 등은 물론 아이돌보기, 온갖 심부름과 집안일을 돕는 형태와 혼자 주인집에서 생활하며 여러 가지의 가사를 도맡아하는 경우가 있었다. 전자는 '행랑어멈', 후자는 '안잠자기' 혹은 '도난살이'라고 불렸다.

이 시기 일본인의 조선 이주가 격증하면서 가사사용인에 대한 수요도 더욱 늘어났다. 일본인들은 주로 여성 1인만을 두고 '어머니' 또는 '여보'라 부르며 이들을 고용하였다. 특히 '조선어멈'이라고 불린 조선인 여성들은 값싼 양질의 가사도우미들이었다.

　이들은 대부분 도시로 모여든 농촌 여성이었다. 학력은 보통학교 졸업생이 중등학교 졸업생보다 많았고, 일본어를 잘 하지는 못 해도 조금은 아는 정도였다. 조선인 가정에서 일하면 한 달에 2~6원 가량의 월급을 받는 반면, 일본인 가정에서는 적어도 5~6원부터 많게는 20원까지 받을 수 있었다. 가사사용인을 필요로 하는 일본인이 많았기 때문에 세계적 공황으로 인한 취업난 가운데서도 가사사용인의 취업률은 높아만 갔다. 월급은 정해져 있었지만, 고용기간은 특별히 정해져 있지 않았기 때문에 '종보다도 생활의 안정이 없다'고 할 만큼 불안정한 고용을 감내해야 했다. 이같은 주종 관계는 사실상 계약을 통한 근대적 여성서비스직이라고 하기에 부족한 점도 컸다.

생산직 여성노동자 : 여공

생산직 여성임금 노동자도 교육의 발달과 상관없이 기업의 요구에 따라 뚜렷한 증가 현상을 보인다. 1906년 동아연초, 목포조면회사 등에서 여공을 모집한 이후 일본 대기업에 의한 여공 또는 여직공의 수요는 증가해 갔다. 제조업 분야에 주로 16~20세의 건강한 여성들이 유입돼 갔다. 1910년 일제가 회사령을 철폐한 이후 더 많은 일본 기업들이 조선에 진출할 수 있었던 것이다. 대체로 어려운 기술을 요구하지 않는 경공업이 조선에 들어와 값싼 노동력으로 기업 이윤을 극대화하려는 수탈정책의 결과였다. 피폐해져만 가는 농촌의 여성들은 생계를 위해 도시로 공장으

○ 그림 4-20 제사 여공 ○

로 살 길을 찾아 나설 수밖에 없었다. 다시 말하면 제조업 공장에 본격적으로 흡수되어 저임금 장시간 노동에 걸맞은 순종적이고 미숙련의 최저 임금 노동자로 전락해 갈 수밖에 없었다. 이를테면 제사 방직, 연초, 고무신공업 등을 비롯하여 선미, 성냥, 양말 공장 등에 여공들이 날로 증가하고 있었다.

특히 섬유공업은 여성을 가장 싼값에 양질의 노동력으로 동원, 착취할 수 있었다. 1930년대 일제의 준전시 체제에서 전시기 총동원체제에 접어들며 경공업 분야의 여공은 더욱 증가하여, 전체 제조업 노동자 중 여공 비율이 3할 이상을 차지하였다. 특히 방직 여공은 전체 여공의 5할, 고무신제조업과 성냥공장의 여공은 2할 이상으로 거의 16세 미만의 유년 여공들이었다.

이들은 거의 교육을 받지 못한 여성들로 겨우 글자를 읽는 정도가 대부분이었으며, 기숙사 생활을 하는 미혼 여공과 집에서 출퇴근하는 기혼 여공들로 이뤄졌다. 미숙련공 또는 반숙련공인 그들의 임금은 민족적, 성적 이중 차별에 의해 매우 낮았고 열악한 작업 환경과 장시간 노동에 시달렸다. 형편없는 기숙사의 식사는 물론 공장 시설과 설비도 형편없는 작업 환경에, 대부분 하루 2교대로 12~13시간 장시간 노동은 건강에 치명적인 수준이었다.

뿐만 아니라 섬유공장의 유년 여공들은 남성 감독에 의해 성적 희롱과 폭행 등도 감수하여야 하였고, 작업 중에 발생하는 화상 등 외상과 결핵 등 각종 직업병을 앓곤 하였다. 이들은 일정한 시험이나 엄격한 자격

제한이 없었으므로 경쟁은 더 치열하였고 취업조차 쉽지 않았다. 대부분 고용주와 부모 사이에 계약이 이뤄짐으로써 스스로 취직이나 퇴직을 자유롭게 할 수도 없었다. 또한 이들의 수입은 가계 보조나 가족의 생계 보조를 위한 것으로 인식되어, 남성 가장을 대신한 가족 생계의 전담자일 경우에도 그와 같이 대우 받는 예는 거의 없었다. 유년공 보조자로 낙인 찍힌 그들은 1936년 서울의 종연방직, 대창, 조선, 태창 등 대기업에서도 견습 3개월에 기술을 습득하면 고작 일급 20전이었다. 본직공이 된 후에도 작업량에 따라 임금을 받는데 당장 입에 풀칠하기조차 어려운 저임금이었다. 이 시기 방적 직공의 80퍼센트 이상이 여공이었다.

한편 선미, 고무, 연초 공장 등에는 출퇴근하는 기혼 여공도 많았는데, 이들은 더 싼 임금과 육아를 포함한 가사노동까지 과중한 노동을 견뎌야 하였다. 특히 고무신 공장에는 30세 전후의 기혼 여성들이 성과급제나 일급제로 채용되어 물가상승에 따른 임금 인하, 불량품 배상제와 결근, 지각에 따른 벌금제도, 보증금제도 등 각종 방법으로 노동력 수탈을 당하였다. 심지어 인쇄공장 여공은 은 중독에 시달리는가 하면, 연초공장 여공은 니코틴 중독으로 조산과 유산 등 심각한 위험에 노출되기도 하였다.

전쟁에 동원된
여성들

여자 군속

군속이란 군대 구성원을 말하며, 육해군에 복무하는 군인 이외의 종사자를 총칭하는 용어이다. 전쟁을 수행하기 위해 없어서는 안될 존재로 군인 못지않게 중요하다.

일제의 군대 조직 안에 문관은 보통 교관, 기술관, 법관, 감옥관, 통역관, 간호부, 사정관 등이 군속 또는 군무원으로 군인(무관)과 구분되었다. 그밖에도 용인으로 수위, 간호부, 소사, 급사, 마부, 소방부 등도 (준)군속에 포함되었다. 이들은 육해군의 요구에 따라 작전지에서 복무한다. 선원이나 비행장 설영대원(토목작업원), 여성타이피스트, 조리사, 이발사, 야전우편국 직원 등도 포함된다. 종군간호부는 물론 군병원에서 일하는 기록계 여성 등도 당연히 군속이다.

군속의 동원 방법은 일반적으로 1939년 9월~1942년 1월의 모집, 1942년 2월~1944년 8월 관 알선, 1944년 9월~1945년 8월 징용 등 시기별로 나뉜다. 장기전에 따른 생산체제와 병력체제의 병행은 필연적이었으며 군속 동원은 더욱 커질 수밖에 없었다. 결국 전쟁 말기 인력 동원은

12~60세의 남녀 모두가 대상이었으며, 생계에 위협을 받는 사람들 누구든 군에 동원돼 갈 수 밖에 없었다. 여성도 예외는 아니었다. 군수공장에서 총알을 제조하거나 검사하는 여자 군속들이 있었으며, 비행장 건설에 잡역부로 동원된 여성도 있었다. 그 결과 야스쿠니 신사에 5만 7천 명의 여성이 합사되었고, 그 대부분은 전장으로 동원돼 나간 종군간호부, 군속, 학도 등 전쟁의 희생 제물이 된 사람들이다.

그림 4-21 군속 명부. 여성도 군무원(군속)으로 병적 전시명부, 신상신고서에 이름이 올라 있다. 이들은 대부분 임시간호부로 기록되었다.

해군에도 여성 군속들이 포함되었는데, 신체 건강하고, 특수 기능을 가진 자는 소속 장관의 인허를 받아 사용 가능토록 하였다. 간호부가 가장 많았고, 사무원, 교환수, 그밖에도 식사, 빨래, 하역 등을 하는 잡역직 여성들이 뒤를 이었다. 무참히 혹사당한 그들은 식민지 이등국민이란 신분으로 국가와 군에 종속 또는 예속돼 있었던 것이다.

종군간호부

종군간호부는 일종의 전문직에 해당하는 군속이다. 그들은 일본 군의부 소속 육군병원과 그 산하 야전병원, 위생병원, 위생대 등에 파견되어 다친 군인들을 돌보았다. 후방 육군병원에도 위생병과 함께 간호부들이 포진하고 있었다. 그밖에도 전장에는 환자요양소나 수용소 등이 수시로 세

위졌으며, 그 사이를 병원선이 오가며 환자, 의약품, 간호부 등을 수송하였다. 이들은 전선을 오가며 말 그대로 몸이 부서지도록 환자들을 치료, 간호하여야 하였다.

종군간호부는 일본 적십자사의 구호간호부(일적)와 육해군이 직접 모집한 일반육군 간호부(육간)로 나뉜다. 이러한 기본적 차이 외에도 다시 특지간호부, 임시간호부, 보조간호부 등 다양한 형태의 이름으로 분류되면서 여러 가지 차별적 대우도 감수해야 했다.

그림 4-22 종군간호부 신문 기사. 종군간호부들은 '백의의 천사'로 불리며 전장에 나갈 것이 강요되었다.《동아일보》1938년 4월 15일에 무사히 돌아왔다는 기사가 나왔다.

식민지 여성으로 동원된 과정은 다양할 수 있으나, 대체로 빈곤층 여성으로 군인을 간병, 위무하는 가족 같은 성적 상대 또는 '백의의 천사'로 호명되어 동원, 희생되었다. 1938년 시작된 조선인 종군간호부는 전시 수요가 늘어감에 따라 1940년부터는 간호학교를 지정하여, 무시험으로 면허를 취득케 하기도 하였다. 또한 평양의 간호부산파양성소, 인천의 육군병원 간호부양성소 등에 이르기까지 여러 곳이 새로 지정을 받아 종군간호부를 임시로 또는 속성으로 양산해냈다. 간호부 면허 발급 연령을 16세까지 낮추어 전쟁 동원에 급급하였다. 전쟁 말기에는 일반 여자군속이나 '군 위안부' 여성까지 간호뿐 아니라 빨래, 환자와 물자 운반 등 군대 내 각종 잡업에 종사하지 않으면 안 되었다.

결국 종군간호부는 군인과 간호부 사이에 있으면서 간호와 위안의 성적 대상이 되었고, 여성이란 이름의 희생 정신 담지자로, 대부분 미혼 딸로서 효녀 또는 가족애의 표상으로, 가부장적 황군체제의 최우선 희생 제물이 되었던 것이다. 어떤 식으로 미화한다 해도, 전쟁에 동원된 여성 은 자신의 인격과는 전혀 무관하게, 여성에 대한 당시 사회적 인식에 따 라 차별을 당했다.

여자정신대

일제의 여성 노동력 수탈은 만주 점령 이후 1937년 중일전쟁, 1941년 의 태평양전쟁이라는 전시체제에서 한층 강화되어 갔다. 예컨대 근로보 국대, 여자추진대 등 다양한 이름으로 여성을 광범위하게 동원한 것은 1938년 5월 국가총동원법이 공포된 이후이다. 국가총동원법에 근거하 여 국민직업능력신고령(1939), 직업소개소령(1940) 등의 법령이 발포되고, 16세 이상 50세 미만 남성의 등록 규정이 1944년에는 12세 이상 60세 미 만으로 확장되었다. 1938년부터 시작된 근로보국대의 편성에 애국반이 중요한 조직으로 자리매김하며 그 안에 여성이 대거 포함되었다.

25세 미만 미혼 여성을 근로보국대에 참여케 하는 근로보국령은 1944년에만 192만 5천명 이상을 동원하였는데, 거기에는 학생 이외에 도 많은 여성이 포함되어 있었다. 1938년 6월 학도근로보국대 실시요강 에 남학생은 토목 공사에, 여학생은 신사 청소와 군용품 봉제작업에 동 원되도록 명기되었다. 이에 따라 1938년 경기도에서만 32개교의 약 6천

명 학생이 하루 6시간씩 10일간 작업하고, 1940년 7월 경기도의 여학교 19개교, 4천 명이 근로보국대로 조직되었다. 학생들은 학교 내의 공장과 외부 공장 근무 등으로 동원되었는데, 여학생은 그밖에도 위문편지 쓰기, 위문대 만들기, 군복 빨기 등을 강요당했다. 여자추진대는 관 알선 형식으로 장려되었다. 지방연맹에서 20, 30대 초등학교 졸업 이상의 여성을 뽑아 읍, 면 단위로 여자추진대가 편성되었다. 1944년 4월에는 조선 여성 전체를 대상으로 여자특별연성소가 설립되기 시작하여 경기도에만 250여 개소나 설립되었다.

그림 4-23
여자정신대

한편 1940년대에 들어 여자근로정신대가 본격적으로 등장한다. 일제는 1944년 8월 여자근로정신령을 제정함으로써 이전부터 자행돼온 당시 여성들의 강제동원을 법제화하였던 것이다. 이미 1943년 11월 여자근로정신대는 학교의 신규졸업자, 동창회원 등이 자주적으로 결성하여, 나이 어린 여학생에게 더 공부할 기회를 갖고, 돈도 벌 수 있다는 유인책으로 거짓 포장되어 여학교나 마을 곳곳에서 일단 지원자를 차출해 일본 등지로 끌고 갔다.

이미 일본 및 만주 지역 군수공장에 동원된 정신대 여성들의 생활은 그들의 바람이나 희망과는 거리가 멀었다. 국내에서도 평양, 광주 등지의 공장에 있었다고 하며, 가장 많이 알려진 곳이 일본의 도야마현 후지코시공장이다. 그곳에는 1945년 5월 말 1,089명의 대원이 있었으며, 미쓰비시 나고야 항공기제작소에는 종전 무렵 272명의 대원이 있었다. 피해 생존자들의 증언에 따르면 열악한 기숙사 생활과 강도 높은 고된 노동에 부상을 당하고 심지어 사망자도 적지 않았다.

그들이 받은 피해는 동원 당시에 그치지 않고 전후 귀국하여서도 '정신대'라는 이름이 '일본군 위안부'와 마찬가지라는 사회적 오해 속에 인고의 세월을 참고 견디어야 했다. 즉 이들도 '위안부' 피해 여성과 같이 가부장제의 억압적 굴레 속에 젠더적 차별이라는 이중적 피해를 겪을 수밖에 없었던 것이다. 한국 사회는 이들과 '위안부' 여성을 구분하지 않았으며, 실제로 그들 중에 낮에는 일하고, 밤에는 성노예 같은 처지에 놓인 경우도 없지 않았다.

일본군 성노예

'군 위안부'란 일제 전시기에 일본군 위안소로 강제 연행되어 조직적이고도 반복적으로 성폭행당한 여성들을 일컫는다. 최근 국제 사회에서 쓰이고 있는 '일본군에 의한 성노예(sexual slavery)'라는 용어가 그 본질을 가장 잘 드러낸다고 볼 수 있다.

만주침략과 중일전쟁 등을 비롯한 침략전쟁이 확대되고 장기전으로 들어가자 일제는 통제되지 않는 군인들의 강간에 의한 성병 확산을 막기 위해 군의 감독과 통제 아래 '군 위안소'를 설치, 여성을 동원하여 군의 사기 진작 등 전투력 강화에 온힘을 기울였다.

민간 주도의 군 위안소는 이미 청일전쟁부터 있었다고 하지만 일본 군이 주도하여 처음 군 위안소를 만든 시기는 1932년으로 추정된다. 일본 해군이 1931년 말 상하이에 있던 대좌부(貸座敷)를 기초로 1932년경 해군 위안소를 만든 후 이를 본따 오카무라(岡村寧次)가 육군 파견군에도 위안소를 창설하였다. 일본뿐만 아니라 식민지 조선과 대만, 그리고 전쟁으로 점령한 중국, 필리핀, 인도네시아, 라바울 등의 현지 여성들도 '군위안부'로 동원하였다.

일본 육군성이 체계적으로 군 위안소 설치를 계획한 것은 1937년 말부터이다. 중지나방면군, 육군성 병무국, 의무국 등에서는 위안소를 설치하는 목적이나 군 위안소의 경영 감독과 '군 위안부' 동원 및 모집 인원에 대한 원칙을 가지고 실시한 것이다. 점령지뿐 아니라 격전지마다 군 위안소를 설치하여 '위안부'로 끌려간 여성들을 군수품처럼 취급해 갔다.

일본군 문서에 따르면, 군 위안소, 군인클럽, 군인오락소 혹은 위생적인 공중변소 등으로 부르며, 주둔지에 신축하기도 하고 원주민 가옥을 고쳐 이용하기도 했다. 부대가 이동하거나 전쟁 중일 때는 군인 막사나 초소, 참호, 군용트럭 등을 사용하기도 했다. 민간에 위탁하여 관리자가 있는 위안소의 방문 밖에는 방 번호나 하나코, 아키코 등 일본식 여자 이름이 붙어 있었고, '군 위안부' 여성들에게 우리말도 쓰지 못하게 하는 등 노예 같은 생활이 이어졌다. 방 안에는 '위안부'의 일상용품 외 삿쿠(콘돔)가 있었다. 위안소 안에는 군인의 군표나 돈을 받는 접수처가 있었으며, 이곳에서 삿쿠와 막휴지가 돈과 교환되기도 하였다. 또 붉은 색의 질 세척용 소독약과 대야 등이 있기도 하였다. 또 위안소가 없는 지역에 파견되면 임시 막사에서 그 부대원 전부를 상대하기도 하였다.

일제는 '군 위안부' 여성들을 특히 조선에서 광범위하게 동원하였다. 일제는 1925년 말 '부인 및 아동의 매매를 금지하는 국제조약'에 가입하였으나 식민지 조선이나 대만에서는 적용하지 않는다는 유보조항을 두었다. 조선 여성들은 식민통치 아래 인신매매의 거래 대상이 될 수 있었던

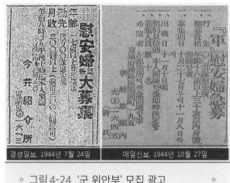

경성일보. 1944년 7월 24일　　매일신보. 1944년 10월 27일

◦ 그림 4-24 '군 위안부' 모집 광고　　◦

것이다. 더욱이 일제 수탈정책으로 조선에서는 빈곤층이 늘어났고, 특히 농촌에서는 일자리를 얻으려는 딸들이 많았기 때문에 이들을 강제 동원하는 것은 손쉬운 일이었다.

　'군 위안부'로 끌려갈 당시 여성의 연령은 10대 초반의 미성년자에서부터 20, 30대 기혼 여성도 있었다. 이들 여성은 공장에 취직시켜 주겠다거나 돈을 많이 벌게 해주겠다는 등의 취업 사기를 당해서 위안소로 끌려간 경우가 많았다. 또는 위안소업자나 모집인들에 의해 유괴당해 인신매매되기도 하였으며 관리, 경찰, 군에 의해 강제로 납치당하기도 했다. 민간업자가 여성들을 모은 경우에도 이들 업자들은 언제나 관동군, 조선군사령부 등의 관리·감독 통제 아래 있었다.

　'군 위안부' 여성들의 생활을 규제하는 위안소 이용규칙에는 군의 이용시간, 요금, 성병검사, 휴일 등에 관한 세부사항이 규정되어 있다. 군인 한 사람당 대개 30분이나 1시간 이내로 이용시간이 제한되었다. '군 위안부'들은 하루에 평균 10명 내외에서 많게는 30명 이상의 군인을 상대하였으며, 주말이면 식사도 제대로 하지 못할 만큼 많은 군인들을 상대

해야 했다. 식사나 의복은 군에서 제공 받기도 하고 때로 구입하는 경우도 있으나 늘 빚에 시달리기 쉬웠다. 이들은 처음에 항거도 해보고 탈출도 시도했으나 살아남기 위해 체념할 수밖에 없었다.

또한 일주일 또는 이주일에 한 번씩 군의나 위생병에게 성병검사를 받아야 했다. 원칙은 합격된 '위안부'들만 군인을 받을 수 있었지만, 그것은 거의 무시되었다. '위안부'들의 상당수가 성병에 걸려 606호 주사를 맞거나 중독 위험이 큰 수은으로 치료를 받아야 했다. 성병이 심해지거나 임신하면 어느 날 위안소에서 사라지기도 하였다. 치료를 받지 못한 채 쫓겨난 것이다.

종전을 전후하여 자살 또는 학살로 죽임을 당하거나 포로수용소에서 집단으로 또는 혼자 천신만고로 귀향을 한 경우 등 피해 여성들의 참상은 다양하다. 심지어 타국에 그대로 머물러야 했던 경우도 있다. 돌아오는 방법을 몰랐거나 알았어도 더럽혀진 몸으로 돈도 한푼 없이 돌아갈 수 없다고 스스로 포기한 경우도 적지 않았다. 귀향 후 그들의 생활은 각종 후유증, 트라우마 등으로 상처투성이일 뿐이었음은 주지하는 바이다. 아직도 이 문제는 전쟁과 여성 인권 문제로 계속 남아 있다.

여성독립운동

일제 시기 여성운동은 한국 사회가 근대 민족주의에 입각한 국민국가로 변화, 비상하고자 하는 열망과 맞물려 있다. 우선 1919년 3·1운동을 계기로 그 이전부터 싹터온 여성 해방의 기운이 일반 기층 여성에게도 점차 확산되었고, 이른바 민족주의계와 사회주의계 여성들의 다양한 여성 단체 조직과 활동이 활발히 전개되어 갔다. 즉 여성도 민족의 일원이라는 자각과 동시에 서구 페미니즘도 일정하게 수용됨으로써 1920년대 여성 운동이 활발해질 수 있었다. 여성운동은 식민지 지배에서 벗어나야 한다는 민족주의운동과 가부장제의 억압에서 여성이 해방되어야 한다는 양대 과제를 떠안아야 했다. 결국 식민지 사회의 여성운동은 민족해방을 위한 항일운동과 맞물려 전개될 수밖에 없었다. 이같은 여성독립운동은 국내에서 해외로 퍼져 나갔으나 일제의 탄압과 여성이란 특수성으로 인해 의도한 만큼 큰 성과를 올리기는 힘들었다. 그럼에도 불구하고 민족 독립에 적극적 능동적으로 참여한 여성들은 기본적으로 여성의 교육과 의식화운동, 생존권 투쟁과 항일독립운동, 무장 투쟁 등 다양한 방법으로 노력하고 기여하기도 하였다.

3·1운동과 여성

1919년 3월 거족적인 항일 만세 시위운동은 일제 억압에서 해방되고자 한 운동으로 민족 민중의 봉기였다. 이때 여학생과 신여성뿐 아니라 기생, 농촌 여성 등 전국 곳곳의 여성들이 만세를 부르며 적극 동참하였다. 유관순 열사 등이 옥중에서 순국한 것도 바로 이때였다. 여성들은 이미 개화기 이후 자신들도 한 인간임을 자각하고 국가와 민족의식에 눈뜨면서 여성교육 운동을 비롯한 애국계몽 운동 등에 참여한 저력을 갖고 있었던 것이다.

특히 3·1운동은 일본 유학생들의 2·8독립선언에 참가했던 김마리아와 황에스터 등이 전국을 돌며, 이미 평양에서 1914년부터 비밀리에 조직된 송죽회 등 여성단체들과 손잡고 조직적으로 참여했기 때문에 많은 여성들의 참여를 끌어낼 수 있었다.

이후 여성들은 대한애국부인회를 조직하여 1919년 4월 수립된 상해임시정부를 돕기 시작하였다. 군자금 모금과 송금, 국내와의 연락활동, 수감자와 그 가족 보살피기 등 상해임시정부와 긴밀한 연계를 맺고 활동을 하였다. 조직이 발각되면서 김마리아를 비롯한 여성운동가들이 검거되고 투옥되었다. 이후에는 물산장려운동과 농촌계몽운동 등에 참여하여 여성의 의식계몽과 한글교육 등에 주력하게 된다.

3·1운동은 반제 반식민 민중 봉기로 세계사에서도 그 규모를 자랑할 만한 비무장 투쟁으로, 중국의 5·4운동에 직접적인 영향을 미치기도 하였다. 당시 세계는 러시아 혁명의 성공과 1차 세계대전의 종식에 이어 민족자결주의라는 사상적 선풍이 일어나고 있었다. 그 회오리 같은 바람을 타고 조선 민중이 과감하게 일어나 일제에 비폭력으로 항거하였다는

점이나 여성들이 대거 참여했다는 점에서 세계사적으로도 큰 의미를 가진다. 이를 계기로 사회적으로는 여성 해방 운동의 한몫을 담당하였다고 할 수 있다.

여성단체운동

(1) 교육운동과 생활개선- 민족주의계

1920년대 여성운동은 크게 기독교 중심의 민족주의계와 사회주의계로 나뉘어 단체를 조직하고 민족 해방과 독립을 위한 사회운동을 하고자 하였다. 우선 민족주의계 여성들은 실력양성운동에 발맞춰 여성 교육과 함께 국산품 애용, 여성 경제활동 장려 등에 초점을 맞추었다. 차미리사의 조선여자교육회 등 교육단체와 YWCA 등 기독교 여성단체, 그리고 여자청년회 등을 조직하여 여성의식계몽, 민족의식 고취, 여권 향상 등을 위해 각종 강연, 토론회, 야간 강좌, 야학 개설 등에 힘썼다.

1920년 창립된 조선여자교육회와 여자시론사는 여성의 의식 계몽과 실생활에 도움이 되는 강연회, 강습소를 개최하여 정규 학교에 가지 못하는 여성들을 교육하였다. 일반 여성을 대상으로 야학을 열고, 격주간으로 《여자시론》을 발간하는 등 여성 교육에 주력하였다. 이보다 좀 늦은 1922년 4월 발족한 조선여자고학생상조회는 빈민 하층 여성을 대상으로 정종명 등이 회원 30여 명에게 일정하게 재봉과 바느질 등 노동을 하면서 공부할 수 있는 기초를 만들었다. 여성에게도 스스로 학자금을 마련하여 교육을 받게 하는 시도는 보다 큰 의미를 갖는 것이었다. 이외에도 전국 각처에서 여자청년회 등 일반 사회 단체와 함께 행한 여자 교육운동도 활발했다. 예컨대 인사동 태화여자관, 여자기독교청년회 등에서도 음악, 무용 등 각종 공연을 겸한 토론회와 강연회를 열었고 당시의 여성 교육, 계몽운동은 여성운동의 견인차가 되었다.

또한 1929년부터 조선일보에서 시작된 문자보급운동, 1931년 동아일보의 브나로드 운동도 방학을 이용한 여학생들의 적극적인 참여로 농촌 여성들에게 한글을 익힐 수 있는 기회를 제공하였다. 이때 물산장려운동에도 여성들이 참여하여 명주나 무명옷만 입는 등 국산품 애용에 앞장섰다. 1929년 3월 종로중앙청년회관에서 조선물산장려회 경성지회가 주최한 물산장려 선전대강연회에 황에스터는 연사로 참석하여 여성의 역할을 대변하였다.

1932년 12월에는 3년 전부터 각 여학교 교원 중심으로 활동한 망월구락부를 일정한 직업을 가진 여성이면 누구나 참가할 수 있는 '조선직업부인협회'로 개편하였다. 이들은 직업소개, 훈련, 저금, 사교, 조사, 농촌부 등을 두고 직업여성의 권익을 위해 활동하였다. 이처럼 3·1운동 전후 시기 여성 운동에서 기독교의 영향력이 비교적 컸다. 이화, 정신 등 기독교계 학교의 교사와 학생들의 활동은 이후 기독교 정신에 입각한 여성운동으로 계속되었다.

(2) 여성과 사회 해방- 사회주의계

사회주의계 여성운동은 1924년 여성동우회의 조직으로 가시화되었고, 각 지방에서도 여자청년동맹 같은 여성단체가 많이 조직되기 시작하였다. 최초로 사회주의 여성 해방론을 내세운 여성동우회의 강령은 "본회는 사회진화법칙에 의하여 신사회의 건설과 여성 해방 운동에 입할 일군의 양성과 훈련을 기함. 본회는 조선 여성 해방 운동에 참가할 여성의 단결을 기함"으로 여성문제의 궁극적 해결을 '신사회 건설'이라는 사회주의의 실현에 두었다. 창립된 지 1, 2년 사이에 각 지방에 40여 개 여자청년회를 조직해 활동할 만큼 큰 호응을 얻었다.

한편 경성여자청년동맹은 유산계급과 여성종교단체의 '썩은' 정신주의에 대항하여 여성 해방과 사회(주의)운동을 표방하며 1925년 1월 창립하였다. 투쟁적 교양, 조직적 훈련, 무산여자청년의 단결과 상호부조를 주목적으로 3·8국제부인데이에 회원 20명이 모여 조선 무산부인운동의 의미를 새기고 그 날의 의의를 널리 선전하였다. 그밖에도 인천 여청동맹, 평양여성동맹 등 다수의 사회주의 여성단체들이 생겨났다. 1925년에 조선여성해방동맹과 허정숙, 김필순 등 북풍계의 경성여자청년동맹, 박원희, 김보준 등 서울파의 경성여자청년회가 결성되었다. 1926년에는 프로여성동맹이 있었으나 중앙여자청년동맹으로 통합되었고, 곧이어 1927년에는 근우회로 발전적인 해체와 통합을 하게 된다.

이상의 사회주의계 여성운동은 당시 세계적 조류를 반영하였다. 그러나 소수 지도층 여성의 열의는 컸으나, 대중적 지지 기반이 아직 크지 못하여 뿌리를 깊이 내리지는 못하였다. 그래도 근우회 활동을 적극적으로 이어간 것은 이러한 여성들의 힘이 컸다고 할 수 있다. 이들은 여성 해방이나 사회 해방을 위해서도 민족의 해방과 독립이 우선하지 않으면 안된다는 데 뜻을 같이 하였다.

근우회와 여학생 운동

일제 최대의 여성 조직인 근우회(槿友會)는 1926년 12월에 김활란, 손메레, 방신영 등 조선여자기독교청년회연합회의 민족주의계 여성과 정종명 등 사회주의계 여성들이 통합의 뜻을 모아 설립되었다. 마침 1927년 민족유일당으로서 신간회가 조직된 데 이어 근우회도 전 조선 여성의 통합 조직으로 등장하였다. 단결된 힘으로 여성의 지위향상과 민족의 독립을 위해 투쟁하겠다고 선언하면서 5월에 창립되었다. '무궁화 자매 모임'이라는 뜻으로 지어진 이름이다. 근우회의 지도부에는 민족주의계와 사회주의계 신여성들이 함께 하였고, 그 회원들로는 여학생은 물론 직업여성과 여성농민, 여성노동자, 전업주부에 이르기까지 각계각층의 여성이 총망라되었다. 그러나 일제의 적극적인 탄압과 내부 노선의 이견은 1930년부터 근우회 해소론을 야기시켰고, 끝내 이를 타개하지 못한 근우회가 신간회의 해체에 이어 유야무야됨으로써 큰 아쉬움을 남긴다.

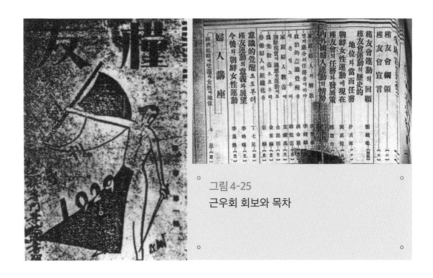

그림 4-25
근우회 회보와 목차

한편 3·1운동 이후 10년 만에 일어난 1929년 광주학생운동이 전국적인 학생운동으로 확산되어 갔다. 이런 흐름 속에 1930년 1월 서울 시내 사립 중등학교 봉기는 특히 이화여자고등보통학교, 배화여고보를 비롯하여 동덕여고보, 숙명여고보, 경성여자미술학교, 경성실천여학교, 경성여자상업학교, 태화여학교 등 각급 학교로 이어졌다. 이들 여학생들이 근우회의 지도 아래 일제히 궐기하였다. 당시 서울 학생시위로 구속된 학생들을 보면 1월 당시 총 구속학생 380여 명 중 여학생이 100여 명을 차지하였다고 한다. 이후에도 계속된 여학생 동맹 휴학 등 학생운동은 주로 무자격 교원 및 일인 교사 배척, 시설 충실과 학생에 대한 대우 개선, 일제 축제일 즉 기원절, 명치절 등의 식전 기피 및 봉축가의 불합창 등을 주장한 것이었다. 이같은 1930년 전후의 여학생 운동의 배후에는 1920년대 초기부터 활발했던 사회주의 운동의 영향이 컸으나 이같은 사회주의 운동계는 일제의 탄압이 심해지면서 해외로 망명하거나 지하에 잠입함으로써 전시체제 아래 활동은 더욱 어려워져 갔다.

그림 4-26 《동아일보》 1930년 3월 26일 기사로 여학생만세운동에 참여한 학생들이 출감하는 장면을 크게 보도했다.

여공의 생존권 투쟁

1920년대 민중여성의 각성과 생산직 여성노동자가 증가함에 따라 여성노동운동도 활발하게 전개되었다. 제사업과 고무공업을 비롯한 각종 제조업에 종사하는 여성들의 조직적인 노동운동은 1920년, 1930년대 초에 격렬히 일어났다.

(1) 선미여공 파업

일본으로의 쌀 이입과 수탈 현상이 증가하면서 당시 조선에는 정미업에 일본 기업이 대거 진출해 있었다. 인천, 진남포, 군산 등 정미소에 고용되어 일급으로 살아가는 조선의 선미여공은 수천 명이 넘었다. 1925년 인천과 진남포 등의 가등 정미소는 선미기를 설치하여 여공의 인력을 대체하려고 하였다. 하루 벌어 하루 먹고 사는 형편의 여공들이 선미기에 밀려나 실업자가 되어 오갈 데 없는 지경에 이르자, 인천 각 정미공 조합은 인천노동총동맹에 대책을 의뢰하는 등 파업에 들어갔다. 일당 11~12시간의 노동을 평균 8시간으로 줄이고, 수입은 종전대로 하루 노임 1원 이상, 한 말에 2리 인상 요구와 감독의 불법행위 대책, 부당해고 방지책 강구 등을 요구하였다.

이와 같이 선미여공은 인천에서 대거 파업하였다. 1930년대에는 군산, 해주, 진남포 등 여러 정미소에서 성폭행한 일인 감독 배척과 임금 문제로 동맹파업이 빈번하게 일어났으나 생활고 때문에 오래가지는 못하였다.

(2) 강주룡과 고무여공 파업

평원 고무공장에서는 1931년 5월 28일 파업이 시작되어 29일 새벽

강주룡이 모란대 공원 안 지상 20척(약 6.5미터) 높이의 을밀대 지붕 위에 올라가 임금 감하 반대 파업을 선동하며 격렬한 연설을 하였다. 평양 시민들의 관심을 끌기 위해 고공 투쟁을 벌인 것이다. 30일 구류처분을 받은 강주룡은 78시간 식음을 전폐하며 침묵으로 항의했다. 경찰은 할 수 없이 사리원에

그림 4-27 고무여공 강주룡의 고공투쟁 모습

서 온 그의 언니에게 인도했으나, 공장에서는 그를 포함하여 직공 14명을 해고하고 새로 취업한 여공들로 대체하려 하였다. 그러자 강주룡 등 검속 직공 4명은 단식동맹을 시작하였다. 6월 4일 평양 백선행기념관에서 다시 2,000명의 고무직공 대회를 개최하고 파업자금을 모금하였디. 빗속의 전차로에 들어가 새로 뽑은 직공의 출근을 저지하고, 자동차에 투석하는 등 파업투쟁을 이어갔다. 금강, 국제 고무 여공 200여 명도 동맹 파업에 합세하였다. 마침내 기업주들은 더 이상 임금 인하는 않기로 하고, 20여 일간의 파업이 해결되었다. 당시 강주룡은 비합법노조운동의 평양노조사건에도 가담하여 검거된 후 미결수로 4년의 옥중생활 끝에 병사하였다.

그밖에도 부산 지역 등 고무여공 파업은 기업측의 담합에 대응하는 조직적인 연대가 비교적 잘 이뤄짐으로써 자본에 적나라한 대결 양상을 어느 정도 가능케 하였다. 또한 아이들을 동반한 기혼 여성들이 더 끈질기게 버텨냄으로써 장기간 단식 동맹 등의 과격한 행위들로 치열한 생존권 투쟁을 벌일 수 있었다.

(3) 제사 방직 여공 파업

함흥의 편창, 대전의 군시, 청주, 전주, 강릉 제사공장 등 일본의 대기업이 진출해 있던 각지의 16~18세 제사여공들은 1928년부터 1932년 말 사이에 가혹한 저임금에 동맹 파업을 전개하였다. 심지어 14시간 노동에 임금은 15전인 처지에 맞서 대우 개선, 임금인상, 근무시간 단축 등의 요구는 너무나 당연한 것이었다. 1933년 9월 종연방적회사 여공 300명 중 일부가 정식요구조건도 제출하지 않고 대표자 교섭도 없이 임시휴업을 선언하고 파업을 독려하자 이에 회사측도 휴업으로 맞섰다. 회사는 15, 16세 어린 여공의 보호자에게 진의를 타진하는 한편, 기숙여공 80명에게 물어보니 임금 인상과 기타 대우 개선 등을 요구한다는 것이었다. 같은 시기 평양 종방 공장도 여공 450명이 저임금과 감독 배척을 이유로 파업하였는데, 공장측은 해고로 맞섰다. 또한 1936년 1월 광주 종방제사 공장에서는 여공기숙사 방화사건이 일어나는 등 공장의 나쁜 대우와 감독의 냉혹한 감시에 분개한 여공들은 회사측의 반성을 촉구하고 감독자의 인책, 사직을 위해 어떤 투쟁도 불사하였다.

이처럼 대기업의 여공폭력, 벌칙에 의한 노임 착취, 과도한 노동시간 연장 등 각종 횡포에 참다못한 여공의 동맹 파업은 계속 이어졌다. 그러나 개별 공장별 파업은 조직적이라기보다는 자연발생적으로 일어났으며, 미혼 여공들의 기숙사 생활 등은 파업 주체인 여공들의 의식 상태와 노동 환경의 차이에 따라 큰 힘을 발휘하지 못한 한계를 드러내기도 하였다.

그밖에도 1930년대 중반에 방직공장에서 여공들은 빈번한 탈출 행위로 저항하였다. 이들은 대부분 모집원의 과장된 선전을 듣고 집을 떠나 공장에 취직한 농가의 여성들로 듣던 것과는 다른 공장의 비인간적 생활을 참지 못하여 탈출을 감행한 것이었다. 공장측의 엄격한 감시망을 피해 여공들이 탈출을 기도한다는 것은 개인적인 차원에서의 최대한의 대응책이기도 하였다.

해외 여성운동과 여성무장투쟁

초기 재일 여자 유학생들은 조선의 여성 교육에 관심을 갖고 주로 방학을 이용하여 귀국해 교육단체를 도와 순회강연 등에 참여하였다. 3·1운동에 앞서 도쿄 유학생이 중심이 되어 2·8 독립선언을 할 때 여자 유학생들도 참여하였다. 3·1운동 이후에는 상해 임시정부와 긴밀한 관계를 가지며 중국의 정정화를 비롯하여 대한애국부인회 등이 재건되어 지속적으로 군자금을 모금하고, 국내 연락책임 등을 맡기도 했다. 뿐만 아니라 여자광복군이 되어 항일전을 준비하면서 선유공작, 군사 훈련, 통신병 역할을 수행하였다.

　이같은 여성독립운동은 미주에서도 활발하였다. 미국으로 간 한인들은 식민지 조선의 민족이란 한을 극복하기 위한 노력으로 대한인국민회, 동지회 등 한인 단체를 조직하여 멀리서도 민족 독립을 꿈꾸었다. 여성들도 미주의 대한여자애국단, 한인부인회, 하와이의 부인구제회 등을 조직해 조국의 독립을 기원하고 독립 자금 모금에도 힘쓰는 등 한인사회에 협동과 상조정신을 심는 데 노력하였다.

　한편 1920년 여참모장으로 이름을 떨친 조신성은 대한독립청년단을 조직, 평남 맹산, 영원, 덕천 3군의 다수 청년을 모집하여, 일제 순사및 친일파 암살을 기도하고, 경찰서 군청 면소에 사형선고서 협박장과 경고문 등을 보내 대대적으로 조선독립사상을 선언하고 전파함으로써 일

본 관헌과 친일세력을 위협하고 공포에 떨게 하였다.

1932년 4월 29일 윤봉길 의사와 홍구공원 의거를 함께 거행한 이화림뿐만 아니라 '여자 안중근'이라고 불릴 정도인 남자현의 항일 의열활동도 유명하다. 평남도청에 폭탄을 던진 안경신, 의열단 단장 김원봉의 부인이자 조선의용대 부녀복무단장으로 직접 무장투쟁에 나서 1944년 순국한 박차정, 중국에 망명 후 군관이 되어 청년들을 가르친 허정숙, 여자 광복군의 오광심, 지복영 등 많은 여성들의 항일 무장투쟁은 주로 중국 만주 등지에서 이뤄졌다. 이들의 활동이 때로는 실패하고 좌절하였다 하더라도 그 정신과 실제 활동은 한국 독립의 밑거름이 되었음에 틀림없다.

이상에서 개화기부터 일제 강점기 여성의 일상적 삶과 항일구국 투쟁 등을 살펴보았다. 그 시기 여성들은 세계적 변화에 발맞춰 자신과 조선 민족의 삶을 개선하고자 열심히 노력했다. 일제의 억압 속에 가장 밑바닥에서 살 수밖에 없었던 가난한 민중여성, 그들은 전장까지 끌려가 성노예, 정신대, 종군간호부 등 군속으로 처절한 피해와 희생을 강요받았다. 농촌 여성의 일상화된 고달픈 삶도, 치열했던 노동 여공의 삶도 그저 죽음 같은 어둠이었다. 그러나 새벽을 기다리며 가족 안에서 식민지 사회에서 민족 국가를 꿈꾸며 희망을 일궈낸 것도 여성들이었다.

일찍이 공부한 신여성으로 자신과 사회를 개척해나가기도 하고, 3·1운동을 지나 1920년대 근우회 등 여성단체활동과 신여성운동, 1930년대까지 여성노동자 여성농어민운동, 그리고 대내외 여성무장투쟁까지 다양한 방법으로 지속적인 활동을 펼쳤다. 반면 일제의 군사전쟁 시기에 많은 여성은 친일활동을 하기도 하였다. 그러나 앞에서도 언급한 바와 같이 민중 여성은 정신대와 '군 위안부' 등으로 전쟁에 동원되었으며, 남은 후방 여성들은 가족의 생계를 책임지며 희생의 굴레를 벗어날 수 없는 힘겨운 삶도 영위하였다.

결국 이 시기 여성들은 국가와 민족의 문제를 해결하기 위해 남성들과 함께 함으로써 독립운동에서나 여성운동에서 일정한 성과도 거두었고 발전도 이루었다. 그러나 아직 봉건적 가부장제의 잔재를 떨쳐내기는 그 굴레가 너무나 견고하고 컸다. 이른바 근대 사회로의 진입은 결코 수월하지 않았고 험난했다. 일제 식민지의 강압과 수탈, 전쟁 속에 여성의 삶은 곤고하기만 하였다. 교육을 받고 사회적 진출에 선구적이며 노동운동에 앞장선 여성들이 자신을 포함한 여성 또는 민족적·사회적 문제 해결에 나섰다 하더라도 실제 그 성과를 이뤄내기는 쉽지 않았다. 마침내 종전과 함께 맞이한 8·15 광복은 실질적인 민족이나 여성 해방에 앞서, 미소 점령이라는 또다른 정치사회적 국면을 맞게 되었다. 여성들의 해방 문제는 여전히 국가와 민족 문제 앞에 어디까지나 부차적인 것으로 왜곡되고 은폐되기 쉬웠고, 그 성과를 누리기에는 아직 여성의 힘이 그만큼 성장하고 축적되지 못하였다.

5장

현대의
여성

함께 사는 세상 만들기

시대개관

미국은 1945년 8월 6일 일본 히로시마, 9일 나가사키에 핵폭탄을 떨어뜨렸다. 계속되는 패배로 궁지에 몰려 있던 일본은 결국 연합국에 항복했고 일본의 식민지였던 한반도에 해방이 찾아왔다. 그렇게 해방을 맞이했지만 한반도 남쪽에는 미군, 북쪽에는 소련군이 들어와 각각 군정이 실시되었다. 1948년 한반도는 둘로 나뉘어 남쪽에는 대한민국, 북쪽에는 조선민주주의인민공화국이 세워졌다.

38선을 사이에 두고 남과 북은 자주 충돌했으며 결국 1950년 한국전쟁이 발발했다. 전쟁은 분단을 확고히 했고 분단으로 남북 관계는 더욱 경색되었으며 국가권력은 분단이라는 상황을 이용해 국민의 자유를 억압했다. 그러나 국민들은 1960년 4·19혁명, 1980년 광주민주항쟁, 1986년 6·10항쟁으로 독재 정권에 맞서 싸웠고, 이는 한국의 민주화에 커다란 영향을 끼쳤다.

해방이 되자 여성들도 거리로 쏟아져 나와 남성과 여성이 함께 사는 세상을 만들자고 주장했다. 여성들은 선거권과 피선거권을 가져야 하고, 성차에 따른 임금차별과 교육에서 남녀차별을 없애자고 요구했다. 한국전쟁으로 남성들이 동원되자 여성들은 공공기관뿐만 아니라 농업, 공업, 상업 따위의 모든 영역에 진출했다. 특히 상업에서 여성 진출이 두드러졌고, 시장은 여성들로 넘쳐났다. 그러나 이러한 여성의 사회 진출과 경험은 사회질서를 파괴시킨다는 이유로 무시당했다. 전후 재건과정에서 여성은 사치와 허영의 상징으로 이미지화되기도 했다.

그렇지만 여성들은 경제성장의 주역으로 우뚝 섰으며 의무교육 실시와 높아진 대학진학률은 변화를 이끌었다. 여성들은 가족을 둘러싼 일상생활뿐만 아니라 성차별적 법률, 제도 등을 바꾸려고 꾸준히 노력했다. 이러한 여성들의 요구는 하루아침에 이루어지지 않았고 한국현대사 내내 줄기차게 제기되었다.

해방과
분단

해방 뒤 거리로 쏟아져 나온 여성들

1945년 8월 15일 라디오에서 "일본 제국이 연합군에 무조건 항복하였음을 알리는 바이다"라는 일본 천황 히로히토의 목소리가 흘러나왔다. 이날 방송을 들은 사람들은 많지 않았지만 일본이 항복했다는 소식은 빠르게 퍼져나갔다. 다음 날, 서울역 광장과 남대문으로 사람들이 쏟아져 나왔고 '대한 독립 만세'를 부르며 행진했다. 해방 행렬은 서울뿐만 아니라 지방에서도 이어졌다.

집회, 시위와 함께 하루가 시작되고 저물 정도로, 사람들은 집회와 대회를 쫓아다니며 해방의 기쁨과 격정을 호흡했다. 「혜란의 수기」는 갑자기 찾아온 해방의 기쁨을 이렇게 묘사했다.

그날이 올 줄만 알았다. 그렇게 갑자기 오리라고는 생각지 않았다. (……) 8월 16일 서대문 감옥에서부터 거리로 나온 우리는 종로로 나와 휘문학교로 달려갔었다. 점심 때 우리는 연합군을 환영하려 나가는 많은 사람들 틈에 끼어서 정거장으로 달려갔다. (김영석, 「혜란의 수기」, 《부인》 창간호, 1946)

새로운 나라를 세우려는 움직임이 곳곳에서 일어나 수많은 정당과 단체들이 조직되었다. 가장 먼저 모습을 드러낸 정치단체는 여운형을 위원장으로 하는 조선건국준비위원회(이하 건준이라 줄임)였다. 건준은 지방에 145개 지부를 만들었고 치안과 질서유지에 힘썼지만 활동을 지속할 수 없었다.

1945년 8월 8일, 일본에 선전포고를 한 소련군은 나진, 청진, 원산을 거쳐 8월 25일 평양에 도착해 일본군의 항복을 받았다. 이날 소련군 사령관 치스차코프는 「조선인민들에게」라는 포고문을 발표했다. 미군은 소련군보다 늦게 한반도 남쪽에 들어왔다. 1945년 9월 9일, 태평양방면 미육군 총사령관 맥아더는 포고령 제1호인 「조선인민에게 고함」을 발표했다.

38선을 사이에 두고 한반도 북쪽에는 소군정이, 남쪽에는 미군정이 실시된 것이다. 결국 이 선은 1948년 남쪽에 대한민국, 북쪽에 조선민주주의인민공화국이 들어서면서 한반도의 분단선이 되었다.

해방이 되자 일제 강점기 동안 억눌려 있었던 여성들도 거리로 쏟아져 나와 자신들의 목소리를 담은 단체를 조직했다. 여성들은 1945년 8월 17일 '건국부녀동맹'을 조직했다. 건국부녀동맹은 이념을 떠나 모든 여성운동가들이 총망라되었다.

건국부녀동맹은 1945년 12월 22일부터 사흘 동안 전국부녀단체 대표자 대회를 개최했고, 이 자리에서 조선부녀총동맹(이하 부총이라 줄임)으로 개편되었다. 전국의 148개 단체를 대표한 458명이 모여 결성한 부총은 각 도에는 도연맹, 군에는 군지부, 면에는 면분회, 부락에는 반회를 두었다. 전국에 조직체계를 갖추고 "부녀의 특수한 모든 문제의 해결은 전 민족적 절대 해방을 기초하며 또 부녀 문제의 특수한 해결 없이 전 민족의 해방은 이루어질 수 없다"고 선언했다. 부총은 아래의 내용을 행동 강령으로 내걸었다.

- 남녀평등의 선거권, 피선거권을 획득하자.

- 남녀 임금 차별제를 폐지하라.

- 근로 부인의 산전, 산후 각 1개월간의 유급 휴양제를 확립하라.

- 사회시설(탁아소, 산원, 공동식당, 공동세탁소, 아동공원)의 완비를 요구한다.

- 공·사창제와 인신매매를 철폐하라.

- 일부일처제를 철저히 실시하라.

- 교육에 대한 남녀차별제를 철폐하라.

- 모자보호법을 제정하라.

(김남식편, 『남로당연구자료집』1, 고대아세아문제연구소, 1988)

부총의 행동강령은 근대 국민국가가 지향해야 할 대표적 여성정책들을 모두 포함했다. 곧 정치부문에서는 남성과 여성이 평등한 선거권 및 피선거권과 언론·출판·집회·신앙의 자유를, 경제부문에서는 남녀의 임금차별을 없애고 일하는 여성들을 위해 탁아소나 공동식당 같은 사회시설을 만들 것을 요구했다. 또한 교육에서 남녀차별을 없애자고 주장했다.

부총은 모든 부분에서 남녀평등을 주장했고 새로 세워질 국가는 자신들의 주장을 반영해야 한다고 강조했다. 부총은 지식층 여성뿐만 아니라 농촌 여성, 주부, 여성노동자까지 참여하는 여성 대중 조직으로 자리잡았다. 그러나 미군정의 탄압으로 1947년 2월, 남조선민주여성동맹으로 개편되었고 그 활동은 약화되었다.

한편 우익계열의 여성들은 처음에는 건국부녀동맹에 참여했으나 곧 탈퇴했다. 1945년 9월에 여자국민당과 한국애국부인회가 결성되었다. 우익 여성단체는 1945년 12월 말 신탁통치 반대운동을 전개하면서 본격적으로 활동했다. 이때 반탁운동을 강력하게 전개할 목적으로 결성된 조직이 독립촉성부인단이다. 1946년 4월, 독립촉성부인단과 한국애국부인회가 조직을 통합해 독립촉성애국부인회(이하 독촉애부라 줄임)를 조직했다. 독촉애부의 결의안은 아래와 같다.

- 좌우와 남북이 통일된 자유정부 수립에 우리 여성은 피로써 맹세하고 적극 협력하려 한다.
- 일천오백만 우리 여성은 총 단결하여 국산품을 애용하고 생산에 적극 협력함으로 조국경제건설에 공헌하고자 한다.
- 근로 · 질서 · 간편 · 청소의 신생활을 전개하여 건설국민의 문화향상을 도모하려 한다. (《동아일보》, 1946년 6월 23일)

독촉애부는 중앙에 총본부를, 서울을 비롯한 지방의 각 시와 군에 지부를, 동과 면에 분회를 두었다. 독촉애부는 반탁운동과 단독정부 수립 운동에 참가하면서 그 세력을 확장했다.

해방공간 여성들은 가정에만 머물지 않고 거리로 나와 목소리를 냈지만, 이데올로기에 따라 좌익과 우익으로 나뉘었다. 좌익 여성들은 단독정부 수립 반대를 외쳤는데 미군정의 탄압으로 주요 활동가들은 북으로 갔고 조직을 유지하지 못했다. 반면 우익 여성들은 남한만의 단독정부 수립을 지지했으며 여성들의 선거 참여를 장려했고 여성대표자를 국회에 보내자고 주장했다.

그러나 여성대중과 유리된 채 특정 정치인을 지지하는 여성단체의 모습은 오랫동안 크게 달라지지 않았는데, 이는 여성운동의 발전을 가로막는 장애가 되었다.

미군정, 부녀국 설치

미군정은 1946년 9월 14일 법령 제 107호 '부녀국 설치령'을 발표했다. 부녀국은 첫째 조선 부인의 사회, 경제, 정치 및 문화적 개선에 관하여 군 정장관에게 의견을 제시했다. 둘째 조선 부인의 지위 및 복지에 관한 자 료를 모집하여 조사연구 결과를 발표하고, 셋째 정부기관에 의견을 제기 해 그 표준과 방법을 정하는 것을 목적으로 했다.

보건후생부에 부녀국이 처음으로 창설되었는데 직원은 2~3명 정도 였다. 부녀국의 주요 활동은 주로 좌담회나 강연회였다. 부녀국장은 강습 과 강연 강사로 나섰다. 1948년 3월 27일부터 5월 29일까지 매주 토요일 마다 '어머니학교'가 진행되었는데 부녀국장은 "어머니는 자녀의 장래를 잘되게도 하고 못되게도 한다"며 가정에서 여성의 중요한 역할을 강조하 고 있다. 곧 여성들을 계몽하는 까닭은 훌륭한 어머니를 만들기 위함이 고, 좋은 어머니는 좋은 아이들을 양육하는 사람으로 보았다.

부녀국이 조직한 강습회의 대상은 백화점 점원, 전화교환원, 교사, 일반 여성들이었다. 강습 내용은 크게 세 가지로 분류된다.

첫째, 기혼 여성이든 미혼 여성이든 여성의 역할은 좋은 어머니가 되는 길이라는 전제 아래 이를 강조하는 강연이었다. 둘째, 성교육 특히 성병 예방교육이었다. 셋째, 제1대 국회의원 선거 참여를 독려했다.

여론은 남녀평등이라는 민주주의적 이념을 실현하기 위한 첫 단계 라며 부녀국의 설치를 환영했다. 그런데 미군정의 여성정책에 나타난 여 성은 개인으로서의 독립적 여성이 아니라 가족의 삶 속에서 규정받는 아 내이자 어머니, 딸인 '부녀(婦女)'였다. 미군정이 도입한 서구적 법질서는 형식적으로는 여성들을 봉건적 속박에서 풀어주고 참정권도 인정했지만,

여전히 권리와 의무가 부여된 시민이 아닌 의무만 강조된 부녀였다.

자주색 투피스 차림의 여자경찰

해방공간, 그전까지 보지 못했던 새로운 풍경이 펼쳐졌다. 한 아이가 길을 가다가 오줌이 마려워 골목길 담벼락에 오줌을 누는데 자주색 투피스 차림의 여성이 다가와 그러지 말라고 따끔하게 혼을 내고 있다. 이 여성은 놀랍게도 경찰관이다. 여자경찰제도가 처음 생긴 때는 1946년으로, 다음은 여자경찰 모집 광고이다.

> 운수경찰부에서는 각 주요 역에 여순경을 채용·배치하기로 되었는데 채용 규정은 다음과 같다.
> - 중, 고등학교 출신 정도
> - 20세부터 35세까지
> - 지원 마감은 5월 27일

모집 규정은 20세부터 35세까지라 했지만 실제 합격한 사람들은 대부분 25세가 넘는 기혼 여성이었다. 처음 여자경찰이 된 64명은 곧 조선국립경찰학교에 입학해서 2개월간 교육을 받았다. 여경들은 교육기간 동안 호신술, 포승사용법, 제식훈련을 받았고 형법, 형사소송법, 경찰실무 등을 하루 7시간씩 배웠다. 교육을 마친 여자경찰들은 각 경찰서로 배치되었다. 1947년 2월에는 여자경찰들만 일하는 여자경찰서가 서울, 인천, 대구, 부산에 세워졌다.

처음 경찰서에 배치된 여자경찰들은 전화를 받거나 거리에 나가 지저분한 벽보를 제거하는 단순한 일을 했으나 점차 여성 범죄자를 조사하거나 아동 보호, 교통정리 따위를 맡았다. 또 여성들에게 글을 가르치고 힘든 상황에 부닥친 여성들을 보호하는 일도 여자경찰의 일이었다. 이 임무 가운데 성매매 여성에 대한 단속과

∘ 그림 5-1 여자경찰관의 모습 ∘

관리는 여자경찰의 여러 업무 가운데 가장 중요했다. 여자경찰은 공창업소를 단속 · 관리했고, 미군을 상대로 하는 성 판매 여성의 단속과 검진을 담당했다.

인신매매 금지와 공창 폐지

미군정의 여성정책 특히 성매매와 관련하여 높게 평가받는 정책은 인신매매 금지와 공창제도 폐지이다.

미군정은 1946년 5월 17일 법령 제70호, '부녀자의 매매 또는 그 매매계약의 금지령'을 공포했다. 처음 법령 제70호가 공포되었을 때 여론은 이를 공 · 사창의 폐지 및 창기의 해방, 성매매의 완전한 금지로 이해했다. 이에 대해 군정장관 러치는 인신매매 금지가 공창 폐지는 아니라며

자발적 선택으로 행해지는 성매매는 법에 저촉되지 않는다는 입장을 밝혔다. 즉 공·사창을 유지시킨 상태에서의 인신매매 철폐란 단지 선언적 의미에 불과했다. 법령 70호는 공창의 영업 허가권의 폐지가 아니므로 인신매매에 의한 계약은 파기하고, 다시 계약을 해서 성 판매 여성을 구속할 수 있었다. 또한 일부 포주들은 여관업이나 술집으로 업소를 바꾸어 창기들을 고용인으로 등록하기도 했다.

이에 여성단체들은 공창폐지연맹을 조직해 여성 해방의 조건이라며 끊임없이 공창 폐지를 요구했다. 마침내 1947년 11월 14일 법률 제7호 '공창제도 등 폐지령'이 공포되어 1948년 2월 14일부터 그 효력이 발생되었다.

일본에서 연합군 최고사령부가 1946년 1월 21일 민주주의의 이상과 개인의 자유 발달에 위반된다며 공창을 폐지(SCAPIN-642)한 사실과 비교할 때 미군정의 '부녀자의 매매 또는 그 매매계약의 금지령'과 '공창제도 등 폐지령'이 각각 1946년 5월과 1947년 11월에 공포된 것은 상당한 의미를 함축하고 있다.

일본에서는 미군의 진주와 동시에 1945년 8월 18일 일본 내무성의 주도로 미군만을 위한 성매매 기구인 RAA(Recreation and Amusement Association)가 조직되었다. 그러나 조선에서는 이 같은 조직이 없었으며 공창과 몇 개의 댄스홀, 카바레, 카페 등이 이를 대신하고 있었다. 따라서 공창 폐지는 쉽지 않은 문제였으며 더구나 경찰의 통제를 받는 공창은 성병예방과 검진에 매우 효과적인 제도였다. 곧 일본과 달리 미군정이 공창 폐지를 최대한 늦춘 까닭은 미군 성적 욕망의 배출구가 필요했기 때문이다. 오히려 인신매매 금지와 공창제도 폐지 사이에 1년 9개월이라는 시차가 생기면서 사창의 증가만 가져왔다.

한국전쟁과
여성

전쟁 동안 여성의 할 일

대개 전쟁 기록은 생명의 위협 속에서 싸우는 '전방의 남성'과 남성에 의해 보호받는 '후방의 여성'이라는 성별 차이에 따라 기록되었다. 한국전쟁의 경우도 이와 다르지 않아 전쟁사는 장군, 추모되어야 할 전사자들, 전장의 전투기록들로 가득 채워져 있다.

　그러나 이러한 성적 분할만으로 전쟁이 여성에게 맡긴 생존의 무게가 결코 가벼워질 수 없다. 여성은 전쟁 중 남성들 혹은 국가에 의해 가해진 학살, 성폭행의 대상자로 전쟁의 희생자이자 피해자였다. 전쟁의 피해자로서 여성에 대한 인식은 일본 제국주의에 의해 강제로 동원된 '일본군 위안부'의 실상이 알려지면서 더욱 분명해졌다.

　여성이 겪는 폭력과 기아의 공포는 전쟁이 끝나고 포성이 멈추었다고 하더라도 쉽게 끝나지 않는다. 전쟁으로 인한 파괴와 경제적 피폐, 폭력의 경험은 전쟁 뒤에도 여전히 사회를 지배하기 때문이다. 광범위한 파괴와 죽음을 가져왔던 한국전쟁의 경우 이런 현상은 더욱 심했다. 한국전쟁으로 인한 남한의 인명 피해만도 사망자 · 행방불명자 · 납치자만 100만여 명, 부상자 69만여 명에 달했고 서울을 비롯한 접전지역에서 대부분의 시설이 파괴되었다.

전쟁으로 인해 사람들은 일상화된 죽음의 공포를 느꼈으며 전쟁고 아들과 상이군인, 남편을 잃은 아내들, 자식을 잃는 어머니들, 아버지를 잃은 딸들이 혈육의 상실을 슬퍼할 겨를도 없이 생존을 위해 다시 거리로 내몰렸다. 수많은 여성들이 가족의 생계를 유지하기 위한 노동에 나서야 했고, 남편과 아버지를 대신하여 아이들의 교육을 담당해야 했다. 전쟁과 함께 여성들에게 주어진 이러한 역할은 계층에 관계없이 혹독한 시련이었지만, 여성의 지위를 향상시킬 수 있는 새로운 가능성이기도 했다.

그러나 전쟁이 끝나자 사회는 사회에 진출했던 여성들을 멸시하고 도덕적으로 단죄했다. 도덕적 단죄는 전쟁피해자에 대한 국가의 책임을 회피하는 방식이기도 했다. 따라서 전쟁 뒤 성담론은 전후의 폐허 속에서 여성에게 어떻게 전쟁 책임을 부과했는지 파악할 수 있다. 그래서 전후 사회는 '전쟁미망인', '자유부인', '박인수 사건' 같은 이름으로 여성을 둘러싼 무수한 담론과 규제가 작동되었다.

한국전쟁 동안 여성이 간호병이 아닌 병사로 본격 동원된 때는 대한여자의용군(이하 여자의용군이라 줄임)이 모집된 1950년 8월 말이었다. 8월 중순부터 시작된 여자의용군 모집은 길거리 모집, 각 지역 행정기관의 추천, 개별지원, 학교를 통한 모집 등 다양한 방법으로 행해졌다.

여자의용군 모집은 큰 호응을 얻어 지원자는 모집을 시작한 지 며칠 지나지 않아 정원을 넘어섰다. 여자의용군에 지원할 수 있는 자격은 일정한 수준의 교육을 받은 미혼 여성이었는데, 초기에는 교사나 교사양성소의 학생, 여학생들이 많았다.

이렇게 모집된 여자의용군은 제2훈련소의 여자의용군 교육대에서 군사훈련을 받았다. 1기생의 경우 1950년 9월 4일 입대식을 거쳐 하사관 수준의 능력을 기른다는 목표에 따라 화기학, 분대전투, 사격 같은 훈련을 받았다. 1기생은 9월 26일까지 교육을 받은 뒤 20명은 교육대로, 471명은 여군중대로 배치되었다.

그리고 이들 여군중대들 중심으로 10월 2일 여자의용군이 창설되었다. 그 뒤 이들은 국방부, 육군본부, 통신보급대대, 조달감실 등에 분산되어 배치되었다. 여자의용군은 주로 정훈대대, 예술대, 후방 행정요원으로 활동했다.

여성이 병사로 전쟁에 참여한 사실은 '여성은 남성으로부터 보호받는 존재'라는 인식에서 벗어나 국민으로서의 지위를 획득하는 계기였다. 국민을 국가를 위해 죽을 수 있는 명예를 가진 사람과 그렇지 못한 사람으로 나누고 전자만 국민의 자격을 획득한다면, 병사로서 여성의 참전은 여성이 국민 자격을 획득하는 절호의 기회가 된 셈이었다.

그러나 여자의용군을 비롯한 여성참전은 새로운 여성관 형성 같은 근본적인 변화를 가져오지는 않았다. 더구나 여자의용군들이 한 일은 대부분 행정업무나 남성 병사들을 보조하는 한정된 임무였다. 결국 1951년 일선 전투부대에서 많은 여자의용군들이 자진 제대했다. 이들은 "사단에서 전투 임무가 아닌 행정 임무를 부여한 점이 불만이었고, 여자의용군의 활용이 미흡했다"라고 증언했다. 곧 행정업무 중심의 임무는 여자의용군 소속 병사들의 기대와 욕구를 충족시킬 수 없었다.

이러한 한계는 여자의용군 창설과 운영 과정에서 그대로 드러났으며, 여자의용군 참여를 독려했던 여성인사들의 의식 또한 이에서 크게 벗어나지 못했다. 곧 여성이 담당할 일은 전투에 참여하는 것이 아니라 싸우는 남성 병사들을 후방에서 도와주는 것이라는 생각을 전제하고 있었

○ 그림 5-2 **여자의용군의 모습** ○

다. 한국전쟁 동안 여성에게 요구된 일은 전선에의 참여보다는 후방에서의 지원이었다.

남성들이 전장에 동원되어 전투와 전투지원에 종사하는 동안 후방에 남겨진 사람들은 대부분 여성과 노약자들이었다. 그러나 후방에 있었다고 해서 그 생활이 편안한 것은 결코 아니었다. 후방 여성들은 남성 부재의 현실 속에서 가족과 힘겨운 생존투쟁을 벌이는 한편 다른 형태의 전쟁에 동원되었다. 후방사업이라고 불리는 여성들의 동원이 어떤 형태로 이루어졌는지는 일간지에 실린 아래의 격문에 잘 나타나 있다.

자유조국의 어머니와 딸들이여! 일선에 위문품을 보내자! 상이장병을 원호하자! 출정하는 용사들을 환송하자! 그리고 기근에 떠는 재민들을 구호하는 사업에 동원되자! (……)그러면 자유조국의 어머니와 딸들이여 (……) 주먹을 움켜쥐고 전선을 돕기 위한 모든 후방 사업을 전개하는 대열에 참가하라! 조국의 어머니와 딸들이여, 남편과 아들과 오빠가 웃으며 나아간 전선으로, 전선으로 뒤를 받들어 빠짐없이 진군할 때는 왔다. (《동아일보》, 1951년 1월 20일)

전쟁기간 동안 이루어진 가장 기초적인 여성 동원은 출정 장병 환송, 전상자 위문, 군복 세탁, 위문품보내기 같은 위문활동이었다. 특히 이에는 대한부인회, 대한여자청년단, 국방부녀회 등 여성단체와 민간단체의 예술단이 임시위문단을 조직하여 파견하는 형태로 전개되었다. 대한여자청년단은 위문활동을 위해 1950년 12월 조직되었고, 국방부녀회는 한국전쟁을 위해 파견된 외국 군인들을 위문하라는 이승만의 지시로 조직되었다.

이러한 위문활동보다 극단적인 형태의 여성 동원인 '성(性)적 위안'이 한국전쟁 기간 동안 군과 정부에 의해 조직적으로 이루어졌다. 정부는 미군(UN군)이나 한국군 병사들에 의해 저질러질 것으로 예상되는 성적 일탈에 대한 대응책으로 공인된 성매매 장소인 '위안소'를 설치했다 (주로 1950년대와 1960년대에 정부나 언론에서는 외국 군인을 상대로 하는 성매매 업소를 위안소라 불렀다). 전쟁 초기 소규모로 이뤄지던 연합군 위안소 설치가 본격화된 것은 전선이 38선을 중심으로 교착된 1951년 말부터였다. 전선과 병사의 이동이 거의 없는 상태에서의 연합군 증가는 병사들에 대한 성적 위안을 시급한 문제로 제기했고, 이에 대한 해결 방안으로 위안소가 크게 늘어났다. 1952년 7월 부산에만 78개소에 이르는 '연합군 위안소'가 정부의 허가를 받아 영업을 하고 있었다.

육군 본부는 한국군을 위한 위안소를 세우면서 "육군 전 장병의 복지 및 사기양양을 위한 특수위안활동(을 위해) 본 특수 위안대를 설치하게 되었다"라고 설치 목적을 밝혔다. 이러한 목적으로 세워진 위안소는 성매수자를 기준으로 미군(UN군)을 상대하는 연합군 위안소와 한국군 병사를 상대하는 특수위안대로 나뉜다.

한국전쟁 동안 이러한 상황은 공창의 폐지와 함께 불법화된 성매매를 합법적으로 제도화하는 계기가 되었다. 그리고 이는 전쟁 뒤 미군 기지를 중심으로 한 기지촌과 도시 지역의 집창 지역으로 발전했다.

전쟁으로 인한 동원 체제는 당연히 남성들을 동원과 죽음, 실종, 부상으로 내몰았다. 병사나 노무자로 동원된 20~30대 남성은 한순간에 약 100만 명에 달했다. 이는 1949년 인구조사 때 파악된 20~39세 남성인구의 30퍼센트 정도에 달했다. 이에 전쟁을 계속하고 사회를 유지해야 한다는 필요에 따라 생산현장을 비롯한 공적 영역으로 진출하는 여성이 늘어났다.

전쟁 초기에는 주로 군이나 공공기관을 중심으로 여성이 충원되었다. 여자의용군 외에도 군대 내의 일부 행정업무가 여성에게 맡겨졌다. 공장이나 기업체에서도 여성들을 모집했다. 이 가운데 상당수는 전쟁 이전에는 주로 남성들이 일하던 곳이었다. 국방부는 모든 직장은 가능한 많은 여자를 채용하라는 담화를 내보냈다.

한국전쟁을 계기로 여성 진출이 가장 두드러진 분야는 공공분야였다. 문교부는 부족한 초등학교 교사를 충원하려 각 시·도에 교사양성소를 세우고 16세 이상, 중학교 4년 정도의 학력을 가진 여성에게 우선권을 주었다. 체신부에서는 기술요원들의 징집에 대비하여 여성기술자를 양성했고, 우체국의 창구사무원을 여성으로 바꾸기 시작했다. 치안국 역시 징집되거나 전투지구에 파견된 남자경찰관의 자리를 메우기 위하여 여자경찰관을 늘렸다. 이와 같은 공공분야에서의 여성인력 충원 결과 1949년 24,454명에 불과했던 공무자유업에 종사하는 여성이 1951년 182,048명으로 7배나 늘었다.

공공분야가 아닌 영역에서도 여성의 진출은 두드러졌다. 농어업 노동의 경우 1949년 254만 명이었던 여성이 1951년 497만 명으로 늘었다. 공업에서는 1949년 28,872명이었던 여성종사자가 1951년에서 84,892명이 되었으며, 교통업에 종사하는 여성 역시 1949년 1,845명에서 1951년에는 30,490명으로 늘었다.

특히 상업에 종사하는 여성 증가는 놀랄 만한 것이어서 1949년 81,204명에서 1951년 593,264명으로 7.3배로 늘어났다. 한국전쟁을 계기로 상설시장에서 행상에 이르기까지 여성들 판이라 할 정도로 거리는 온통 여성들로 넘쳐났다.

그러나 노동력 동원으로 인한 여성의 사회 진출과 경험은 전방(남성)과 후방(여성)이라는 경계선을 어지럽혔고, 그때까지 이어져온 남성과 여성의 정체성을 혼란시켰다. '여성이 남성화'될 것이라는

그림 5-3 여성의 사회진출을 풍자한
'여성의 남성화'
(출처: 〈주부생활〉 1958년 10월호)

정체성의 혼란에 대한 두려움은 여성을 사치와 허영의 상징으로 말하거나, 나아가 전쟁 동안 아무것도 하지 않은 무력한 존재로 이미지화했다.

아직 죽지 아니한 아내, 전쟁미망인

한국전쟁 뒤 전쟁으로 남편을 잃은 여성들을 전쟁미망인이라 불렀다. '남편과 함께 죽어야 하는데 아직 죽지 아니한 아내'라는 뜻을 가진 '미망

인'이라는 호칭은 '남편을 뒤따라 죽어야 하는 도덕적 책무를 다하지 못한 아내'라는 윤리적 의미와 독립된 개체로서의 여성의 존재를 부정하고 '남성에 의해서 보호되고 규정되는 여성'이라는 존재적 의미를 함께 지니고 있다. 한국전쟁 뒤 전쟁미망인이라는 호칭 또한 마찬가지였다.

전쟁 뒤 전쟁미망인의 수에 대해 구체적인 조사가 이루어진 적은 없지만 한국전쟁 피해 통계에 근거할 때 최소 30만 명 이상으로 추정된다. 전쟁미망인이 사회적으로 부각된 까닭은 전쟁미망인들의 대다수가 빈곤했으며 이러한 상태를 벗어날 기반이 되는 기술이나 지식, 사회경험이 없었기 때문이었다.

도시에 거주하는 전쟁미망인들은 주로 행상에 나서거나 시장의 한 구석에서 좌판을 벌였고, 삯바느질로 연명하거나 일용직 노동에 종사했다. 또한 전국 성 판매 여성의 태반이 전쟁미망인이라는 보도가 있을 정도로 성매매에 종사하는 미망인도 있었다.

농촌에서는 생계에 필요한 충분한 경작지를 소유하지 못했거나 의지할 시가나 친정이 없는 경우 정부의 구호양곡에 의지하며 비참하게 생계를 유지했다. 특히 농촌에 거주하는 미망인들의 상당수는 전통적 인습에 따라 시댁이나 친정에 의탁하여 자녀들과 함께 생계를 유지했는데, 이 경우 전쟁미망인들은 시부모로부터 "아이들은 두고 나가라"며 쫓겨나거나 재산을 강탈당했으며 간통 누명에 시달리는 등 가정

그림 5-4 모자원에서 미용 기술을 배우는 전쟁미망인

내에서도 불안정한 위치에 있었다.

　일반적으로 전쟁은 여성의 경제적 활동을 촉진시키는 결정적 계기였고, 한국전쟁 역시 예외가 아니었다. 전쟁미망인을 포함한 여성들의 적극적인 경제활동은 남성을 보조하는 위치에서 벗어나 상업 등 특정 분야에서는 급격히 성장하고 있었다. 그러나 이러한 변화에도 불구하고 여성은 여전히 힘 없고 보호받는 존재로 간주되었다.

기지촌 여성들

한국 사회에서는 미군을 상대로 성을 판매하는 여성을 '양공주'라 불렀다. 이 말에는 이러한 여성들을 정조를 지키지 못한 민족의 수치이자 비웃음의 대상으로 여긴 의식이 포함되어 있다. 미군을 상대하는 성 판매 여성들이 사회로부터 소외된 한편, 국가는 이들의 존재를 암묵적으로 공인하고 양성화하면서 국가안보상 필요하다는 논리를 전개했다.

　미군 상대 성 판매 여성의 양성화는 기지촌 조성으로 나타났다. 한국에서 본격적으로 기지촌이 형성된 것은 한국전쟁 뒤 미군 부대 주변으로 여성들이 모여들면서부터였다.

　기지촌은 한국 정부뿐만 아니라 미군에 의해서도 공공연하게 인정되고 관리받은 (준)공식적인 성매매 지역이었다. 기지촌 지역은 '출입금지(off limit)'라는 간판을 내걸고 내국인의 출입은 엄격히 금지했다. 기지촌의 포주들은 위안부자치대 등을 조직해 미군 지휘부나 민사부서와 직접 교섭했다. 각 지역에 산재했던 포주들의 조직은 1961년 12월 한국관광시설협회라는 전국 단위 조직으로 확장되었으며, 아직도 특수관광협회라는 이름으로 명맥을 이어오고 있다. 즉 국가안보라는 명분 아래 기지촌의 성매매는 지원되고 계속 운영되었다.

기지촌 성 판매 여성을 규제하는 장치들 가운데 하나는 성병검사였다. 경찰에 이름과 주소를 비롯한 개인정보를 제공한 기지촌 여성들은 정기적으로 성병검사를 받았고, 성병에 감염되지 않았음을 확인받아야 했다. 이들은 지역보건소로부터 '성병 검진 카드'라는 허가증을 받았다. 그리고 구매자인 미군이나 미헌병이 요구하면 언제든지 이 카드를 보여줘야 했다. 만약 카드가 없거나 성병 검진을 증명할 수 없을 때나 성병에 감염되면 별도의 격리 시설에 감금되었다.

기지촌 여성들은 항상 위험에 노출되어 있었다. 미군 부대 근처나 기지촌에서는 총기난사, 살해, 강간 등의 범죄가 빈번하게 일어났다. 빨래터에서 미군에게 강간당한 뒤 총살당한 사건(1957년 경기도 파주), 미군 부대 근처에서 임신 9개월의 몸으로 깡통을 줍다가 미군에 의해 사살된 사건(1964년 경기도 동두천), 어머니와 딸이 한 자리에서 강간당한 사건(1969년 충청남도 서천), 팀스피리트 훈련에 참가한 미군들에게 임신한 여성이 윤간 당한 뒤 의문의 죽음을 당한 사건(1986년 충청북도 제천) 등 끔찍한 사건이 심심찮게 일어났다.

미군 범죄에 대한 전국적인 관심을 일으킨 사건은 1992년 10월 28일 동두천에서 미2사단 소속 케네스 이병이 저지른 윤금이 살해 사건이다. 알몸으로 죽은 채 발견된 윤금이의 시신 위에는 세제가 뿌려져 있었고 온몸은 피멍이 들어 있었다. 윤금이 살해 사건은 그때까지 숨겨져 왔던 미군 범죄를 사회 전면에 드러냈고, 기지촌 성 판매 여성에 대한 사회적 관심을 불러일으켰으며 국내에 반미의식을 고취시켰다.

그럼에도 윤금이의 죽음이 기지촌 성 판매 여성들의 인권을 개선하는 데 큰 도움을 주지는 못했다. 2000년대 들어 기지촌 성 판매 여성들이 필리핀을 비롯한 동남아 여성들로 바뀌면서 국제적인 문제가 되었다. 역설적으로 성매매의 다국적화는 기지촌 성 판매 여성에 대한 무관심과 호기심만 조장하고 있다.

굶어 죽는 한이 있더라도 정조를 지켜라

전후 한국 사회에서 심각하게 대두된 사회문제는 전통적 윤리규범의 붕괴였다. 당시 사회는 그 핵심을 여성의 윤리적 타락으로 규정했다. 곧 전쟁을 겪으면서 달라진 여성들의 의식이나 행동, 외양에 대해 사회는 향락만을 일삼는 전후파 여성 또는 가정과 자식을 내팽개친 자유부인으로 규정하고 비난했다. 전쟁미망인은 대표적인 전후파 여성 또는 자유부인으로 지적되었다.

그 까닭은 첫째 미망인들이 가족을 분양하기 위한 경제적 활동을 계기로 가정 안에서의 경제권을 장악한 데다 그들을 규제할 수 있는 권력의 부재 즉 '남편의 부재'라는 조건으로 인해 기존의 가치관에서 벗어나기 쉬웠기 때문이다. 둘째 미망인들이 어린 자녀들의 생계와 교육을 전적으로 책임지면서 그들에게 절대적인 영향을 미칠 수 있는 위치에 있었기 때문이었다. 즉 미망인들은 사회적 약자이면서도 동시에 일정한 영향력을 가진 존재였다.

미망인에 대한 사회적 관심은 여기에서 그치지 않았다. 죽은 자의 아내라고 부르는 것만으로는 그들을 통제할 수 없었기에 사회적인 감시와 규제의 대상이 되었다. 이러한 감시의 시선은 1954년에 있었던 어느 전쟁미망인의 이혼 청구 사건에서 분명히 드러난다.

김(27세)은 남편이 1950년 의용군으로 끌려가 행방불명되자 영국 군인과 동거하여 임신하게 되었다. 이에 그녀는 영국 군인과 결혼을 하기 위하여 '배우자의 생사가 3년 이상 불분명하여 음신(音信)조차 없으면' 이혼할 수 있다는 민법 제813조 9항을 근거로 서울지방법원에 이혼소송을 제기했다. 이에 대해 법원은 1954년 8월 26일 아래와 같은 근거를 들어 소송을 기각했다.

- 괴뢰의용군으로 납치된 사실만은 포착할 수 있으나 생사가 3년 이상 불분명하다고 인정할 수 없다.
- 사변 중의 납치에 대하여서는 국토 통일이 될 때까지 기다려야 된다.
- 생계가 곤란하다는 명목으로 신의 성실과 정조 의무를 지키지 않았다.

이 판결은 당시 사회에서도 '미풍양속을 지키자', '봉건사상에 사로잡힌 산물', '인권유린' 등으로 격렬한 논쟁의 대상이 되었다. 이 판결의 의미는 생존상, 생리상의 이유를 떠나서 국토 통일이 될 때까지 실종자의 아내는 굶어 죽는 한이 있더라도 무조건 정조를 지킬 의무가 있다는 것을 법원이 인정했다는 데에 있다.

곧 미망인들이 남편의 부재로 인해 이미 가장의 역할을 하고 있는데도 여전히 사회는 죽은 자 혹은 행방불명자의 아내로 규정하고 있으며, 또한 남편이 부재한 그 자리에 사회적 통제라는 권력이 자리잡고 있었던 것이다.

자유부인이 기혼 여성의 성을 통제하기 위한 담론이라면, 미혼 여성의 성에 대한 통제는 '박인수 사건'으로 표출되었다. 이 사건은 1950년대 중반 박인수라는 청년이 대위 신분을 사칭하고 댄스홀을 드나들면서 만난 미혼 여성 70여 명을 상대로 혼인을 빙자하여 간음하였다는 것이었다.

박인수 사건은 재판 도중은 물론 재판 뒤에도 미혼 여성의 성의식에 대한 격렬한 비난과 통제의 기회를 제공했다. 법정에서 박인수는 "상대한 여자들 중 처녀는 단 하나였습니다"라고 진술했다. 이러한 진술에 당시 여론은 "차라리 한국의 쓰레기통 속에서 장미꽃을 찾을 수는 있어도 처녀는 찾아볼 수 없다"라고 반응했다.

1심에서 무죄를 언도한 판사는 "법에 비추어 가치 있고 보호할 사회적 이익이 있는 정조만을 법은 보호하는 것이다"라며 "정숙한 여성의 건전한 정조만을 보호하여야 할 것이다"라고 판결 이유를 밝혔다. 박인수는 1심과 달리 2심에서 징역 1년을 언도받았는데, 당시 판사는 여성 질서의 확립을 위한 조치라고 밝혔다.

여론은 박인수의 사기 행위보다 그의 진술에 관심이 있었다. 특히 그와 상대한 여성들 가운데 단 한 명만이 처녀였다는 점에 촉각을 세웠다. 모든 관심은 박인수와 상대 여성들이 침묵당한 상태에서 박인수 즉 남성의 언어로서 말해지는 여성들에게로 집중되었다. 법과 여론은 기만적인 유혹에는 관심이 없었고, 박인수가 말한 처녀성의 유무에만 관심을

그림 5-5
박인수 사건 이후 철조망을 두른 원피스를 입은 여성(출처: 『여원』, 1955년 10월 창간호)

쏟았다.

　박인수 사건은 사건 그 자체보다 사회에서 여성들을 어떻게 규정하며 여성들 스스로 어떻게 자신들을 각인시키는가의 문제로 나타났다. 미혼 여성들은 자신의 몸과 감정에 대해 침묵할 수밖에 없었다.

　박인수 사건을 둘러싼 논쟁은 여성의 성을 정상적인 성과 비정상적인 성으로 나누었다. 1심 판결문은 정숙한 여성의 성과 정숙하지 않은 여성의 성을 구분했고, 법은 정숙한 여성의 성만을 보호한다고 밝혔다. 이러한 기준은 혼전 순결을 강조하는 사회풍토를 더욱 강화하는 기제였다.

　또한 박인수 사건은 결혼관계 밖에서 이루어지는 성행위에 대한 사회적 단죄를 의미했다. 합법적인 성행위는 오직 결혼이라는 관계를 통해서만 이루어져야 하고 이것을 벗어난 행위는 사회적으로 비난받아야 했다. 결국 결혼을 목적으로 하지 않은 성행위에 대한 사회적 관심은 건전한 성과 불건전한 성의 구분으로 나타났다. 성스럽고 아름다운 성이란 순결한 여성을 지칭했다. 순결성의 문제는 정조라는 문제와 연결되었고, 미혼 여성이든 기혼 여성이든 정조는 생명으로 간주되었다.

경제개발과
여성노동

식모와 버스안내원

한국전쟁은 일제가 남긴 기형적인 공업 구조마저 붕괴시켰고 산업구조를 왜곡시켰다. 일자리를 구하는 사람들은 많았지만 일자리는 넉넉하지 않았다.

축적한 재산이 없고 친척이나 친지의 도움을 받을 수 없었던 가난한 여성들은 전통적으로 여성노동으로 간주되었던 삯바느질, 세탁, 식모살이 따위의 노동에 종사했다. 특히 삯바느질은 행상이나 노점과 다르게 주로 집에서 일한다는 점에서 여성들의 천직으로 권장되었고, 서울부녀자직업보도소에서도 여성들에게 재봉과 편물을 중점적으로 가르쳤다.

그러나 삯바느질, 세탁 등 가정에서 하는 일들은 자녀를 돌보는 동시에 가장의 수입에 버금가는 소득으로 가정경제를 안정시켰음에도 불구하고 정규노동으로 간주되지 않고 소일거리 혹은 보조적인 소득으로 간주되었다. 그 결과 삯바느질을 비롯해 집에서 할 수 있었던 여성노동은 무시되었다.

가사사용인인 식모는 1950, 1960년대 가장 쉽게 구할 수 있으면서 힘든 여성노동 가운데 하나였다. 여성노동으로서의 식모의 일반화는 전후 경제의 피폐와 실업의 증가에 따른 필연적인 현상이다. 제1차 세계대전 뒤 영국에서도 가내서비스(하녀)는 전체 여성노동의 사분의 일에 이를 정도로 가장 흔한 여성 단일 직업이었다.

이러한 현상은 한국에서도 비슷했다. 식모들은 대부분 20세 미만의 소녀들과 30대 전후의 기혼 여성과 전쟁미망인이었다. 20세 미만의 소녀들은 빈농 출신의 소녀들이나 전쟁고아였다. 식모는 여성노동 가운데 가장 빨리 일자리를 구할 수 있다는 이점은 있었지만 가장 천대받았다.

식모들은 저임금과 장시간 노동에 시달렸고 강간, 희롱 등의 성폭행과 도둑누명, 폭행 등으로 고생했다. 물건을 훔쳤거나 말을 듣지 않는다고 감금당하거나 머리를 구타 당해 사망한 식모들의 이야기는 1950, 1960년대 심심치 않게 신문에 소개되었다.

1960년대 말에 이르면서 고용주의 가정에 거주하는 식모보다는 시간제 가사노동자(일명 파출부)들이 증가했다. 정부와 YMCA를 비롯한 여성단체들은 미망인이나 가정주부의 취업정책의 하나로 시간제 가사노동자를 양성하는 정책을 펼쳤다. 이는 식모들의 공급원이었던 전쟁고아들의 수가 줄어들었고 농촌을 떠난 소녀들이 식모보다는 경공업 노동자로 많이 진출한 데 따른 결과이다. 도시의 주거환경과 가족구조의 변화도 식모보다는 파출부에 대한 수요를 증가시켰다.

그러나 가사보조적 노동에 종사하는 여성들에 대한 대우는 크게 바뀌지 않았다. 짧은 시간에 필요한 집안일을 하는 파출부 노동의 특성상 노동 강도가 임금에 비해 높고 인간적인 모멸감을 주는 경우가 많았다. 1982년 조사에서도 "일하면서 가장 불쾌한 점은 무엇입니까?"라는 질문에 25퍼센트가 도둑 누명이라고 답했다.

도시로 사람들이 몰려들면서 버스는 중요한 대중교통이 되었다. 도시의 버스정류장은 버스를 타려는 사람들로 북새통을 이루었다. 출근시간, 퇴근시간 버스 안 풍경은 '몸 따로 가방 따로' 그야말로 발 디딜 틈조차 없었다. 버스안내원은 버스를 타려 몰려드는 사람들을 정리하면서 요금을 받고, 출발과 정지 신호를 알리는 노동자이다. 1950년대까지는 대부분 남성이었는데 1961년 8월 아래와 같은 이유를 내세운 정부의 지시로 도시지역에서는 여성으로 바뀌었다.

- 선진국에서도 여객 안내는 서비스업이므로 모두 여성이 담당하고 있다.
- 거친 남자보다는 상냥하고 친절한 여자들에게 승객을 안내하도록 하여 명랑한 시민 교통을 이룩할 수 있다.
- 남자 안내원들의 거친 태도를 없애 서울의 품위를 높여야 한다.

　이 말은 '상냥하고 친절함'이 요구되는 서비스업이나 지식이 필요치 않은 단순한 일은 여성이 하면 좋다는 생각의 반영이었다. 이때 버스안내원이란 용어도 버스안내양(孃)으로 바꾸었다. 버스안내양은 대부분 초등학교를 나온 스무살 안팎의 미혼 여성들이었다.

그림 5-6
버스안내원 모습(출처: 대한민국역사박물관)

　버스안내양은 새벽 5시부터 늦은 밤까지 장시간 노동해야 했고, 버스 운행 종료 후에는 더러워진 차를 닦는 경우도 많았다. 또 요금으로 받은 돈을 훔쳤다며 몸수색을 당하거나 승객이나 운전기사, 회사의 남성 관계자들로부터 성추행을 당하기도 했다. 그래서 버스안내양들이 집단 태업을 벌이는 일이 잦았으며 이직률이 높은 직종 가운데 하나였다. 버스안내양은 1985년 운전석 옆에 돈 받는 통을 설치해 손님이 직접 차비를 넣도록 하는 버스자율제가 실시되면서 사라졌다.

행상, 영세상업

전쟁으로 인한 극심한 생활고와 남성 부재의 현실 속에서 많은 여성들은 당장 생계를 유지하기 위해 귀금속이나 살림도구, 옷가지 등 돈이 될 것은 무엇이든 내다 팔았다. 또한 약간이라도 자금을 융통할 수 있거나 친척이나 친지의 도움을 받을 수 있다면 다방, 양품점, 화장품가게, 담배장사, 행상, 음식점 등을 했다. 아래의 내용은 이러한 상황을 잘 표현하고 있다.

> 콩나물 장사, 미역 장사, 더덕 장사부터 시작해서 양담배 장사, 양주 장사, 양과자 장사, 딸라 장사, 양말 장사, 샤쓰 장사, 양단 장사, 나이론 장사, 좌우 옆 포목전의 주인이 모두 다 묘령의 처녀가 아니면 허우대 좋은 점잖은 중년 부인들이다. 사내들은 꼬리를 감추고 완전히 여자들의 판국이 되었다.(박종화, 「해방 후의 한국여성」,《여원》 8월호, 1959)

야채나 생선을 파는 행상에서부터 동대문시장 같은 상설시장까지 여자들의 판국이라 불릴 만치 여성들은 대부분의 상권을 장악했다. 조그마한 노점이나 행상을 하는 데에는 특별한 기술이나 학력이 필요하지 않았기 때문이다. 건강한 몸과 의지, 약간의 밑천을 가진 여성들은 어디에

서든지 보따리와 좌판을 꾸
려 장사를 시작했다.

○ 그림 5-7 장사하는 여성의 모습 ○

이처럼 한국전쟁 직후
여성 직업과 관련해 가장
큰 변화는 상업에서 나타
났다. 1949년 8만 명에 불
과했던 여성 상업종사자는
1951년 59만 명으로 남성
과 비슷해졌다. 이 수는 전후 크게 줄었지만 그래도 전쟁 전보다 두 배 이
상을 유지했다. 1966년 인구센서스 보고에 따르면, 여성 상인은 전체 상인
의 31.6퍼센트인 264,890명이었다. 남성 중심이었던 시장의 풍경은 전후
에 여성 상인과 소비자의 등장으로 변모했다. 그런데 여성 상인들은 상설
시장보다 통계에 잘 드러나지 않는 행상이나 길거리 노점 상인이 많았다.

> 내가 가냘픈 목고개로 소금 장사를 해서 6명 가족의 생활을 9년째 이어나간
> 다면 그것도 병든 남편을 돌보는 한편 자식들의 교육을 시켜가며 굶기지 않
> 고 헐벗기지 않았다면 결코 기적의 연속 때문은 아니었다. 다만 건강한 내
> 몸 하나가 유일한 큰 밑천이었고 굳센 내 의지 노력 이외에는 아무것도 없
> 었다. (이정상, 「대바구니 머리에 이고」, 『HLKA연속방송 전국여성수기 제1집』, 풍
> 년사, 1967)

또한 전쟁과 도시의 팽창에 따라 행상이나 노점 이외에 서비스업으
로 분류되는 다방, 음식점, 미장원 등이 무수히 생겨났으며 이를 경영하
거나 종사하는 여성들도 늘어났다.

여성농민

실업자는 넘쳐났지만 농촌의 노동력 부족은 심각했다. 그 까닭은 노무동원과 군사동원이 주로 통제가 편리한 농촌 출신을 대상으로 이루어졌기 때문이다. 국회에서는 농촌의 노무자 동원 문제가 논의되기도 했다.

> 농촌에서 군인에 많이 나가고 (……) 가장 빈곤한 없는 사람이 제일 많이 군인에 나가고 징용을 나갔단 말이에요. 우리가 조사해본 농가에 있어서도 130호 중 식량이 있는 농가가 한 농가이고 그 외는 전부 절량으로 초근목피도 못해서 누워 있어요. (……) 그리고 숫자를 조사해 본 결과 21세부터 28세까지는 다 군대에 나가고 징용에 나가고 단지 한 사람밖에 없어요. (대한민국 국회, 「속기록」 제15회 제70차, 1953)

이러한 현실로 인해 여성들이 도지사실로 찾아가 "구장 또는 면서기, 쟁기질할 사람 다섯 사람을 남자로 달라"는 진정서를 내는 촌극이 벌어지기도 했으며 식량이 부족한 중에도 "품팔이하는 사람에게 보리 수확의 대가로 수확량의 절반을 내어준다 하여도 이에 응하는 자가 드물어 다 익은 보리가 밭에서 썩는 현상"이 농촌지역에서 발생했다.

농업노동에 종사하는 여성은 전쟁 전인 1949년 254만 명에서 전쟁 후인 1951년에는 497만 명으로 크게 증가했다. 이런 현상은 전쟁 동안에만 나타난 것이 아니라 1950년대 내내 농업종사자 수는 여성이 남성보다 더 많았다. 1960년대부터 농업종사자의 감소 추세와 함께 여성 농민의 수도 줄고 농업종사자 가운데서 차지하는 비율도 줄었으나 이후로도 40퍼센트대 중반을 꾸준히 유지했다.

표5-1 농업취업자 현황

구분	농림어업취업자(1,000명)	성별(%)	
		남성	여성
1956년	6,131	48.9	51.0
1963년	5,022	61.7	38.3
1970년	4,916	58.4	41.6
1980년	4,658	56.2	43.7
1990년	3,292	54.5	45.5
2000년	2,288	52.4	47.6
2012년	1,528	56.9	43.1

(참고자료 : 경제기획원조사통계국/통계청, 『경제활동인구연보』, 각년도; 이임하, 『여성, 전쟁을 넘어 일어서다』, 서해문집, 2004)

1970년대 이후 농민의 삶에 가장 크게 영향을 미친 요인은 이농과 상업 작물의 재배다. 이농으로 인한 노동력 부족을 메우는 수단은 부분적인 기계화와 여성 및 노인의 농업노동 참여였다. 상업 작물의 재배로 여성농민은 농번기, 농한기라는 계절적 노동에서 더 나아가 일년 내내 농업노동에 종사하게 되었다.

그러나 농업생산 과정에서 대부분의 여성농민은 소유와 경영에 관해 주체적으로 참여한 것이 아니라 노동력만 제공했을 뿐이었다. 여성농민의 노동은 대개 단순노동이었으며 기계화 정도가 낮아 노동생산성 또한 낮게 평가되었다. 여성농민은 아무리 열심히 일을 해도 농가경영자가 아닌 농업노동자의 지위에 머물렀다. 여성들의 법적 지위는 대부분 무급가족종사자로 분류되었다. 따라서 각종 피해보상이나 연금 등 제도적인 면에서도 철저히 소외되어 왔다.

공순이로 불린 공장노동자

정부 주도 경제개발 정책은 1960년대에는 경공업, 1970년대에는 중화학공업을 기반으로 진행되었다. 경제 정책은 외국자본으로 자본재와 중간재를 외국에서 사와 값싼 임금으로 만든 상품을 외국에 파는 단순가공무역형 공업구조에 뿌리를 두었다. 서울 구로, 이리(현재의 익산), 마산 등지에 수출 공단이 설립되었다. 수출 공단의 설치 목적은 저임금의 여성노동력을 활용해 제품을 생산, 수출하여 외화를 획득하는 것이었다. 이는 여성노동력 착취를 기반으로 했다.

1960년대 제조업 여성노동자들은 주로 섬유·의류 산업에 집중되어 이 부문 노동자의 75퍼센트가량이 여성이었다. 제조업 여성노동자들은 대개 가난한 농민의 딸들로 초등학교나 중학교를 마치고 어려운 집안 살림을 돕거나 남자형제의 학비를 벌기 위해 도시로 나왔다. 이들 여성노동자들은 아침은 수제비로 때우고 점심은 거르면서 일했다.

> 한창 먹을 때인 시다들 (……) 도시락을 안 싸오니 자연히 굶는 것이다. 아침에 수제비 한 그릇 먹고 나와서 하루 종일 일하고도 그대로 굶는 것이다. 남들이 점심을 먹는 시간에는 밖에 나가 하릴없이 돌아다니다가 그대로 들어와 밤늦게까지 또 배겨내는 것이다. (민종숙, 「인간시장:평화시장에서 일하는 미싱사의 1일 체험」, 《대화》 4월호, 1977)

또한 이들은 잔업이나 밤샘작업을 하려 잠 쫓는 약을 먹기도 했다. 노동집약적인 섬유·의류 산업에 주로 고용되어 있던 여성노동자들은 장시간 노동과 저임금을 기반으로 하는 노동정책 아래 산업화 과정에서 중요한 역할을 수행했다. ILO 통계에 의하면 1960년대 초 한국 제조업 노동자의 주당 노동시간은 1963년 50.3시간으로 세계 최장이었다. 주당 노동시간은 1964년 56.0시간, 1965년 57.0시간으로 더 길어졌다. 1960년대 평균 노동시간은 55시간 이상으로, 다른 나라 노동자들과 비교할 때 한국 여성노동자들은 주 평균 10시간 이상 더 일했다. 이러한 상황은 1970년대에도 이어졌다. 1976년 경인지역 220개 업체 1,115명의 제조업 생산직 노동자들을 대상으로 한 조사 연구를 보면 주당 노동시간은 평균 60.7시간이었다. 이렇게 밤새 일해도 여성노동자에게 돌아오는 몫은 형편없었다. 1963년 제조업 여성노동자의 임금은 남성노동자의 절반에도 미치지 못했다.

한편 작업현장에서 생산량 증대를 위한 중간관리자의 통제나 노동 감시 및 폭력 사용과 남성관리자에 의한 성희롱 등 인권유린도 심했다. 1970년대 여성노동자들이 노동운동에 앞장선 것은 이런 조건에서 기인한 것이었다. 청계피복, 동일방직, 원풍모방, YH무역, 반도상사, 콘트롤데이타 등 여성노동자들은 노동조합을 만들고 임금 개선, 노동시간 축소, 작업환경 개선 등 근로환경을 바꿔나가는 데 앞장섰다.

○ 그림5-8 **여성노동자의 모습** ○

신자유주의와 여성노동력

1970년대까지 사무직 노동은 여성들이 쉽게 구할 수 없는 직업이었으나 1980년대 이후 급속하게 증가했다. 전체 사무직 취업자 가운데 여성의 비율은 1963년 11퍼센트에 불과하던 것이 1970년 13퍼센트, 1980년 33퍼센트, 1987년 37퍼센트로 증가했다. 그 수도 1963년과 1987년을 비교했을 때 서비스직과 생산직은 6~7배의 증가를 보이고 있는데 비해, 사무직은 20배 가까이 증가했다.

사무직 여성노동의 증가는 사무기술의 자동화와 그에 따른 사무직 노동의 탈숙련화 추세와 관련이 있다. 사무직 노동의 탈숙련화로 이 분야에서 단순 반복적 업무의 비중이 커지면서 사무직이 여성의 영역으로 재편된 것이다.

1980년대까지만 해도 사무직은 고등학교를 졸업한 여성이 취업하는 가장 대표적인 직종이었다. 1986년 사무직 여성노동자의 86퍼센트가 고등학교를 졸업한 여성이었다. 사무직 노동자의 연령별 구성을 보면 1987년 사무직 남성노동자의 74.2퍼센트가 25~44세였는데, 사무직 여성노동자는 70퍼센트 정도가 15~24세의 미혼 여성이었다. 즉 사무직 여성노동자의 대다수가 고등학교를 졸업한 20대 미혼 여성이었다.

사무직 여성노동자의 업무는 속기, 타자, 문서 및 도서 정리, 사무기기 조작, 경리, 장부정리, 고객 안내 등이었다. 여기에 사무실청소와 미화, 남성 노동자 업무의 보조, 남성 노동자의 커피 및 담배 심부름, 상사의 비서역할 등이 더해졌다. 즉 사무직 여성노동은 주로 관리직의 보조업무로 제한되어 있었다.

학력과 연령, 업무의 차이는 직장 안에서의 성별 불평등을 초래했다.

1986년 노동부 조사에 따르면 동일한 고졸 학력을 가진 사무직 남녀 노동자의 임금격차는 100 대 55이며 이 격차는 근무경력이 오래되어도 바뀌지 않았고 오히려 심화되었다.

여기에 여성이라는 이유로 맡은 직무 외의 일을 시키는 경우도 많았다. 즉 사무실정리, 차 접대, 사소한 심부름 등이 여성의 '고유한 본성'으로 여겨지면서 여성노동자의 몫으로 맡겨졌다. 사무직 여성노동자는 직무 이외에도 '직장 안 아내'의 역할까지도 수행해야 했다. 그러면서 사무직 여성노동자는 개인적 능력이나 특성과 무관하게 주변부 노동자로 밀려났다. 직원이 아닌 여직원으로서 자신에 대한 인식, 비공식적 업무를 통한 성차별의 경험은 경쟁적인 기업 조직 내에서 여성노동자를 더욱 무력한 개인으로 좌절하게 만드는 요인들이었다.

이러한 구조를 바꾸기 위해 사무직 여성노동자들은 사소하지만 결코 사소하지 않은 관행부터 깨트리기 시작했다. 사무직 여성노동자들은 커피심부름이나 책상 닦기 거부운동 같은 작은 실천부터 해나감으로써 자신들의 직무를 되찾기 시작했다.

1980년대 이후 제조업을 기반으로 한 경제구조가 빠르게 서비스와 정보 부문을 기반으로 한 경제로 이행되면서 여성의 취업구조도 크게 바뀌었다.

여성취업인구의 산업별 분포를 보여주는 아래 표에 따르면 농림어업부문인 1차 산업은 급격하게 감소하고, 사회간접부문 및 서비스업 부문은 빠르게 팽창하였음을 알 수 있다. 광업 및 제조업 부문인 2차 산업의 경우 1990년대에 이르기까지 완만하게 증가하다 2000년에 들어 감소되고 있다. 그러나 3차 산업에서는 가파르게 증가해 1990년 51.6퍼센트에서 2002년 72.8퍼센트, 2012년 81.3퍼센트를 차지했다.

이에는 백화점, 대형유통업을 비롯한 판매업종의 증가가 큰 영향을 미쳤는데, 문제는 판매·서비스직에서 여성의 고용형태가 매우 불안정하다는 데에 있다. 서비스 부문에 집중되어 있는 여성취업자들은 대부분 비정규직으로 취업하고 있다.

표5-2 여성취업인구의 산업별 분포(%)

년도	1차 산업	2차 산업	3차 산업
1960년	69.9	6.4	22.7
1970년	59.7	14.7	25.5
1980년	46.5	21.9	31.6
1990년	20.4	28.0	51.6
2002년	10.7	16.5	72.8
2012년	6.4	12.3	81.3

(참조자료 : 경제기획원조사통계국/통계청, 「경제활동인구연보」, 각년도)

1990년대 이후 사회문제로 등장하고 있는 현상 가운데 하나는 여성노동력의 비정규직화이다. 여성취업자 가운데 임금노동자의 비율은 1985년 56.6퍼센트, 1990년 59.1퍼센트, 2002년에 63.3퍼센트에 이르러 점점 더 많은 여성들이 임노동관계에 포함되었다.

여성 임금 노동자의 고용형태별 분포도를 보여주는 표5-3은 비정규직화된 여성노동자 실태의 단면을 보여 준다. 이에 따르면 비정규직에 속하는 '임시직'(고용기간이 1개월 이상 1년 이내인 노동자)과 '일용직'(고용기간이 1개월 이내인 노동자)의 규모는 1995년 전체 여성노동자의 57.5퍼센트였으며 2005년에는 61.8퍼센트에 달했다. 그러나 실제 비정규직의 규모는 이를 크게 웃돌고 있다.

표5-3의 상용직 노동자는 노동계약 기간이 1년 이상인 임금노동자를 가리키는데, 이 상용직 노동자 가운데 상당수를 비정규직 노동자로 구

분할 수 있기 때문이다. 즉 정년을 보장받지 못한 채 노동관련 법에 근거해 근로기간을 2년 이내로 계약한 노동자들과 파견 근로자 등 통계에 드러나지 않는 비정규직 노동자가 꽤 많다. 전체 여성노동자 가운데 최소 70퍼센트가 비정규직 노동자라는 추정이 결코 허언이 아닌 이유이다.

표5-3 임금근로자의 고용형태별 분포 (단위; 1,000명, %)

연도	여성				남성			
	계	상용고	임시고	일용고	계	상용고	임시고	일용고
1995년	4,879 (100.0)	2,072 (42.5)	1,987 (40.7)	820 (16.8)	7,905 (100.0)	5,358 (67.8)	1,558 (19.7)	989 (12.5)
1998년	4,693 (100.0)	1,601 (34.1)	2,244 (47.8)	848 (18.1)	7,498 (100.0)	4,856 (64.7)	1,755 (23.6)	887 (11.7)
2000년	5,293 (100.0)	1,603 (30.3)	2,453 (46.3)	1,237 (23.4)	7,849 (100.0)	4,650 (59.2)	2,058 (26.2)	1,141 (14.5)
2005년	6,392 (100.0)	2,439 (38.2)	2,874 (44.9)	1,079 (16.9)	8,795 (100.0)	5,479 (62.3)	2,182 (24.8)	1,134 (12.9)

(참고자료 통계청, 「2000 경제활동인구연보」, 2001; 「2005 경제활동인구연보」, 2006)

노동시장의 유연화 전략에 따른 시간제 노동을 포함한 비정규직 노동자의 증가는 세계적 현상이다. 일반적으로 시간제 노동은 일과 가정의 병존을 위한 유연적 노동형태로 이해되고, 이런 이유로 기혼 여성이 선호하는 노동형태라고 지적된다. 즉 서구의 경우 노동시장의 유연화 전략에 따라 시간제 노동이 크게 확대되고 있지만, 이것은 주로 기혼 여성들이 새롭게 노동시장에 통합되어가는 방식이다.

한국에서는 비정규직의 확대가 여성의 선택을 넓히는 고용형태의 다양화보다는 단순히 정규직 노동자를 강제적으로 비정규직 노동자로 전환하는 측면에서 확대되고 있다. 특히 1997년 경제위기 때, 기업들은 여성노동자를 우선 해고하거나 여성 집중 직종을 비정규직화하는 방식으로 여성 노동력을 비정규직화 양식으로 대처하였고, 해고가 생길 경우 동일한 일자리를 비정규직 여성노동자로 대체하였다.

　비정규직 여성노동자의 노동조건은 고용형태상 매우 불안정하다는 측면 외에도 정규직 노동자에 비해 임금이 매우 낮고, 퇴직금, 상여금, 연월차 휴가 등 노동기본권의 보호에서 제외되어 있는 점이다.

　비정규 노동자 가운데서도 파견노동자는 '현대판 노예노동'이라고 할 만큼 고용형태가 불안정하고 임금 등 다양한 차별을 받고 있다. 현재 허용되고 있는 파견근로 직종 중 상당 부분이 전신전화통신공, 컴퓨터 보조원, 비서, 여행 안내원, 조리사, 사서, 번역가 등 노동자가 집중된 직종으로 장기적으로 파견근로 자체가 여성 직종화될 가능성이 높아지고 있다.

가족전략과
근대성

연애, 결혼의 종착지

자유연애가 다시 사람들의 관심사가 된 것은 해방이 되면서부터였다. 그러나 이때의 자유연애는 1920년대 제기된 다양한 실천과 논의와는 상당한 거리를 두고 있었다. 말은 자유연애이지만 자유는 사라졌고, 부모의 감시 아래 교제를 허락받고 하는 연애였다. 결혼을 전제로 하지 않는 연애는 해악이고 풍기문제를 일으키는 것으로 여겨졌다.

아래의 글은 1930년대와 해방 뒤 그리고 한국전쟁 뒤인 1950년대 결혼과 관련한 여론조사이다. 여론조사는 그 대상이 중학교, 전문학교, 대학교 여학생들을 위주로 한 것이어서 전반적인 인식을 보여주는 데는 한계를 지니지만 당시 여성들의 일반적인 결혼관을 살펴보는 데 큰 무리는 없다.

〈1932년〉

① 연애결혼 하고 싶다

부르주아 여성 - 100명 중 98명

② 부모 소개로 결혼하고 싶다

부르주아 여성 - 없음

프롤레타리아 여성	프롤레타리아 여성
- 100명 중 67명	- 100명 중 33명

(삼천리사 편집부, 「프로와 뿌르 여학생의 정조와 연애관」, 《삼천리》 12월호, 1932)

〈1948년〉

모 여자대학에서 결혼상대자에 대한 여론조사. 결혼은 연애결혼이냐 중매결혼을 원하느냐고 물었더니 70퍼센트가 연애결혼을, 나머지 30퍼센트가 중매결혼을 원한다고 한다.(《부인신보》, 1948년 10월 30일)

〈1955년〉

조혼이 좋다 20명, 만혼이 좋다 32명, 결혼을 안 하겠다 16명, 연애결혼을 하겠다 38명, 교제결혼을 하겠다 58명, 부모의사를 따르겠다 44명.(《경향신문》, 1955년 7월 24일)

1932년 조사에서 연애결혼을 바라는 여성은 80퍼센트를 넘고, 중매결혼을 바라는 부르주아 학생은 단 한 명도 없었다. 이러한 경향은 해방 뒤에도 다름없어 연애결혼을 바라는 여학생이 70퍼센트에 달했다. 그런데 1955년 조사에는 연애결혼을 바라는 여학생이 38명인데 비해 교제결혼을 바라는 여학생이 58명이고 부모의 의사를 따르겠다고 답한 여학생도 44명이나 되었다. 한국전쟁 뒤 중매결혼의 비율이 높게 나타났다.

해방 뒤 여성들은 대체로 연애와 자유결혼을 원하면서도 결혼상대자에 대해서는 많은 조건을 따졌다. 즉 시부모와 함께 하는 살림보다는 결혼하자마자 곧바로 분가하여 사는 부부 중심의 핵가족제도를 선호하고 있었으며 경제적 여유를 추구했다. 이러한 경향은 결혼의 상품화로 전개되기도 했는데, 날로 번창하는 결혼식장과 지나친 혼수용품은 연애와 결혼을 상품과 바꾸려 한다고 질타받기도 했다.

친족과 가족제도로부터 독립한, 부부 중심 결혼이라는 이상은 1970년대를 지나면서 일반적인 사회규범으로 자리잡았다. 연애결혼의 이상이 중매결혼을 대체하게 되었으며 미혼자녀와 부부로 이루어진 가족이 3세대 가족이라는 '이상'을 대체해 갔다.

이러한 결혼풍속도가 바뀌기 시작한 것은 1990년대 들어서이다. 고용 불안정성이 증대하면서 가장의 임금은 가족의 생계유지를 보장하지 못했으며, 그 결과 가족을 유지해주는 물질적 기초도 취약해졌다. 또한 사랑이 결혼을 시작하는 가장 큰 이유가 되었던 만큼 사랑의 상실은 바로 이혼의 사유가 되기도 했다. 2001년 연간 이혼은 13만 5천 건으로 1990년 4만 5천 건에 비해 세 배 정도 증가했다.

2000년대 들어 한국가족 형태의 특징은 혼인연령이 높고 이혼율과 미혼율이 증가한 것이다. 통계청 자료에 따르면 2000년 현재 20대 후반 여성의 40퍼센트(남성의 71%)가 미혼이다. 한국여성개발원의 조사에 따르면, 미혼 여성들이 결혼을 하지 않는 이유는 '일에 더 열중하고 싶다'(26.2%), '꼭 결혼해야 한다고 생각하지 않는다'(24.4%), '결혼할 수 있는 경제적 기반이 약하다'(20.1%), '상대방에게 구속되기 싫다'(9.8%), '결혼제도는 여성에게 불리하다'(4.4%) 등이었다. 곧 여성들의 성역할 가치관과 결혼관이 변화되었음을 짐작할 수 있다.

결혼에 대한 가치관의 변화는 청년실업의 장기화라는 경제적 변수와도 깊게 맞물려 있다. 실제 많은 미혼 남성들은 결혼하지 않는 이유를 '결혼할 수 있는 경제적 기반이 약하다'라고 대답했다(35.7%). 그 밖에 '꼭 결혼해야 한다고 생각하지 않는다'(14.8%), '결혼으로 인한 책임과 의무가 부담스럽다'(8.6%) 등으로 대답해 가장 역할에 대한 부담감을 갖고 있음을 알 수 있다. 이러한 결과는 남성 생계 부양자에 의해서 유지되어 온 근대적 결혼 모델이 이제 그 생명력이 소진되었음을 보여 준다.

가족계획과 주부의 탄생

한국 사회는 전통적으로 자녀를 많이 낳는 다산을 미덕으로 여겼다. 다산으로 기혼 여성들은 장기간 출산과 육아에 시달렸고 이를 피하려 건강을 해쳐가면서 낙태를 시도했다. 낙태의 가장 전통적 방식은 아스피린, 설사약, 항암제 따위의 약을 먹거나 무거운 물건을 들거나 힘든 일을 하고 높은 곳에서 뛰어내리는 등 외부적 충격을 주는 것이었다. 그런데 이러한 방법은 실패하는 경우가 많았고 심지어 여성의 생명을 위협하기도 했다. 이러한 현실에서 가족계획이란 구실로 출산력 조절(산아제한)이 본격적으로 도입되었다.

박정희정권은 가족계획사업을 통해 서구적 핵가족과 같은 가족형태를 창출하려 했다. 1960년대 가장 대중적으로 알려진 표어는 "덮어놓고 낳다 보면 거지꼴을 못 면한다", "세 살(터울) 세 자녀만 35세 이전에 낳자" 등이었다.

무질서하게 낳으라는 것이 아니고 계획적이고 낳고 싶을 때에 적당한 수를 낳아 잘 길러서 충분한 교육을 받게 하여 아내는 물론 가족 전부가 행복한 생활을 할 수 있도록 하자는 것이다. 가족계획의 목적은 생활의 합리화와 가정의 행복을 얻으려는 것이다.(정희섭, 「가족계획시책의 재검토」, 《최고회

가족계획의 목적이 가족
의 행복과 생활의 합리화를 통
한 근대성의 추구라고 강조했
다. 1970년대엔 "딸·아들 구별
말고 둘만 낳아 잘 기르자"로,
1980년대엔 "잘 키운 딸 하나 열
아들 안 부럽다"라는 구호로 이
어졌다. 정부는 이들 표어를 우
표, 담뱃갑, 극장표, 통장, 버스,
택시, 지하철 등에 붙여 대중에
게 익숙하도록 했다.

그림5-9 가족계획 포스터

정부는 가족계획을 효과적으로 추진하려 여러 가지 유인책을 내놓
았다. 1974년에는 소득세법, 상속법을 개정해 세금공제 대상 자녀 수를
3명으로 제한했으며, 이마저도 1976년에는 2명으로 줄였다. 1977년 9월
에는 대한주택공사에서 아파트를 분양하면서 불임시술자에게 우선권을
주기도 했다. 실제로 서울 반포지구의 아파트 분양 때에는 불임시술자가
대거 몰려들었다. 또한 도시 저소득층이나 영세민이 불임시술을 할 경우
일정액의 생계비를 지급하거나 취로사업에 우선권을 주었다.

국가는 가족계획사업으로 인구증가와 실업 증가, 식량 부족, 사회적
비용의 증가를 막고, 한국 자본주의를 안정시킬 수 있었다. 이러한 목적
의 가족계획사업은 여성에게는 출산과 육아 노동의 감소를 가져왔다. 당
시 남아선호사상에 따라 여아는 선별 낙태하기도 했다.

오늘날 다산은 더 이상 미덕이 아니다. 오늘날 많은 여성들은 한두 명의 자녀를 낳은 뒤 공적 노동에 참여해 어머니 세대와는 다른 삶을 살고 있다.

한때 유행하던 '남편 귀가시간은 여자하기 나름'이라는 광고 문구는 가정 안팎으로 나뉜 남성과 여성의 역할을 잘 보여 준다. 여성은 가정을 지키는 천사이고 남성은 여성과 자녀를 보호하는 가장이라는 성역할의 구분은 가정주부 또는 전업주부라는 말을 만들었다.

여성의 전업주부화가 현실화된 때는 1970년대 후반부터였다. 경제개발의 진전과 함께 화이트칼라층 남성 가구주 가운데 3~5인 가족의 생계에 충분한 임금을 받는 사람이 늘어났다. 또한 가족을 부양하기에 충분하지 않는 임금을 받는 경우에는 소득에 맞춰 지출을 줄였다. 이에 맞춰 국가적으로 절약이 강조되었고 '내실 있게 살림 잘하는 방법'과 관련된 출판이나 강연이 많아졌다.

반면 블루칼라층 가족은 남성 가구주뿐만 아니라 부인, 자녀들까지 취업을 해야만 생계를 유지할 수 있었다. 특히 부인의 취업은 가계유지에 절대적으로 필요했다. 그러나 1987년 노동자대투쟁 뒤 대기업 노동자 가운데 가족을 부양할 수 있는 임금을 받는 경우가 크게 늘어났다.

전업주부의 임무 가운데 중요한 일은 절약과 의식주 생활의 개선이었다. 생활개선은 서구식 생활로의 전환을 의미했는데 한복은 양복으로 바뀌었고 기본적 먹을거리는 공장에서 대량생산된 식품을 구입하는 형태로 변화되었다. 특히 주거는 아파트가 보급되면서 많은 것들이 바뀌었다. 즉 나뭇가지나 장작, 짚은 연탄이 나오면서 도시에서 사라졌으며, 연탄도 도시가스가 보급되면서 사라졌다. 또 상하수도가 설치되고 싱크대와 가스레인지가 등장하면서 공동우물을 이용할 필요도 없어졌다.

이러한 변화는 가계의 소비행위에 대한 결정권이 주부에게 넘어오도록 했다. 도시 중산층 가정에서는 남성의 영역과 여성의 영역이 비교적 명확하게 구분된 것이다. 직장에서 과잉노동에 시달리는 남편들은 가정 내의 의사결정과 지역사회에서의 활동을 아내의 영역으로 분류했다. 가사분담에서도 그러한 경향이 나타난다. 도시생활에서 가사의 범위는 가족 내부의 가사에만 국한되지 않고 자녀의 교육문제나 지역사회에서 요구되는 각종 활동까지 포괄한다. 이런 문제 대부분을 관리하고 결정하는 책임이 전적으로 여성의 몫이 되었다.

1990년의 조사에 따르면 이들 가정주부(전업주부)의 일은 기본적인 가사와 물건 구매, 세금 납부, 자녀 교육, 집안 행사, 친척 관계 관리까지 다양한 영역에 걸쳐 있었다. 이 같은 관계 속에서 소비행위의 대부분을 책임지고 있는 여성은 쾌락을 추구하는 소비자이기보다는 의무를 다하는 주부이자 아내였다. 즉 여성의 소비는 스스로를 위한 것이 아니라 가족을 위한 행위였다.

많은 한국인에게 가족은 고단한 삶을 지탱해 나갈 수 있는 유일한 기반이었고 또한 삶을 살아가는 유일한 이유였다. 한국인에게 고유한 끈끈한 가족의 정, 가족을 위한 자기희생 윤리, 혈연 중심의 배타적인 가족주의가 심화, 유지된 것이다.

교육, 딸들의 기회와 그 결실

해방 당시 문맹률은 79퍼센트에 이르렀고 아동취학률은 64퍼센트에 불과했다. 특히 중등교육 이상의 교육을 받은 인구는 전체 인구의 1퍼센트에도 미치지 못했다. 이러한 낮은 교육수준을 해결하기 위한 방안으로 추진된 정책이 아동취학률을 높이기 위한 의무교육제도의 도입이었다.

그 결과 해방 당시 64퍼센트에 불과했던 취학률이 1955년에는 90퍼센트, 1959년에는 94퍼센트에 이를 정도로 높아져 아동 대다수가 취학하게 되었다. 이처럼 취학률의 증가는 여성에게는 곧바로 교육기회의 양적인 확대를 의미했다.

그러나 이러한 교육기회 확대가 곧바로 남녀 간 교육기회의 평등을 의미하는 것은 아니었다. 남녀 간 교육기회의 불평등은 중고등학교나 대학으로 갈수록 더욱 심하게 나타났다. 중·고등학교에서 남녀 학생 수 비율은 1952년 각각 78퍼센트와 22퍼센트였다. 이 차이는 대학교육에서는 더 커졌다.

이는 의무교육인 초등학교 교육을 받은 후 상급학교로 진학하는 여학생의 수가 남학생에 비해 현저하게 적었기 때문이었다. 교육기회의 남녀차별은 경제적 궁핍과 남성우위사상이 결합한 결과였다. 생계유지에 급급한 부모들은 자녀들의 상급학교 진학을 포기하게 했고, 이 경우 딸의 진학을 우선 포기시켜 아들과 딸을 차별했다. 가난한 집안의 딸들은 대체로 진학을 포기하고 살림과 집안일을 돕거나 공장에 들어가 남자형제의 학비를 벌어야 했다.

해방 이후 여성은 남성과 동등한 교육기회가 법적으로 보장되어 있는데도 경제적 빈곤과 전통적인 남녀차별 의식의 영향으로 남성과 동등한 교육기회를 가질 수 없었다. 이러한 법적 평등과 현실적 불평등이라는 이중성은 여성 교육의 목표, 여성 교육의 내용에 대한 논의에도 반영되었다. 여성은 남성과 다른 본성을 가지고 있고 사회적으로도 다른 역할을 부여받고 있다는 성역할의 차이론에 근거하여 여성 교육은 남성 교육과 다른 내용, 다른 목표를 가져야 한다고 강조되었다.

이러한 의미에서 강조된 여성의 역할은 현모양처였다. 현모양처를 양성하기 위한 교육 목표는 국가통합의 원칙에 충실하고 실용성과 준전시체제에 적합하면서 부덕과 모성애를 함양하는 것이었다.

이는 학교에서 기술교육의 강조로 나타났고 가정과목에서는 양재, 재봉, 편물, 타자 등을 교육시켰다. 박정희정권은 근대화와 경제성장을 이룩하는 것을 목표로 삼아 기술 교육입국을 강조했다. 그 결과 공업, 상업, 농업 등 실업교육이 강조되었다. 특히 상업계 고등학교의 증가가 뚜렷했는데 1962년에 비해 1969년에 상업고등학교는 101퍼센트 증가했다.

1970년을 기준으로 1979년 상업계 고등학교 학생 수는 184퍼센트에 달했다. 이는 주로 상업계 고등학교에 진학하는 여학생의 증가 때문이었다. 여학생 비율의 증가는 상업, 경영관리 및 사무에 종사하는 자에게 필요한 지식과 기술을 습득시킨다는 상업고등학교의 교육목표에서도 드러나듯이 주로 사무직 여성노동자의 배출로 나타났다.

1960년대부터 1980년대 이르기까지 상업계고등학교 졸업자 가운데 사무직 종사자는 1970년 65.9퍼센트, 1975년 58.5퍼센트, 1980년 51.0퍼센트, 1985년 51.8퍼센트, 1990년 63.9퍼센트를 차지했다.

경제적 빈곤과 남녀차별의식으로 여전히 여성에게 학교의 담장은 높았지만 여성들은 학교제도의 발달에 힘입어 현실적 어려움을 극복해내면서 배움의 열망을 멈추지 않았다.

여학생들은 매일 학교에 가는 거리에서, 학교에서 만나는 친구들과의 일상에서, 그리고 책읽기나 여행 등을 통해 넓은 세상과 문화를 체험하게 되고, 이는 자의식의 확장을 가져왔다. 이렇게 매일 집밖에 나가 보고 듣는 다종다양한 기회들은 이전에 경험하지 못했던 자유였다.

한편으로 학교는 억압과 감시의 공간이었지만, 여성들은 이러한 학교라는 공간에서 함께 생활하고 책을 돌려 읽고 서로의 고민을 나누면서 공동체적 유대감을 만들어 나갔다. 학교생활에서의 다양한 경험들은 여학생들을 독립적 인간으로 자랄 수 있는 기회로 작용하였다. 이러한 여성의 변화는 가족제도와 사회의 변화를 이끄는 원동력이 될 수 있었다.

표5-4 각급 학교의 남학생 100명당 여학생 비율(1952~2014)

구분	1952년	1966년	1975년	1985년	1995년	2000년	2010년	2014년
초등학교	59.4	90.4	94.3	94.3	91.8	88.8	91.4	92.7
중학교	28.2	56.9	73.1	93.2	94.2	91.4	90.4	91.2
고등학교	22.0	51.3	61.7	85.5	92.8	92.1	88.0	91.5
대학교	13.5	28.3	42.4	52.6	67.9	85.4	89.6	90.6

통계청, 「통계로 본 광복 70년 한국 사회의 변화」, 2015

표5-4는 각급 학교의 남녀 학생 비율을 보여 준다. 시간이 흐르면서 모든 학교에서 여학생 수가 늘어났다. 1980년대 이후 한국 사회의 전반적 특성 가운데 하나는 고학력화이다. 자녀 수의 감소와 더불어 남성은 물론 여성의 경우도 고학력화가 진전되어 1980년 21.6퍼센트이던 여성의 대학 진학률은 1990년에는 30.8퍼센트로 상승했고 2000년에는 65.5퍼센트로 증가했다.

이에 따라 대학에 입학한 남학생 100명당 여학생 수는 1985년 52.6명, 1955년 67.9명, 2000년 85.4명으로 급격하게 증가했다. 이렇게 교육받은 여성들이 빠른 속도로 늘어나면서 모든 분야에서 여성의 역할이 크게 늘어났다.

그러나 여성의 고학력화에도 불구하고 고학력 여성의 취업률은 아직 매우 저조한 상태이다. 2002년 성별로 보면 남성은 학력이 높아질수록 경제활동 참가율이 높아져 대졸 이상 89.5퍼센트, 고졸 78.2퍼센트, 중졸 54.3퍼센트인데 비해, 여성의 경우에는 대졸 이상 고학력 여성의 경제활동 참가율이 62.0퍼센트에 불과하다.

2002년 OECD국가 여성들의 경제활동 참여율을 보면 각국의 25세 이상 대졸 여성들의 경제활동 참여율은 스웨덴 90퍼센트, 포르투갈 95퍼센트, 호주 83퍼센트, 영국 87퍼센트, 미국 81퍼센트 등으로 OECD 평균이 83퍼센트에 이른다. 이에 비해 우리나라는 56퍼센트에 불과해 고학력 여성들의 경제활동 비율이 매우 낮음을 알 수 있다.

○

보론

한국 여성운동의 역사:
'끼어들기'와 '새판짜기' 사이에서

국제적인 비교에서 본 공통점과 차이들

개화기에서 1945년 해방까지 한국의 여성운동은 제국주의의 위협이나 지배하에 놓였던 비서구 국가에서 일어난 여성운동의 유형에서 크게 벗어나지 않았다. 19세기 말 서구 열강들의 세력다툼 속에서 조선 사회는 개화를 통해 새로운 서구문물을 수용하면서 근대화의 과제를 달성하고, 나아가 근대적 국민국가를 건설해야 하는 시대적 책무를 안고 있었다. 여기에서 여성은 근대적 발전 과정에서 계몽의 대상이면서, 동시에 계몽의 주체로 등장하였다. 또한 독립된 국민국가의 건설을 위해서 여성은 남성과 함께 우선적으로 제국주의의 위협과 식민지배에 저항하여야 하였다. 1945년 식민지로부터의 해방은 불행하게도 민족국가의 분단과 뒤이은 한국전쟁을 가져왔다. 타국과는 다른 이런 특수한 역사적 경험 속에서 여성은 분단의 피해자이면서, 동시에 남북한 체제 대립이나 이념 갈등 속에서 주체적 역할을 담당하였다. 독재정치와 분단체제 아래에서 여성운동은 과도한 정치화로 인해, 이념적 노선에 따라 보수와 진보의 양 진영으로 분열되었고, 이는 지금까지 한국의 여성운동에 긴 그림자를 남기고 있다. 물론 다른 나라의 여성운동에서도 보수주의적 여성운동, 자유주의 여권론 그리고 사회주의 여성운동 사이의 갈래지음이 나타났다.

한국의 여성운동에서 돋보이는 특성은 이런 진영 간의 대립선이 훨씬 선명하고 이를 둘러싼 갈등과 반목도 훨씬 치열했다는 점이다. 결과적으로 보수적인 여성운동은 자유주의 여권론의 기조를 어느 정도 포함하였을지라도 지속적으로 반(半)관변적 성격을 탈피하지 못하였다. 이에 비해 진보적인 여성운동은 1970년대까지 거의 혹독한 탄압 속에서 궤멸되었다가, 1970년대의 여성노동자 운동과 뒤이은 민주화운동 속에서 새로운 여성운동의 싹을 틔웠다.

국제적인 비교의 관점에서도 주목할 만한 한국 여성운동의 또 다른 특성은 1980년대 후반 이후 시작된 적극적인 활동과 눈부신 성과일 것이다. 서구에서 일어난 68혁명과 뒤이은 페미니스트 운동 제2의 물결은 한국 여성에게도 큰 자극제가 되었다. 거기에다가 1987년 한국에서 민주화운동을 통해 민주주의가 어느 정도 정착을 하자, 민주화운동과 학생운동에 전념하였던 여성 활동가들이 여성 인권 문제에 관심을 갖고 여성운동에 투신하였다. 철저한 헌신성과 유효적절한 전략 그리고 사회 민주화에 힘입어, 한국의 여성정책은 1995년 베이징 여성대회의 행동강령을 가장 성공적으로 달성한 국가로 국제사회에서 평가를 받았다. 이 과정에서 여성운동이 행한 역할은 타국의 여성운동에 귀감이 될 만한 것이었고, 그런 점에서 제3세계 여성운동의 성공적인 모델로 내세울 만하기에, 이 책에서 특별히 한국의 여성운동사에 대한 항목을 따로 설정하였음을 염두에 두기 바란다.

이념적 대립 속의 여성단체와 과도한 정치화: 1945~1960

1945년 해방 이후 40여 년 이상 계속된 군부독재 아래에서 경제발전과 국가안보가 강조되었고, 이 과정에서 여성은 근대화의 대상이자 주체로 다시 등장하였다. 여성 단체활동의 주류를 형성한 보수적인 성향의 조직들, 1959년 창립한 한국여성단체협의회(이하 여협이라 줄임)나 1964년 창립한 한국부인회로 대표되는 여성단체들은 정치권력자의 반공주의 정책에 적극 협력하면서, 독재정치에 대해서 어떤 비판적인 목소리도 내지 않았다.

이들은 가족계획이나 새마을운동, 혹은 생활개혁운동 등을 통해서 국가의 근대화 기획에 여성을 동원하는 역할을 하였다. 이들은 부분적으로 여성지위 향상과 관련된 활동을 하거나 선거에서 집권여당을 지원하는 준 정치단체의 역할을 하면서 소수 명망가 여성들의 정계진출을 도왔다.

싹 트는 여성의식과 여성노동자 운동의 고양: 1970~1987

그간 여성운동단체의 활동이 없었던 것은 아니다. 이미 1970년대 이래 여협을 포함한 보수적인 여성단체나 YWCA를 중심으로 가족법 개정운동이 지속적으로 진행되었다. 또한 1970년대 교회여성들은 투옥된 양심수를 돕는 인권운동을 하거나 일본인들의 매춘관광에 반대하는 운동을 적극적으로 실행하였다. 또한 1974년에는 독일 개신교개발원조처의 재정지원하에 크리스찬 아카데미에서 여성문제에 대한 의식화교육이 시작되었고, 이는 이후 여성 인권을 실천하는 여성운동의 토대를 제공해주었다. 1980년 5.18 광주항쟁 이후에는 더욱 억압적인 군부 독재하에서 진보적 여성단체들이 결성되었다.

1980년 여신학자협의회와 1983년 여성평우회의 건립은 이후 진보적인 여성운동의 연대체인 한국여성단체연합(이하 여연이라 줄임)의 탄생으로 이르는 교두보 역할을 하였다.

박정희정권의 장기집권이 본격화되면서, 군부독재에 저항하는 민주화운동이 일어나기 시작하였고, 여기에 여성의 적극적인 참여가 나타났다. 정치, 사상의 자유와 민주화 그리고 노동자의 열악한 상황 개선을 위해 투쟁하다 구속된 양심수가 늘어나자, 이들에 대한 인권침해나 고문 등에 항의하는 운동이 거세게 일어났다. 구속자를 위한 가족모임이 결성되었고, 이 과정에서 결정적인 역할을 한 것은 어머니들이었다. 1974년 '구속자가족협의회'가 만들어졌고, 이는 1985년에 '민주화실천가족운동협의회'로 발전하였다. 위험을 무릅쓴 여성들의 용기 있는 행동은 한국의 인권탄압 상황을 국제적으로 알리고, 이를 개선하는 데에 크게 기여하였다.

그러나 이들의 활동에 못지않게 중요한 역할을 한 것은 저임금과 비인간적인 노동조건에 항의하며 출발한 여성노동자 운동이었다. 이 운동은 외국인투자기업에서는 노조활동이 금지된 수출자유공단에서 노조를 결성하고, 임금인상과 노동조건 개선뿐 아니라 산업현장 내의 성차별을 시정해갔다. 1970년대에 진행된 민주노조운동은 여성노동자 사업장을 중심으로 확산되었는데, 이는 1945년 이후 극심한 반공주의적 탄압 하에서 거의 사라졌던 한국노동운동을 되살리는 역할을 하였다. 이렇게 1970년대에서 1980년대 중반에 이르는 시기 동안 여성이 사회운동의 주체로 등장하였지만, 이는 여성 고유의 이슈보다는 반독재투쟁이나 민중여성(여성노동자, 여성농민, 빈민여성)의 생존권 투쟁에 더 중점을 두었던 것 같다.

그러나 1980년대 후반에 들어와 다국적 자본이 노조의 활성화와 높아진 임금을 피해서 동남아로 떠나고, 한국의 산업 중심이 중공업으로 이동하면서, 여성노동자의 급격한 감소는 여성노동운동을 상대적으로 약화시켰다. 그러나 여성노동자들의 투쟁은 제3세계 여성운동에게 새로운 모델을 보여 주었고, 이는 1980년대 이후 필리핀, 말레이시아, 태국 등지에서 동남아 여성노동자 운동으로 번져갔다.

1977년 이화여대에서 '여성학강좌'가 개설됨으로써 서구 여성학이론이 국내에 도입되기 시작하였다. 1980년대 이후 영미권에서 알려진 페미니즘 이론가, 케이트 밀레트나 베티 프리단 등의 저술이 여성 지식인들에 의해 번역되어 널리 소개되었다. 또한 학생운동 출신의 젊은 활동가들에 의해 엥겔스나 체트킨 등의 사회주의 여성 이론서가 비합법적으로 출간되어 널리 읽혀졌다. 이런 이론들은 한국의 새 여성운동의 발전에 여러 이론적 자극을 주었다. 이렇게 서구 여성학이론의 신속한 도입과 확산은 다른 제3세계 국가에 비해 여성 교육수준이 높고, 해외유학을 다녀온 여성들이 귀국하여 서구 페미니즘 이론의 확산에 교두보 역할을 한 한국적인 특수성에서 기인하였다.

이후로 한국 사회에서 여성 지식인이나 예술인에 의해 시작된 여성주의 문화운동도 적지 않은 영향력을 행사하였다. 1984년과 1986년 창간된 『또 하나의 문화』와 『여성과 사회』를 중심으로 하는 출판문화운동이나 여성학자들이 주축이 된 여성학회나 여러 소모임들을 통해서 페미니즘 담론이 확산되었다. 또한 1990년대에 이르면 100개 이상의 대학에서 진행된 여성학 강의를 통해서 비교적 짧은 기간 내에 페미니스트 의식이 사회 전반에 확산될 수 있었다.

새 여성운동의 등장과 발전: 1987년 이후

1987년 6월, 백만 명의 시민이 거리 시위에 참여하는 것을 통해서 한국은 군부독재를 축출하고 열망하던 정치적 민주주의를 실현할 수 있었다. 이러한 역사적 전환은 여성운동에도 하나의 전기를 마련하였다. 사회적으로는 과거의 전투적이고 혁명적인 사회변혁운동 대신에, 생태주의·시민 권리 찾기·평화운동과 더불어 일상적인 삶의 개혁에 대한 관심이 높아졌고, 이는 시민운동의 발전을 불러왔다. 그간 민주화운동과 노동운동에 투신하였던 여성들이 이제 '진보적 여성운동'으로 결집하기 시작하였다. 한국여성의 전화연합, 한국여성노동자회, 여성민우회 등이 생겨났고, 1987년 2월 21개 여성단체가 연합전선을 형성하고, 우산조직인 여연을 발족하면서 여성운동은 비약적인 발전을 하게 되었다.

1980년대 말 이래 시작된 여성들의 활동을 '새 여성운동'이라 지칭하려 하는데, 그 이유는 그 성격이 과거와는 분명한 차별성을 드러내기 때문이다. 이때부터 여성운동은 정부나 다른 사회운동에 종속적이기를 거부하고, 독자적으로 가부장제 타파를 통해 양성평등 사회를 실현하고자 하였기 때문이다. 여성운동은 '사회문제가 해결되어야, 여성문제도 해결될 수 있다'는 오랜 담론을 공유하면서도, 처음으로 사회운동과는 분리된 '자율적인 여성운동'을 천명하였다. 그러나 서구의 여성운동이 '따로'를 표방하는 데 비해, 한국 여성운동은 '함께 그리고 따로'를 표방하면서, 시민·사회운동과 때로는 연대하고, 때로는 비판하는 관계를 유지하였다. 이런 전략은 지난 30년 동안 여성운동의 눈부신 성공에 크게 기여하였다.

2016년 3.8여성대회에 참가한 여성
들과 그 포스터

새 여성운동의 중요한 역사적 공헌은 여성관련 법의 제정과 개정에 크게 영향력을 행사한 것이다. 1988년 〈남녀고용평등법〉 개정과 더불어 1991년 〈영유아보육법〉, 1993년 〈성폭력특별법〉, 1996년 〈가정폭력방지법〉, 2000년 〈남녀차별금지 및 구제에관한법〉이 제정되었다. 이 운동과정에서 여성운동은 여성대중의 요구를 최대한 반영하면서도, 여성정책에 관련한 전문 인력을 동원하고 그리고 청원안 제출과 함께 꾸준한 로비와 언론홍보를 시도하여 여성 인권 향상에 크게 기여하였다.

분단과 군부독재의 현실 속에서 팽배한 군사주의는 한국 사회에서 성매매 산업의 엄청난 비대화를 가져왔고, 이와 연루된 인신매매를 통하여 여성 인권은 심각하게 침해되었다. 보수적, 진보적 여성운동단체들은 단결하여 싸웠고, 2004년 3월에는 〈성매매방지법〉 제정에 성공하였다. 이를 통해서 한국은 성매매와 인신매매에 대한 금지주의를 실행하는 몇 안 되는 국가군에 포함되면서, 국제사회에서 성매매 논쟁의 중심에 서게 되었다. 또한 2005년 3월 2일에는 일제 식민지 이래 존속해온 가부장적 가족제도인 호주제를 폐지하게 되었다. 호주제 폐지운동에는 새 여성운동만이 아니라 보수적인 여성단체도 함께 참여하였다.

호주제 폐지를 외치며 거리 시위에 나선 여성들

　또한 분단국가의 현실을 극복하기 위하여 통일운동과 평화운동에도 적극적이다. 특히 남북 간의 갈등을 해소하기 위하여 새 여성운동은 북한 여성들과 교류하고, 특히 기아문제로 고통 받고 있는 북한 여성들을 돕기 위한 모금운동도 적극적으로 전개하였다. 국방비 삭감과 군축운동 외에도 이라크전쟁과 아프간 전쟁에 반대하는 활동, 나아가 한국군 파병을 반대하는 운동을 전개하였다. 그러나 통일운동이나 평화운동은 여성 인권 개선 운동보다는 여성대중의 지지를 얻기 어려웠다.

　평화운동과 관련하여 보다 폭넓은 대중적인 지지를 받은 것은 일본군 성노예운동이었다. '일본군 위안부' 문제는 보스니아 전쟁에서 자행된 집단 성폭행에 대한 국제사회의 충격과 연계되면서 국제적으로 큰 관심을 모았다. 한국여성운동은 피해여성을 위한 쉼터나 정부에 의한 생활비 지급 혹은 다양한 복지적 배려에 우선적인 중요성을 두었다. 매주 수요일 12시 일본대사관 앞에서 열리는 항의시위는 2016년 2월 23일에 2018차를 맞이하였고, 운동 집회의 지속성이라는 측면에서 세계사에 유례가 없는 신기록을 남겼다. 또한 일본군 성노예운동은 일국의 범주를 넘어, 전쟁과 여성 인권 침해문제를 둘러싼 국제협력과 연대를 공고히 하였다.

또한 미국과 캐나다, 유럽의회 등에서 일본정부의 공식적인 사과와 배상을 촉구하는 결의안을 통과시키고, 일본군 성노예운동의 장기적인 비전으로 '전쟁과여성 인권박물관'을 만드는 것도 한국여성운동의 큰 기여라고 평가할 수 있다. 이를 통해서 일본의 '군 위안부' 동원을 통해 한국 여성이 경험한 피해와 고통을 보다 국제적인 맥락에서 성찰하고, 지금 이 순간도 전쟁이 수반하는 여성 인권의 파괴를 직시하고자 했다. 이에 저항하는 보다 보편적인 연대를 만들고, 이를 여성운동과 사회운동으로 확장해가고 있다.

2000년에 이르기까지 한국 사회에서 여성의 정치적 대표성은 대단히 낮았다. 그러나 1995년 베이징 세계여성대회를 전후하여 성 주류화(Gender-Mainstreaming) 전략이 도입되면서, 여성운동은 정치세력화를 실현하기 위한 보다 공세적인 전략을 사용하였다. 여성은 제도 개선운동과 유권자운동을 전개하였고, 비례직의 50퍼센트를 여성에게 할당하는 정치관계법을 통과시키는 성과를 거두었다. 그 결과 2004년 선거에서 여성의원의 비율이 13퍼센트로 증가하면서, 사상 처음 여성의원의 비율이 두 자리 숫자로 올라갔다. 그러나 아직 지역구 선거에서는 여성의 정치진출은 많은 어려움을 안고 있다.

결과적으로 볼 때 지난 30년 사이에 새 여성운동은 한국 사회에서 여성의 지위향상이나 인권개선과 관련하여 놀랄 만한 성과를 거두었다. 그 결과 2001년에는 여성부가 신설되었고, 2005년 6월에는 여성가족부로 재편되었다(여성가족부 산하에 있지만, 이미 1983년에 신설된 한국여성정책연구원도 여성문제 연구와 정책대안 마련에 일익을 담당하고 있다). 이렇게 새 여성운동의 압력은 민주적인 김대중정부와 노무현정부 아래에서 보다 적극적인 여성정책 실행의 동력이 되었다. 이를 통해서 여성운동과 국가가 긍정적으로 상호작용하면서, 여성정책을 유례없이 확대하는 시너지효과를 일으켰다고 평가할 수 있다.

그 외에도 지난 10여 년 사이에 여성 환경운동도 활발해졌다. 탈원전 운동을 포함한 환경보호운동에서 여성대중의 참여가 늘어났다. 여성장애인들도 한국 사회에 내면화된 장애인 차별현실과 여기에 중첩되는 여성장애인에 대한 성차별에 대항하는 목소리를 높이게 되었다. 서구에 비한다면 한참 늦게 나타난 동성애자운동도 이제는 여성운동의 한 축이 되고 있다.

마지막으로 한국에서 새 여성운동의 눈부신 발전이나 일본군 성노예운동의 성공 그리고 그것의 국제적 확산과 관련하여 여성운동의 트랜스내셔널 연대에 주목할 필요가 있다. 특히 일본군 성노예운동은 국제적인 네트워크나 지지가 없었다면, 지금처럼 전 세계적으로 알려지고 성공적으로 공동 대응할 수 있는 기회가 없었을 것이다. 이미 여협은 1960년대 이래 국제교류활동에 역점을 두고 활발하게 사업을 전개하였다. 1975년 멕시코에서 유엔이 개최한 세계여성대회와 1995년 북경여성대회에 한국의 여성단체들이 적지 않게 참여하였다.

한국여성운동은 여기에서 발표된 이행 행동강령을 근거로 하여, 한국 정부나 사회를 향한 요구를 한 단계씩 높여갈 수 있었다. 또한 1980년대 말이래 독일개신교개발원조처(Evangelische Zentralstelle für Entwicklungslilfe, EZE)를 통해 진보적 여성단체에 집중적으로 제공된 재정지원은 여성운동의 발전과 여성지위 향상에 결정적으로 기여하였다. 한국 여성운동은 독일 여성운동가들이나 독일 개발원조 정치와 상호소통하면서도, 한국적 맥락에 기반을 둔 여성운동의 자율성을 최대한 살린 것으로 평가받고 있다. 이런 트랜스내셔널 연대는 국제적으로도 제1세계와 제3세계 페미니즘 간의 바람직한 연대모델로 기억될 수 있을 것이다.

1987년 이후 새 여성운동의 활성화와 더불어 여성의 권익을 향상하기 위한 법과 제도의 정비가 이루어지는 동안, 보수적인 여성단체들도 꾸준히 여러 사업을 수행하였다. 새마을부녀회나 고향을 생각하는 주부모임 등을 포함하는 여협의 활동이다. 규모의 원칙에 비추어볼 때, 이들의 존재 의미는 크다. 경기도나 대전시에 대한 실증적인 조사에서는 그 회원이 지자체 성인 여성 인구의 25퍼센트를 차지한다. 이들은 위로부터 조직되었지만, 가뭄이나 홍수 등과 같은 국가의 재난뿐 아니라 평시에 일상적으로 수행하는 사회복지 서비스는 여전히 사회복지체제가 허약한 한국에서 중요한 역할을 하고 있다. 이들은 또한 직능단체를 포함하고 있어서, 선거와 같은 정치적 결정과정에 동원되어 집권체제의 유지에 기여하기도 한다. 그러나 여협이나 YWCA와 같은 조직들은 중앙단위에서는 자유주의 여권론의 입장에서 여성 지위향상과 관련된 여러 활동을 전개하기도 하였다. 예를 들면 성매매방지법 제정이나 호주제 폐지운동, 혹은 여성의 정치세력화 확장 등에서 보수적인 그리고 진보적인 여성단체들은 연대하여 캠페인, 서명작업 그리고 로비활동 등을 함께 수행하였다.

그럼에도 불구하고 한국 여성운동의 특징을 들라고 한다면, 반공체제하에서 생겨난 이념적인 대립과 갈등으로 인해, 여성운동도 두 개의 진영, 즉 보수적 그리고 진보적 여성운동으로 선명하게 나뉘었고, 그 활동은 여협과 여연이라는 두 개의 우산조직으로 집결된 점이다. 양자 사이의 중간에 제3그룹이나 여러 소모임, 특히 최근에는 네티즌을 중심으로 하는 네트워크가 있지만, 이들의 역할은 앞의 두 거대조직에 비하자면 약하거나 분산적이었다.

이런 특성은 장단점이 있다. 한편으로는 중앙집중화로 인해서 여성운동의 다양성이 약화될 수도 있지만, 다른 한편으로 두 중앙집중화된 우산조직이 다양한 여성의 저항행위들을 효과적으로 집결시키고, 정부 권력이나 기업 등과의 관계에서 효과적인 협상력을 발휘하는 장점을 가지고 있었다. 이는 1980년대 말이래 한국 여성운동이 비교적 성공적인 발전의 길을 걷는 데 주요한 요인으로 작용하였다.

전지구화 시대 여성운동의 과제

해방 60주년을 맞이하였던 지난 2007년까지 여성운동이 만들어낸 성과는 화려하고, 그래서 한국의 여성운동은 다른 제3세계 여성운동의 모델이 되고 있다. 그럼에도 불구하고, 이에 값하는 여성 현실의 개선이 이루어졌는가에 대해서는 회의적인 시각이 적지 않다. 여성운동이 상당한 성과를 거두었을지라도 가부장제 이데올로기와 성차별이 극심하였던 현실에서 출발한 만큼, 지금 여성이 처한 현실이 그리 자족할 만한 것은 아니다.

첫 여성 대통령이 취임한지 3년이 지난 2016년 3월 8일 세계여성의 날에 한국이 받아든 '성 평등 성적표'는 참담하였다. 성별 간 임금격차는 2014년 36.7퍼센트로 OECD 국가 중 꼴찌이다. 영국 이코노미스트가 조사한 OECD 29개국에 대한 2016년 유리천장 지수 조사에서도 한국은 꼴찌를 차지하였다. 또한 어린이 양육이나 노인 부양과 같은 돌봄 노동은 여전히 여성의 몫이다. 이런 열악한 상황은 한국 여성의 합계출산율이 1.24명으로, 세계에서 최하위를 차지하고 있다는 사실에서도 잘 드러난다. 이런 현실은 단기간 내에 많은 법적, 제도적 개선이 이루어졌으되, 사회 곳곳에 스며들어 있는 가부장적 의식과 문화가 여전히 공고한 한국적 현실에서 기인하는 것이다.

그러나 보다 본질적인 문제는 1990년대 이래 진행된 전지구화 (globalization)가 초래하는 구조적인 강제일 것이다. 전지구화된 자본은 보다 많은 이윤을 남길 곳을 찾아 자유로이 이동하고 있다. 그 결과 엄격한 노동규율, 장시간 노동, 고용의 불안정성 그리고 비정규직화가 곳곳에서 진행되고 있다. 성별, 인종 그리고 민족에 따라 빈부 격차는 점점 늘어나고 있고, 여성 내부에서도 빈부 격차는 점점 더 벌어지고 있다. 특히 한국에서는 여성의 비정규직화와 저임노동이 지속적으로 확대되고 있다. 고용을 보장받지 못하는 여성 비정규직은 전체 취업 여성의 70퍼센트에 육박하고 있다.

지금 한국 여성운동 앞에는 과거보다도 더 높은, 넘어야 할 산이 우뚝 서 있다. 여성운동이 달성해야 할 과제가 더 난해해진 이유는 바로 지금 여성이 처한 저임과 비정규직화 그리고 일과 가정 양립 문제의 해결은 자본주의의 근원적인 개혁 없이는 해결될 수 없기 때문이다. 그래서 여성들은 시장의 재구조화, 국가의 근원적인 개혁 그리고 시민사회의 활성화를 통한 권력관계의 변화를 외치고 있다. 성주류화에서부터 자본주의의 재구조화에 이르는 이런 과제들은 결국 여성운동이 '끼어들기'를 넘어서 '새판짜기'로 가야 하는 험난한 미래를 예고하는 것이다.

한국여성사 주요 연표

B.C.57	알영이 비(妃)로 봉해짐.
B.C.41	알영이 혁거세를 따라 농사와 누에치기 권장함.
B.C.24	왕의 어머니 유화가 죽자 신묘를 세움.
32	낙랑공주가 호동왕자와 혼인. 낙랑공주 죽음.
157	세오녀가 일본으로 건너가 귀비가 됨.
540	지소태후 섭정 시작.
632	선덕여왕 즉위.
647	신덕여왕 즉위.
664	여성 복제를 중국식으로 고침.
754	삼모부인이 황룡사 종을 만드는 데 시주함.
887	진성여왕 즉위.
918	유씨(뒤에 신혜왕후)가 남편 왕건에게 갑옷을 입히며 고려의 건국을 독려함.
1108	간음한 유부녀는 자녀안(恣女案)에 기록해 바느질하는 노비로 삼음.
1274	결혼도감을 설치하고 남편 없는 여자 140명을 수색하여 원나라에 보냄.

1274	세자(뒤에 충렬왕)가 원 세조 딸 홀도로게리미실 공주(제국대장 공주)와 혼인함.
1340	공녀로 갔던 기자오의 딸이 원의 제2황후(기황후)로 책봉됨.
1405	조선시대 여관(女官) 처음 설치.
1405	남편이 죽은 후 3년 안에 재가 금지.
1408	여성 5명을 강제로 뽑아 명으로 보냄.
1412	여성이 출입할 때에 얼굴을 가리게 함.
1413	처와 첩의 구분을 명확히 함.
1469	세조비 정희왕후, 성종이 즉위하자 수렴청정 실시(8년간).
1475	소혜왕후(인수대비) 한씨 『내훈』 지음.
1477	과부 재가 금지.
1493	성종비 정혜왕후 친잠 실시.
1545	중종비 문정왕후, 명종을 대신해 수렴청정 실시(9년간).
1567	명종비 인순왕후, 선조를 대신해 수렴청정 실시(8개월).
1650	조선의 마지막 공녀 의순공주가 청으로 끌려감.
1734	『여사서』와 『내훈』을 한글로 옮김.
1778	여성의 가체를 금지하는 〈가체신금사목〉 반포.
1800	영조비 정순왕후, 순조가 즉위하자 수렴청정 실시(4년간).
1801	신유박해로 천주교 여성회장 강완숙(골롬바) 참형.
1834	순조비 순원왕후, 헌종이 즉위하자 수렴청정 실시(7년간).
1849	순조비 순원왕후, 철종이 즉위하자 수렴청정 실시(3년간).
1863	익종비 신정왕후, 고종이 즉위하자 수렴청정 실시(4년간).
1886	이화학당 시작.
1887	여의사 하워드가 정동에 부인병원의 효시가 되는 보구여관 개설.
1894	갑오경장, 여성재가 금지와 조혼제 폐지.
1895	을미의병 여성의병 참여(윤희순).

1898	찬양회, 여권통문 발표, 순성여학교 설립.
1907	국채보상운동 여성 조직.
1910	하와이 사진 신부 도착.
1914	평양 송죽회 비밀결사.
1919	여성의 삼일운동, 대한애국부인회 활동.
1920	조선여자교육회 창립(차미리사).
1920	조신성의 대한독립청년단 활동.
1922	조선여자고학생상조회, 조선여자기독교청년회(YWCA).
1924	최초의 여성 사회주의 단체 여성동우회.
1927	여성통합단체 근우회 창립.
1930	서울여학생만세운동.
1931	여성노동운동, 강주룡의 을밀대 사건.
1940	중경의 한국광복군에 입단, 여자광복군 활동.
1945	건국부녀동맹 조직.
1945	건국부녀동맹, 전국부녀단체대표자 대회 열고 조선부녀총동맹으로 개편.
1946	독립총성애국부인회 조직.
1946	미군정, 법령 70호 '부녀자의 매매 또는 그 매매계약의 금지령' 공포.
1946	미군정, 법령 107호 '부녀국 설치령' 발표
1947	여자경찰서가 서울, 인천, 대구, 부산에 설치.
1947	조선부녀총동맹, 남조선민주여성동맹으로 개편.
1947	미군정, 법률 제7호 '공창제도 등 폐지령' 공포.
1948	공창제도 폐지.
1950	대한여자의용군 창설.
1956	여성법률상담소 설립.

1957	민법안 중 여권 무시 6개 항목 반대 국회 앞 여성들 시위.
1967	전국여성단체협의회, 정치풍토개혁 심포지움 개최.
1973	범여성가족법 개정 추진회, 63개 여성단체 및 여성관계자 천여 명 참석하에 결성대회 개최.
1974	범여성가족법 개전 추진회, 현행 남성 우위의 친족상속법 개정 추진.
1978	동일방직, 노조활동 인정을 요구하는 여성노동자에게 똥물 투척.
1979	YH무역노동조합 여성노동자 187명, 신민당사에서 회사 정상화를 요구하며 집단농성.
1983	여성의 전화 창립.
1986	이우정, 이태영 등 여성계인사 13명, 민주헌법쟁취여성추진위원회 발족.
1986	가톨릭여성농민회 등 23개 여성단체, KBS-TV시청료 폐지 촉진대회 개최.
1986	교회여성연합회 등 16개 여성단체, 여성단체연합 생존권대책위원회 결성 및 성적고문 등 폭력 자행 독재정권 규탄 성명.
1987	한국여성단체연합설립.
1987	한국여성노동자회 창립.
1987	한국여성민우회 창립.
1989	전국여성농민위원회 결성.
1991	8개 여성단체가 가이후 일본 총리 방한 앞두고 '군 위안부' 문제에 대한 일본정부의 공식 사과 배상 요구.
2001	정부, 여성부 신설 등 정부조직법 개정안 의결.
2001	여성부, 남녀평등 구현을 위한 10대 핵심과제 공개.

| 참고문헌 |

1장 원시·고대 사회의 여성

「三國史記」, 「三國遺事」, 「新增東國輿地勝覽」, 「三國志」, 「新唐書」,『舊唐書』, 「日本書紀」

韓國古代社會研究會, 1992, 「譯註韓國古代金石文」Ⅰ~Ⅲ, 駕洛國史蹟開發研究院

國立慶州文化財研究所, 2002『慶州 伍陵 北便 橋梁址 發掘調査 報告書』,

文化財研究所, 1985, 「皇南大塚(北墳)發掘報告書」

과학 · 백과사전출판사, 『조선고고학개요』, 1977

韓國精神文化研究院, 「新羅伍陵測量調査報告書」, 1989

과학백과사전출판사, 「대현동유적」『유적발굴보고』1985년 14집, 1984

김두진, 「韓國古代의 建國神話와 祭儀」, 一潮閣, 1999.

김준기, 「한국의 신모신화연구」, 경희대학교 박사학위논문, 1995.

나희라, 「신라의 국가제사」, 지식산업사, 2003.

신종원, 「新羅初期佛教史研究」, 민족사, 1992.

이기동, 「新羅骨品制社會와 花郎徒」, 一潮閣, 1984.

이기백, 「新羅政治社會史研究」, 一潮閣, 1975.

최광식, 『고대 한국의 국가와 제사』, 한길사, 1994.

최숙경, 하현강,『한국여성사』, 이화여자대학교 출판부, 1975.

강영경,「古墳壁畵를 通해서 본 高句麗 女性의 役割과 地位」『高句麗研究』17, 2004.

김남윤,「고대 사회의 여성」『우리 여성의 역사』, 청년사, 1999.

김두진,「한국 古代 女性의 지위」,『한국사시민강좌』15, 1994.

김원룡,「한국 선사시대 신상에 대하여」「역사학보」94 · 95, 1982.

김선주,「고고자료를 통해 본 원시 고대의 여성」,『우리 여성의 역사』, 청년사, 1999.

김선주,「호동설화를 통해 본 고구려의 혼인」『민속학연구』8, 2001.

김선주,「신라의 알영전승 의미와 시조묘」『역사와현실』76, 2010.

김철준,「동명왕편에 보이는 神母의 성격」「한국고대 사회연구」, 지식산업사, 1975.

노태돈,「高句麗 초기의 娶嫂婚에 관한 一考察」『金哲埈博士華甲紀念史學論叢』, 1983.

손진태,「朝鮮 古代 山神의 性에 就하여」「진단학보」1, 진단학회, 1934.

이숙경,『한국여성사(고대~조선)』, 이화여자대학교 출판부, 1972.

이융조,「한국 선사문화에서의 선돌의 성격-충청도 지방의 몇 예를 중심으로①」『동방학지』46 · 47, 1985.

전호태,「한국 고대의 여성」『한국고대사연구』12, 1997.

김두진,「한국 고대 여성의 지위」『韓國史市民講座』15, 한길사, 1994

김철준,「東明王篇에 보이는 神母의 성격」,「柳洪烈博士華甲記念論叢」, 1971.

서영대,「한국 고대의 종교전문가」,「仁荷」20, 1984.

손진태,「朝鮮 古代 山神의 性에 就하여」,「朝鮮民族文化의 硏究」, 을유문화사, 1948.

신형식,「韓國 古代의 傳統信仰과 女性」,「先史와 古代」8, 1997.

신종원,「三國史記 祭祀志 硏究」,「史學硏究」38, 1984.

이송란,「新羅 始祖廟 祭祀와 新羅冠의 성립」,「美術史學硏究」13, 2002.

이현주, 「新羅 上古期 王妃族의 등장과 추이」, 「史林」31, 2008.

정용숙, 「신라의 女王들」, 「韓國史市民講座」15, 1994.

조이옥, 「韓國古代의 國家形成과 女性信仰」, 「東洋古典研究」20, 2004.

최광식, 「三國史記 所載 '老嫗'의 性格」, 「史叢」25, 1981.

최병현, 「墓制를 통해서 본 4~5세기 韓國古代社會」, 「韓國古代史論叢」6, 1991.

황패강, 「朴赫居世神話의 一研究」, 「新羅伽倻文化」3, 1971.

2장 고려 사회의 여성

김용선, 『고려 금석문 연구 — 돌에 새겨진 사회사』, 2004, 일조각

국사편찬위원회 편, 『혼인과 연애의 풍속도』, 두산동아, 2005

권순형, 『고려의 혼인제와 여성의 삶』, 혜안, 2006

국사편찬위원회 편, 『'몸'으로 본 한국여성사(한국문화사35)』, 경인문화사, 2011

홍성표저, 『서양 중세사회와 여성』, 느티나무, 1999

이화여자대학교 중국여성사연구실 엮음, 『중국여성 신화에서 혁명까지』, 서해문
    집, 2005

유인선, 「전근대 베트남사회의 양계적 성격과 여성의 지위」, 《역사학보》150, 역
    사학회, 1996

육정임, 「송원대 방직업과 여성의 지위」, 동양사연구96

임병덕, 「중국 고대·중세의 법과 여성」, 동양사학연구123, 동양사학회,2013

박경자, 「공녀출신 고려여인들의 삶」, 《역사와 담론》55, 2010, 호서사학회

이정란, 「고려시대 계보기록과 재산상속-여계 가문의 상속권을 중심으로」, 《여성
    과 역사》23, 2015

3장 조선 사회의 여성

이화여자대학교 한국여성사편찬위원회 편 , 『한국여성사』(전3권), 이화여대 출판
    부, 1972

박용옥,『이조 여성사』, 춘추문고, 1976

손직수,「조선시대 여성 교육연구」, 성균관대출판부, 1982

김용숙,『조선조궁중풍속연구』, 일지사, 1987

박 주,『조선시대의 정표정책』, 일조각, 1990

김미란,『총명이 무딘 붓끝만 못하니』, 평민사, 1992

장병인,『조선전기 혼인제와 성차별』, 일지사, 1997

박무영·김경미·조혜란,『조선의 여성들, 부자유한 시대에 너무나 비범했던』,
　　　돌베개, 2004

문숙자,『조선시대 재산상속과 가족』, 경인문화사, 2004

이숙인,『동아시아 고대의 여성사상』, 여이연, 2005

남미혜,『조선시대 양잠업 연구』, 지식산업사, 2010

이순구,『조선의 가족 천 개의 표정』, 너머북스, 2011

이혜순,『조선후기 여성 지성사』, 이화여자대학교출판부, 2007

정해은,『조선의 여성 역사가 다시 말하다』, 너머북스, 2011

신명호,『궁녀』, 시공사, 2012

한희숙,『의녀:팔방미인 조선 여의사』, 문학동네, 2012

한국여성연구소 여성사연구실,『우리 여성의 역사』, 청년사, 1999

김일미,「조선전기의 남녀균분상속제에 대하여」,《이대사원》8, 1967

박혜인,「女家에서의 결혼식의 연원 및 그 변천」,《여성문제연구》12, 1983

이효재,「한국여성노동사서설」,《여성학논집》2, 이화여대, 1985

이순구,「조선초기 주자학의 보급과 여성의 사회적 지위」,《청계사학》3, 1986

정해은,「조선후기 여성실학자 빙허각 이씨」《여성과 사회》8, 창작과비평사, 1997

김선경,「공부와 경계 확장의 욕망:16세기 여성 이숙희 이야기」《역사연구》17, 역
　　　사학연구소, 2007

김언순,「조선시대 교화의 성격과 사대부의 수신서」『한국문화연구』13, 2007

이성임,「조선시대 양반의 축첩현상과 경제적 부담」,『고문서연구』33, 2008

4장 근대의 여성

국사편찬위원회편, 『북미주 한인의 역사 (상)(하)』, 2007

국사편찬위원회편, 『몸으로 본 한국여성사』, 2011

국사편찬위원회편, 『혼인과 연애의 풍속도』, 두산동아, 2005

김경일 외, 『한국근대여성 63인의 초상』, 한국학중앙연구원출판부, 2014

김경일, 『근대의 여성, 여성의 근대』, 푸른역사, 2004

方善柱, 『在美韓人의 獨立運動』 한림대 아시아문화연구소, 1989

박용옥, 『한국여성항일운동사연구』, 지식산업사, 1996

박정미, 『성매매에 관한 페미니즘이론』, 서울대여성연구소, 2008

웨인 패터슨, 정대화 옮김, 『하와이 한인 이민 1세-그들 삶의 애환과 승리
　　(1903~1973)』, 들녘, 2003

윤명숙, 『조선인'군 위안부'와 일본군 위안소 제도』, 이학사, 2015

윤정란, 『한국기독교 여성운동의 역사』, 국학자료원, 2003

이덕희, 『하와이 이민100년 그들은 어떻게 살았나?』, 중앙M&B, 2003

이배용 외, 『우리나라 여성들은 어떻게 살았을까』2, 청년사, 1999

이송희, 『근대사 속의 한국여성』, 국학자료원, 2014

정진성, 『일본군성노예제』, 서울대출판부, 2004

최석완 임명수역, 『일본 여성의 어제와 오늘』, 어문학사, 2006

한국가톨릭여성연구원, 『여성 천주교와 만나다 한국가톨릭여성사』, 가톨릭출판
　　사, 2008

한국여성연구소 여성사연구실 지음, 『우리 여성의 역사』, 청년사, 1999

한국정신대연구소편, 『할머니 '군 위안부'가 뭐예요』, 한겨레신문사, 2000

한국정신대연구회편, 『한일간의 미청산과제』, 아세아문화사, 1997

한일여성공동역사교재편찬위원회, 『여성의 눈으로 본 한일근현대사』, 한울, 2005

강정숙, 『'일본군 위안부'제의 식민성 연구』, 성균관대학교 박사학위청구논문, 2009.

박정애, 『일제의 공창제 시행과 사창관리연구』, 숙명여대사학과 박사학위논문, 2009.6.

신영숙, 『아시아태평양전쟁 시기 일본군 '위안부'의 정체성 - 여자군속의 종군간호부와 비교 연구』, 《동북아역사논총》, 25호, 동북아역사재단, 2009. 9.

신영숙, 「아시아태평양 전쟁기 조선인 종군간호부의 동원실태와 정체성」, 《여성과 역사》 제14집, 한국여성사학회, 2011. 6.

윤지현, 「1920~30년대 서비스직 여성의 노동실태와 사회적 위상」 한국여성사학회, 《여성과 역사》, 제 10집, 2009. 6.

조형 외, 「한국여성사 정립을 위한 여성인물 유형 연구 2 -개항에서 3·1운동까지」, 《여성학논집》, 8집, 이대 한국 여성연구소, 1992

최숙경, 이배용, 신영숙, 안연선, 「韓國女性史 定立을 위한 女性人物 類型 研究 3__3·1運動 이후부터 解放까지」, 《여성학논집》 10집, 이화여자대학교 한국여성연구소, 1993. 12

5장 현대의 여성

국사편찬위원회편, 『20세기 여성, 전통과 근대의 교차로에 서다』, 두산동아, 2007

강이수 · 신경아, 『여성과 일』, 동녘, 2001

이임하, 『계집은 어떻게 여성이 되었나』, 서해문집, 2004

이임하, 『여성, 전쟁을 넘어 일어서다』, 서해문집, 2004

이임하, 『해방공간, 일상을 바꾼 여성들의 역사』, 철수와영희, 2015

정진성 외, 『한국현대여성사』, 한울, 2004

한국여성연구소, 『새 여성학 강의』, 동녘, 2005

한국여성민우회, 『사무직 여성의 현실과 운동』, 석탑, 1989

| 보론 |

정진성/ 안진 외, 『한국현대여성사』, 한울, 2004

정현백, 「한국의 여성운동 60년-분단과 근대성 사이에서」, 《여성과 역사》, 제 4집, 2006, 1-42.

정현백, 『민족과 페미니즘』, 당대, 2003

한일여성공동역사교재편찬위원회, 『여성의 눈으로 본 한일 근현대사』, 한울, 2005

한국여성단체연합, 한국의 여성정책 10년 돌아보며 내다보며(Beijing+10 기념 심포지엄), 2004

Chung, Hyunback, "Transnational Solidarity in Feminism: The Transfer and Appropriation of German Feminism in South Korea", Korea Journal, Vol. 55, No. 1, 2015, Spring pp. 138-163.

Jones, Nicola Anne, Gender and the Political Opportunities of Democratization in South Korea, New York: Palgrave Macmillan, 2006

한국여성단체연합, 베이징+20과 post 2015, 젠더관점에서 본 한국 사회의 변화. 걸어온 길 그리고 가야할 길 (베이징+20 기념 심포지엄 자료집), 2015.

글로벌시대에 읽는
한국여성사

1판 1쇄 발행 2016년 9월 20일
1판 2쇄 발행 2018년 3월 30일

지은이   정현백·김선주·권순형·정해은·신영숙·이임하
펴낸이   정규상
책임편집   구남희
편집   현상철·신철호
디자인   장주원
마케팅   박정수·김지현

펴낸곳   성균관대학교 출판부
등록   1975년 5월 21일 제1975-9호
주소   03063 서울특별시 종로구 성균관로 25-2
전화   02)760-1252~4
팩스   02)760-7452
홈페이지   press.skku.edu

ⓒ 2016, 정현백·김선주·권순형·정해은·신영숙·이임하
ISBN 979-11-5550-179-5 03900